탈/근대 아시아와 여성

공간을 만들다

아시아여성총서

탈/근대 아시아와 여성

공간을 만들다

이화여자대학교 한국여성연구원 기획
윤혜린 · 이동옥 · 김미란 · 김영옥 · 이나영 · 서지영 · 신지영 지음

이화여자대학교출판부

| 머리말 |

아시아는 서구 중심적 근대에서 타자화된 역사를 공유한 지역이다. 여성들은 '아시아'라는 지리적 공간에서 서구의 시선에서 타자화되어 온 경험을 공유하면서도 경제, 문화, 인종, 종교, 이념 등의 측면에서 복수적이고 다양한 삶을 살고 있다. 지구화의 진행과 더불어 지역에까지 신자유주의의 영향력이 확산되는 동시에, 지역의 차이와 특수성에 대한 관심이 고조되고 있는 현 시점에서 아시아라는 공간과 아시아 여성에 대한 새로운 접근은 매우 중요한 과제다. 아시아 여성 연구는 서구 여성과의 차이를 인식하고 이들의 경험에 기반해서 여성학 지식을 생산하고 지구적 차원에서 여성들과 소통, 연대하기 위한 작업이다. 여성들이 주변화된 위치에서 자신의 경험을 이야기하고 해석하는 과정에서 우리가 지금까지 인식하지 못한 근대 주체의 행위성을 드러내고 성찰적인 논의를 발전시킬 수 있을 것이다. 이러한 관점에서 이 책은 아시아라는 공간에서 식민, 개발, 여행, 전쟁 등으로 피해자화된 여성들을 넘어서서 역사적·문화적 맥락에서 여성의 행위성에 관심을 갖고 여성의 경험을 재해석하고자 한다.

이 책에 실린 7편의 글에서 탈/근대를 살아가는 아시아 여성들의 삶의 가능성을 다음과 같이 탐색한다.

첫째, 아시아 여성들의 경험 속에서 토착성의 긍정적인 의미와 힘을 발견하고자 한다. 윤혜린은 가부장제와 성차별 등 여성 억압의 맥락에서 비판되어 왔던 '토착성'을 재해석한다. '토착성'은 보수적이고 전통적인 사회로의 회귀나 낭만화로 이해되어 왔다. 하지만 이 글은 토착성을 지구적 상품경제의 대안, 역동적이고 살아 있으며 문화적으로 의미 있는 체계로 재구성한다. 이러한 이론화 작업은 전통, 지역에 기반을 둔 지식에 관한 관심과 함께, 지식 생산의 주체로서 지역 여성에게 힘을 부여한다. 또한 이동옥은 태국 현지조사를 통해 여성의 경험이 지역 사회를 비롯해서 전지구적인 삶에 어떠한 영향을 미치는지 보여 준다. 이러한 사례연구는 아시아 여성들이 서구의 개발 중심적인 가치관에 대항하면서 숲과 생물종을 보전하고 지역 문화를 창조해 나가는 과정을 기술하고 있다. 또한 생태 여행을 통해 형성되는 여성들의 관계는 서구와 아시아의 불균형한 관계를 넘어서서, 코끼리 보살핌을 통한 여성 간의 초국적 연대를 형성함으로써 지역 사회를 변화시키고 전 지구적 삶에 영향을 미친다.

둘째, 이 책은 아시아의 기지촌을 둘러싼 여성의 역사, 행위성, 문화적 재현과 실천 등에 관한 논의를 전개하고 있다. 김미란, 김영옥, 이나영은 아시아 여성의 위치에서 성적으로 타자화, 희생자화된 기지촌 여성들의 삶을 다른 방식으로 해석한다. 김미란은 베트남전쟁에서 아시아 여성의 성적 재현과 한국 군인의 남성성 구성에 관심을 갖는다. 김미란은 1960

년대의 잡지와 신문에 나타난 남성의 구술 자료를 분석하면서 베트남 여성에 대한 남성 중심적 시선을 비판하는 한편, 미군과의 관계에서 불안해하는 한국 남성의 허위적 주체의 구성을 지적한다. 또한 김영옥의 글은 지구화된 문화에서 문화다원주의에 관심을 가지면서 동질적인 공간으로 변형되는 지역의 정체성에 관해 고민한다. 특히, '동두천'이라는 지역성에 기반한 두 개의 예술 작업을 분석한다. 동두천은 해방 이후부터 현재에 이르기까지 한국이라는 국민국가 내부의 어떤 섬, 혹은 '외부'로서 존재해 왔다. 현재 동두천의 클럽에서는 구 러시아 지역과 필리핀 출신의 이주 여성들이 일하고 있다. 여성 예술가들의 작업은 다중적이고 지구적인 성격의 클럽 여성들을, 이데올로기적 재현을 거슬러서 인정과 소통이 가능한 방식으로 '가시화'시키고 있다.

한편, 이나영의 글은 포스트/식민지적 한국의 맥락에서 여성의 몸을 매개하는 권력 관계의 효과에 대해 살펴본다. 시공간과 주체들의 사회적 실천 간의 상호작용을 통해 기지촌과 양공주가 어떻게 구성되고 재현되는지를 분석하고 있다. 양공주의 정체성은 낙인과 배제를 통해 구성되는데, 양공주를 기지촌에 위치시킴으로써 여성들을 분리하고, 가부장적 가족과 민족의 경계는 유지된다. 한편 기지촌 여성들은 미군의 충실한 조력자로서 기지촌 경제의 혜택을 공유하면서도 고정될 수 없는 기표로 경계를 넘나들면서 가부장적 민족의 경계를 위반하는 주체로서 여성 간의 경계를 새롭게 구성한다. 이렇듯 양공주와 기지촌은 역사적 유물이 아니라 포스트/식민국가의 징후적인 존재로서 현존한다.

셋째, 이 책은 가사 사용인과 유모와 같은 여성 노동자 또는 엘리트 신여성의 위치에서 근대적 공간에서의 이동과 성별화된 근대 경험을 분석한다. 서지영의 글은 1920~30년대 소설을 통해 근대 연애 결혼과 가족 제도 안팎에서 친밀성을 상품화했던 여성들에 대한 재현에 관심을 갖는다. 서지영은 경성에서 전통적 대가족 제도와 새롭게 구성되는 근대 가족의 경계선상에서 등장했던 '가사 사용인(식모)'이나 '유모'를 근대의 노동에 결부된 친밀성과 연관짓는다. 즉 서지영의 글은 가사 사용인이나 유모의 삶이 전통적/근대적 가족·모성 개념을 변형시키고 굴절시키는 상황을 드러낸다. 근대 여성들의 삶은 도시 공간에서 노동자로서 자본주의적 근대가 야기하는 가족 안팎의 새로운 관계 형식들을 제시하는 한편, 역사적 맥락에서 근대 초기에 친밀성이 어떻게 재구성되는지 이해하는 데에 도움을 준다. 한편, 신지영은 '서구 지향적', '부르주아적'이라는 평가를 받았던 나혜석의 풍경화를 여성주의 관점에서 분석하고 있다. 신지영의 글은 나혜석의 풍경화를 근대의 성별 분업, 공사 담론, 섹슈얼리티, 여성성 등의 여성주의적 개념을 통해 새롭게 해석하고 있다. 이것은 유교의 내외법이라는 공간의 금기를 넘어 바깥 세상을 보고 그리는 풍경화 작가가 되는 것, 또 다른 나라를 여행하여 기록하는 '여성 여행자'에 관해 고찰하고 있다. 나혜석의 풍경화는 여성의 움직임이 자유롭지 않았던 역사적 · 문화적 맥락에서 근대 여성의 행위성을 드러내고 있다.

이 책은 이화여자대학교 한국여성연구원에서 한국연구재단의 재정 지원을 받아 2008년부터 2011년 현재까지 수행하는 "여성주의 지식 생산과 아시아 여성학 구축" 프로젝트의 연구를 토대로 하고 있다(NRF-2008-005-J02501, NRF-2008-005-J02502). 이 책은 『국경을 넘는 아시아 여성들: 다문화 사회를 만들다』에 이어 두 번째 발간되는 〈아시아여성총서〉다. 본 연구원은 2014년까지 진행될 아시아 여성 연구의 성과를 발간 사업으로 이어갈 계획이다.

지금까지 이러한 성과를 거둘 수 있게끔 연구 환경을 지원해 준 한국연구재단에 감사드리고, 집필해 주신 저자들뿐 아니라 중점연구소 과제에 참여하고 있는 모든 연구진 선생님들께도 감사드린다. 특히, 이러한 연구를 기반으로 좀 더 충실하고 심도 깊은 내용의 단행본을 출판하려는 의도에 동의하고 집필에 합류해 주신 중앙대학교 이나영 교수와 성공회대학교 동아시아연구소 김미란 HK교수께도 깊은 감사를 드린다. 또한 연구 및 출판 진행을 도와 준 석 · 박사과정의 연구보조원들에게도 고마움을 전한다. 끝으로 바쁜 일정에도 불구하고 이 책의 출간을 위해 애써 주신 이화여자대학교출판부 관계자 여러분들께도 감사의 말씀을 전한다.

2011년 7월
이화여자대학교 한국여성연구원장
이재경

| 차례 |

아시아 여성주의와 토착 공간*

윤혜린

'토착'이란 단어에서는 일반적으로 '케케묵은', '보수적인' 등의 비호감의 느낌을 동반하거나 요새 자주 접하지 못한 생소함이 묻어난다. 또한 일상 용어로서 '토착'은 매우 상충되는 다양한 뉘앙스들이 경합하는 장이다. 토착 비리 근절이나 토착 세력과의 결탁 등은 전근대적이고 사회 발전을 위해 청산되어야 할 유제를 내포한다. 그렇지만 '신토불이'나 '토착 미생물 보호' 등에서 표현되는 정신은 긍정적으로 평가되기도 한다.

이러한 '토착'의 수식어가 토착 음식이나 토종, 토속과 맞물리게 되면 이것들은 외래적이고 서구적인 자본 질서에 대한 대척점을 설정하고자 하는 쪽에서 적극적으로 재조명하고자 하는 어떤 것을 드러내 준다. 이는 급속하게 지구화되면서 변화하는 사회 환경 안에서 지역의 가치를 새롭게 표상해 주는 문화적 소구력을 갖게 된다.

* 이 글은 『여성학논집』, 제27집 1호(2010년)에 게재된 논문 "토착성에 기반한 아시아 여성주의 연구 시론"을 수정 · 보완한 것이다.

넓게 보면 '토착성'은 인간이 전통 세계를 통합적으로 의미화해 온 방식으로서 오랜 전통과 실천을 통해 특정 지역 사회가 보유해 온 성질들이다. 좁게는 시간의 시험을 통과하면서 일상의 실용성을 지닌 생활 환경 지식 안에 보유된 것들이다.

우리가 '토착'을 여성주의적으로 위치시키고자 한다면 어떤 성찰이 필요한 것일까? 이 글은 그간 (아시아적) 가부장제나 지역 공동체에 의해 오랫동안 전유되거나 남용되었던 '토착성'에 대해 여성주의적으로 재위치시키고자 하는 문제 의식에서 출발한다. 초견적으로 '토착성'은 여성주의와 친화력이 없어 보인다. 전통의 이름으로 가부장제와 성차별주의를 온존해 온 사회가 표방해 온 '토착성'은 여성의 몸과 주체성을 결박하는 강한 부정성을 띠었다. 그리하여 여성주의 진영은 '토착성'을 연구 주제로 취급하는 데 주저함을 갖고 있다.

하지만 과거의 보수적이고 가부장제적인 토착 사회로의 회귀를 의도하는 측에서 토착성을 낭만화하거나 실체화하는 데 동원하는 경향이 있다 해도, 사실 토착성은 "저기 밖에" 고형물로서 존재하는 것이 아니다. 특히나 지구적 상품 경제를 떠받쳐 온 도구적이고 분절적인 지식 체계에 대안을 모색하려고 할 때 (아시아를 비롯한) 비서구적 토착 지식은 사람과 사회, 자연을 이어왔던 통합적 인식 체계의 전범이 될 수 있다. 이는 '토착 지식'을 무시간적인 인공물이나 박제품으로서가 아니라 역동적이고 살아 있어서 문화적으로 의미 있는 체계로 인식하면서 이를 재구성하고자 할 때 가능하다. 또한 생태여성주의적인 토착 지식의 재개념화와 함께 토착의 르네상스 현상은 비서구 문화와 지식 체계에 힘을 실어 줄 수 있고 주변화된 지역 공동체의 문화적 성원권成員權, membership에 대한 의식을 증강시킬 수 있다.

그리하여 이 글에서는 그간 타자화되고 저평가된 토착 지식이 개인과 사회를 자연과 이어 주는 생태적 시민성의 자원으로 국가 경계를 넘어 재구성될 수 있고, 이는 새로운 의미의 토착 공간을 아시아에서 열어 가는 토대가 될 수 있음을 제시하고자 한다.

1. 지역의 부활과 토착화

그간 비서구 국가 안에서 진행된 탈post식민성 논의들은 서구로부터 수입해 온 지적 정보들을 보편적 지식으로 착각하는 경향을 극복하고, 자신의 지역 경험과 맥락에 조응하는 학문 정신을 불러일으키는 효과를 낳았다. 한국을 포함한 아시아 학자들 간에도 서구적 지식 체계의 협소성에 대한 성찰적 인식이 확장되면서 여성학을 포함하여 인문적이고 사회과학적인 다양한 지식 생산 부문에서 지역적 주체성을 발휘하는 작업들이 나오고 있다.

이 글에서 토착성을 출발점으로 삼는 학문적 계기로서는 아시아 여성 연구자들 안에서 심화되고 있는 문제 의식인 여성학의 지역화 문제에 대한 긍정적 평가의 맥락이 작용한다. 이는 서구중심주의에 대한 탈식민적 전환에서 나오는 여러 학문 분야의 시도들과 연속적이다. 특히 탈식민 논의가 문학의 고급 이론에 머물거나(무어-길버트, 2001) 서구에서 발신하는 지적 정보로의 쏠림 현상을 극복하지 못하는 현실에서 각 지역의 여성학이 자신의 장소에서 여성들의 삶과 경험에 기반한 연구 틀을 확보하는 일은 바람직하다.

여기에서 더 나아가 최근에 전 대륙의 금융 위기로 드러나게 된 지구적 상품경제 체제 전반의 내적 모순에 의한 위기감으로부터 탈식민적인 지역 및 사회 개발과 여성주의의 실천을 어떻게 생산적으로 결합해낼 것인가가 지구지역적인 관심사로 대두된다. 패권적 자본주의 양식에 따라 개발 수혜지와 주변부 지역의 빈곤이라는 이항 구도를 깰 수 있는 창의적 방식의 개발에 대한 상상력과 통찰력이 필요해진 것이다.

이 글의 목적은 지역 가부장제나 민족공동체 담론에서 독점해 온 '토착성'을 여성주의적 가치로 치환함으로써 아시아 여성주의 지식 생산을 위한 하나의 연구 문제로 탐색해 보고자 하는 것이다. 그리고 토착성을 재구성할 핵심 범주로서 '토착 지식'에 주목하여 인간과 사회, 지역과 환경의 연결성을 새롭게 구축해 보고자 한다. 이러한 관점에서 토착성 연구의 필요성과 가능성이 재조명될 수 있다고 본다.

그렇지만 필자가 탈식민적 대항력이자 개발지상주의를 대체할 수 있는 틀로서 상정하고자 하는 토착성(맥락에 따라 토착 지식, 토착 문화, 토착 자원 등으로 분유分有됨)에 대한 논의는 별로 없는 형편이다. 여기에는 아시아 여성이 자신의 토착적 지역 전통의 틀 안에서 받아온 가부장제의 문화적 압력의 두께가 너무 컸던 것도 일조한다.

토착성 담론에 내재한 젠더 정치적 위험성을 인정한다면 과거의 보수적이고 가부장제적인 토착 사회로의 회귀를 경계해야 한다는 지적에 동의할 수 있다. 그럼에도 불구하고 이러한 우려 속에 토착성을 실체화하는 인식이 근거로써 자리잡고 있다면 그것 역시 경계해야 할 일이라고 생각한다. 따라서 여성주의적으로 재사유된 토착성은 당대 사회와 역사의 '밖에', '앞에', 그리고 '저기에' 있는 것으로 실체화되면서 희구되거나 비판받는 범주로서가 아니라 우리 시대에 필요한 지적이고 문화적인 자양분의 모태가 될 수 있다.

그 경우 토착 지식에 기반한 새로운 인식 틀은 개별 국가나 지역을 넘어서 지구적으로 소통될 수 있는 잠재력을 갖게 될 것이다. 그리하여 탈식민적 '아시아'는 토착성을 통해 개발지상주의의 출구를 마련함과 동시에 생태주의와 결합한 여성주의적 가치 지향을 생산하는 장소로서 표상될 수 있다.

기존 학문 분야의 '토착화'는 서구 근대적 학문의 수용 과정에서 진행된 일방적인 이식을 비판하면서 기존의 문화 전통과의 접맥을 시도하는 과제로 등장한다. 한 예로 신학적 맥락에서는 서구 신학의 몸체에 한국 문화/사상의 옷을 입히는 제한적 토착화가 아닌 한국적 근본 이념을 신학화하는 방식의 토착화를 모색한 시도(이정배, 1991)가 있다. 이 작업에서는 기독교적 천인天人 관계의 원경험이 유교나 생명 사상의 전일적 범주의 틀로 문화 이입inkulturation(토착화)될 수 있음을 핵심으로 다룬다(이정배, 1991: 315). 더 나아가서는 지구 신학global theology의 맥락에서, 세계 안에서 표면화되고 있는 남과 북의 갈등과 정의의 문제, 동서 문제로서 평화 문제, 더욱 근본적으로는 인간과 자연(우주)이라는 대립 구도의 총체적인 극복을 위한 생태학적 정의를 실현시키는 지구 신학을 한국적 방식으로, 동양 문화권의 토대 위에서 수립하는 데 관심(이정배, 1991: ii)을 두는 방향이 모색된 바 있다.

또 하나 서구에서 개발된 심리학 이론들이 식민성에 오염됨으로써 자신의 사회를 분석하기 위해 서구의 전문가 및 그들의 이론에 의존하거나 차용하는 문제 의식에서 비서구 세계의 '토착' 심리학을 새롭게 구성하고자 하는 인식적 패러다임 전환이 나타나기도 한다(한규석, 2006).

위의 경우들에서 토착화는 서구 지식 체계 등 외래 문화가 기존의 문화에 틈입되어 들어갈 때 다른 문화들끼리의 접촉으로 인한 문화 변용acculturation이나 문화 적응enculturation의 단계를 밟으면서 다시 그 학문이 지역에 뿌리내리는 과정에서는 지역의 역사성이라는 몸체에 기반하여 서구의 옷을 입히는 전복이 진행될 수 있음을 알 수 있다.

토착화는 아시아 여성주의 지식 생산자가 서구중심주의의 극복뿐 아니라 지역적 사회 구조의 탈가부장제 실천들 안에서 힘을 키울 수 있는 방향을 설정하면서, 유사한 문제 의식과 사회 발전의 경험을 공유하는 근접 지역들 간의 교류를 통해 기반을 강화하려고 시도할 때도 마찬가지로[1] 매우 중요한 출발점이 된다.

아시아 여성학자인 두팡친Du Fangqin은 중국 여성학의 '토착화'를 주장한다. 여성학 연구와 교육에서 서구의 것을 그대로 옮겨오는 것이 아니라 지역의local 여성학을 정립하여 아시아 여성학이 응집력을 보유할 때, 자신의 본토에 뿌리를 박으면서도 세계 지식 경험의 보고를 풍부히 할 수 있다는 견해를 피력한다(Du, 2007). 여성학이 서구에서 수입된 학문 분야이지만, 중국의 토양 즉 중국 여성의 삶의 상태에 뿌리를 내릴 때 발전할 수 있다는 것이다(Du et.al., 2005: 199).

필자는 두팡친이 논의하는 토착화에서 지역적인 것the local과 서구적인 것의 유기적 결합은 학문의 탈식민성을 강조하면서 미래 지향적인 지식 생산의 방향을 설정하는 유익한 푯대가 된다고 본다. 선진 학문의 도구(개념, 언어 체계)를 수입할지라도 그 과정에서 자기 지역의 인식적 모태와 결합하지 않으면 창의적이고 주체적인 지식 생산의 경험으로 보유될 수 없기 때문이다.

토착화를 좀 더 심도 깊게 진전시키고 확장시킨 경우는 서구 기독교적 틀을 아시아 여성 영성이라는 토착적이고 여성적인 자원과 결합시키려는 정현경(1994)의 시도에서 나온다. 그녀는 아시아 여성들의 영성 특징으

1 그간 아시아 여성학자들 간의 교류는 국내 대학의 아시아 여성학 관련 기관들을 중심으로 많이 이루어졌지만 2007년 아시아여성학회Asian Association of Women's Studies가 공식 출범함으로써 아시아 여성 연구와 지식 생산 공동체의 하나의 제도적 출발점 혹은 기반이 마련되었다고 본다(아시아여성학회 창립 자료집 참조). 또한 2009년 아시아, 아프리카, 라틴아메리카 지역을 연결하는 지구지역행동네트워크Network for Glocal Activism의 출범은 이론 생산뿐 아니라 운동적 연계와 교육을 포괄하는 지구지역적 단위로 자리매김되고 있다(최인희, 2009 참조). 아시아 여성주의 활동가 사이의 넷 기반 연대에 대해서는 www.femisia.net를 참조할 것.

로서 초교파성 및 토착성과의 결합 안에서 아시아의 여성이 세계로 확장될 수 있는 잠재력과 가능성을 발견한다. 예를 들어 필리핀 토속 종교에서 생명의 원천으로 숭앙받던 여신인 '이나'가 기독교의 마리아 자리에 놓임으로써 식민 지배 집단들의 종교적 상징들을 바꾸게 되고 그리하여 영성을 현지 토착 문화와의 교직 위에서 새롭게 위치시켰다는 것이다.

당대에 영성의 추구는 특정 종교와 무관하게 여러 대륙의 여성주의 안에서 보편적인 가치 지향으로 자리잡고 있다. 서구의 생태여성주의자들은 여성의 일과 자연의 일 사이의 연속성을 인식하면서 땅에 기초한 영성의 모델을 찾고자 시도한다. 그리하여 제3세계 원주민 여성 사이에 보존된 초감각과 자연 세계와의 존재론적 통합의 문화 갈래들에 주목한다. 이들은 위계적인 이성/감성의 관계를 보완하거나 혹은 이 둘을 균형잡게 하는 메타 능력으로서 영성에 의미를 부여한다.

물론 토착 사회 지역 여성의 영성이 과잉 신비화될 때 세계 내 힘의 불균형에 대한 성찰과 이를 시정하려는 실천적 행위성이 약해질 수 있다는 지적들이 존재하지만 지역에 보유된 생명력의 한 표현으로서 영성을 통해 굴절된 세상을 다시 조율할 수 있는 잠재력을 미리 차단할 필요는 없다고 본다.

또한 토착화는 근대 이전 시간으로의 회귀, 복귀, 복원을 연상시킬 필요 없이 탈근대적인 문화적 융합, 즉 전통적인 것과 현대적인 것의 혼합을 정당화하는 문화적 논리로서 탈근대주의와도 결합할 수 있다. 롤런드 로버트슨Roland Robertson은 제3세계 국가에서 사회학이 토착화를 주요 계기로 수용하면서 발전했다고 보는데 그 핵심은 민족적·문화적 전통에 대한 강조와 외부, 특히 서구의 용어법과 방법에 대한 반대에 있었다. 그러한 독특한 경향들 안에서 외국의 이론, 방법, 연구 주제들이 거부되었다(로버트슨, 2000: 23). 그리하여 라틴아메리카는 전前근대에서 근대로 선형적으로 이행하지 않은 특이한 장소가 될 수 있다. 흥미롭게도 서구의 탈근대주의가 라틴아메리카에서 문학 표현의 토착적인 장르인 신비적 사실주의의 보고를 발견하면서 라틴아메리카는 탈근대의 통로를 통해 근대로 가는 혼종적 역逆과정을 진행하는 장소로 재해석될 수 있었다.[2]

서구 중심적 지식 권력(푸코적 의미에서)에 대한 비서구의 대응 전략은 매우 다양하다. 동화 혹은 적극적 수용을 통한 내부 권력화를 시도할 수도 있고, 대항 권력을 생성해서 서구 헤게모니를 무화시킬 수도 있으며, 혼합 방식으로 내외부의 권력 균형을 이룰 수도 있다. 형태적인 측면에서 볼 때 강정인(2004)은 서구중심주의에 대한 대응 전략을 동화/역전/혼융/해체 방식의 네 가지로 유형화한다.[3]

그 중에서 아프리카 출신의 사상가들이 백인 식민주의자들의 야만성에 반대하고 아프리카의 진정한 타자성과 인본주의에 근거하여 제시한 니그리튀드negritude[4]의 관념과 운동은 토착주의적이며 아프리카 중심적인 역전적 담론의 예로서 소개된다(강정인, 2004: 440).

아프리카 여성 연구자인 소피 올루웰레Sophie Oluwele는 아프리카 토착인이 확립해 온 지적 문화 담론들을 예시하면서 아프리카인에 대해 합리적 사유를 결여한 채 자연과 실재에 관해 신비적이고 주술적인 믿음을

2 로버트슨(2000) 참조. 라투르(Latour, 1993)의 "We Have Never been Modern"에서도 인간의 사회가 탈근대를 통해 근대를 극복해 가는 경로를 갖지 않는다는 논변이 있다. 왜냐하면 우리는 인간을 주체로 하여 근대 사회를 구성한 것이 아니라 인간과 기술이 만들어내는 혼종들hybrids로 뒤덮인 상태에 있기 때문에 인간 중심적인 근대에 '들어간 적도 없다'는 것이다. 그렇다면 전근대 → 근대 → 탈근대 → 탈탈근대식의 선형적 발전은 하나의 신념 체계에 불과하게 된다.

3 동화적 담론 전략: 비서구 사회가 서구 문명의 보편적 의미, 결과, 지위를 수용함. 역전적 담론 전략: 서구 패권적 담론의 보편성 및 우월성을 부정하고 자신이 속한 집단의 독자성, 우월성 또는 보편성을 주장함. 혼융적 담론 전략: 서구 문명과 비서구 문명을 융화시킴으로써 양자 간에 존재하는 차이를 부분 존속시키고 부분 해소시킴. 해체적 담론 전략: 서구의 지식 생산 과정에 이미 권력이 함축되어 있기에 타자를 대상화하고 종속시키지 않으면서 재현할 수 있는 대안적 형태의 지식을 창조하고자 함(강정인, 2004: 426-491 참조).

4 아프리카인의 문화적 유산에 대한 자각과 자부, 흑인의 특질 혹은 흑인성으로 해석됨.

갖는다고 폄하해 왔던 서구의 담론적 재현을 역전시키고자 한다(올루웰레, 2005: 150). 즉 아프리카 여성에 대한 서구적 표상, 즉 "소심하고 수동적이고 가족 지향적이며, 가장 나쁜 유형의 남성 우월주의의 희생자" 안에서 드러나는 아프리카 여성의 본질화를 비판하면서, 더 나아가 아프리카 대륙의 많은 사회에서 창조적인 문화예술가로서 여성의 행위성을 역설하고 있다. 그렇지만 그녀는 서구 식민지 시대 여성들의 경제력이 약화되고 정치적 권리가 박탈된 것과 함께 전통 사회 안에서 향유하지 못한 평등의 문제는 여전히 이중의 극복 문제로 남아 있음을 놓치지 않는다.

지구지역적 여성주의에서 다른 목소리들, 특히 주변화된 집단의 목소리들을 경청하라는 것은 서구중심주의에 대해 요청하는 대의이자 동시에 우리 집단 내부에도 견지되어야 할 정언 명령과도 같다. 우리 스스로 중심/주변의 이분법을 버리지 못하면 타자의 삶과 경험을 전유하는 인식적 폭력에서 벗어날 수 없으며, 타자의 언어를 배우지 못하면 자신들의 언어 안에 속박당한 채 진화에 닫히게 된다.

이 점에서 벨 훅스bell hooks처럼 '주변'을 안과 밖의 정치학을 거부하는 급진적 가능성의 사이트로 설정하면서 경계 넘기를 요청하는 것은 모든 종류의 차별주의에 반대하는 행동에서 좋은 전략이 된다. 주변은 중심의 바깥에 고립된 영역이 아니다(훅스, 2008). "왜냐하면 주변에 있다는 것은 전체 몸체의 일부이고 주요한 몸체의 바깥이기 때문이다. 혼종화된 토착 지식은 권력과 중심의 편견에 의해 왜곡되지 않은 독특하고 중요한 관점을 제공해 줄 수 있다"(Briggs & Sharp, 2004: 661-676 재인용).

우리는 이상에서 비서구적 학문의 새로운 지향점으로서 토착화 논의들 안에는 식민성을 지양하는 여러 계기가 내재해 있음을 알 수 있다. 탈식민적 지식 생산은 서구적 원본 대 비서구적 · 타자적 파생본의 관계로서 비대칭적으로 혹은 일방향적으로 위계화되어서는 안 된다는 문제 의식

속에서 탈중심적 학문 실천이 진행되고 있다. 동시에 지구지역으로 경계를 넘어 교차하는 지식 생산의 역학 안에서 자생적 발전과 외래적 수용의 단순한 이분법을 넘어서서 서로 교류하고 관통하고 있다.

2. 젠더 관점에서 토착성 탐색하기

앞에서 논의한 '토착화'가 자신이 속한 지역 공동체의 역사적 경험과 자산에 대한 자부심을 바탕으로 주체적으로 외래의(특히 서구의) 선진적 자원을 포용하는 계기였다면 '토착성'에 대해서는 다른 층위의 개념화가 요구된다. '토착화'는 남의 것을 이곳에 맞게 변화시킨다는 것이고, '토착성the indigenous'은 자기 토양 안에 내재한 것, 즉 자신의 역사나 문화 등에 내재한 속성이다. 그렇다면 토착화 시도가 필수적으로 토착성에 대한 강한 의미 부여를 동반하지는 않는다. 탈식민적 사유 틀을 바탕으로 해서 서구중심주의적 지식 생산의 한계를 극복할 수 있는 좀 더 적극적인 시도를 하려면 지역의 토착성에서 단초를 찾아내어 다양한 사회문화적 개발의 상상력을 발현하는 계기가 필요하다.

지구화 맥락에서 볼 때는 토착성에 기초한 연구가 지역의 구체성과 차이(몸, 전통, 인종, 정체성, 생물다양성 등)의 장소들이 사라지거나 무력해지는 사회문화적 결핍에 대한 대응책을 마련할 수 있는지, 그리하여 지역들 간의 불균등 발전이라는 정치경제적 부정의의 문제를 해결하는 모태 역할을 할 수 있는지에 대한 심층적인 논의가 필요하다.

여기에서는 토착성 논의가 지구적 사회경제 체제의 문제점을 보완할 수 있는 지렛대로 사용될 수 있는 가능성을 모색하기 위해 우선 지역 가부장제와 결부된 유산이자 동시에 전망 있는 문화 자원으로 대두되는 다면성의 문제를 논의한 다음, 토착성을 생태적 시민성으로 재구성함으로써 궁극적으로 근대적 발전론과 경제성장주의를 대체하는 패러다임을 만드는 방향을 타진하고자 한다.

토착성의 다면적 정치성: 토착 지식을 중심으로

토착성은 고유하게 민족이나 인종, 전통, 민속, 풍습 등 국지적 경계 안에서 지역과 유기적으로 결합해 있으며, 의·식·주 등 구체적인 생활 세계 안에서 구성원에게 전승되는 자원이자 집단을 기억시키고 상상하게 만드는 문화적 질료가 된다. 또한 토착성은 생활 문화 영역을 뛰어넘어 보편적이고 창조적인 지식 체계, 혹은 세계관 등 고차원의 문화적 자원과 결합하기도 한다. 이러한 넓은 외연을 갖는 토착성 일반을 다루려면 이 글의 범위가 너무 확장되기 때문에, 토착성의 한 분야인 토착 지식에 초점을 맞추려고 한다. 그 경우 토착 지식은 작게는 시간의 시험을 통과한 실용성을 지닌 생활 지식[5]에서부터 크게는 인류와 자연 사이의, 사람과 사회 사이의 정신적이고 정서적인 관계성을 조직해 온 지역의 자원으로 자리매김된다.

UN(2007)의 한 자료에 의거하면, 필리핀 민다나오 섬 사례에서는 아시아 토착 여성(과 남성)이 민족식물 지식ethno-botanical knowledge에 대해 광범위하게 숙달하고 있어서 나무뿐만 아니라 덩굴, 관목, 양치류, 허브, 식용 버섯 등에 대한 지식을 갖고 있음이 확인되었다. 식물은 의료

5 "토착 지식은 지역 지식, 전통 지식 등과 유사 개념으로서, 특정한 장소와 다양한 지역에 거주하는 사람들의 환경에 대한 생생한 경험을 인지적으로 조직한 것이다. 이에 따르면 서구 지식 체계 역시 진리에 대한 특권적이고 보편적인 접근자가 아니라 권력의 지정학과 결부된 역사적이고 지리적인 조건의 집합이다. 토착 지식은 토양, 물, 약용 식물에 대한 지식 등으로 구체적으로 예화될 수 있다." 이는 브릭스와 샤프(Briggs & Sharp, 2004)의 논의를 참조하여 필자가 정리한 것임.

용으로 62%, 식용으로 37%, 건축 재료로 20%가 사용될 만큼 다기능적이어서 이러한 지역식물 지식은 실용적이고 중요한 발전 도구가 될 수 있음도 알려졌다. 게다가 환경을 훼손하지 않고서도 농업을 재활시키고 식물 안전성을 향상시키며 생활의 선택을 향상시키고 공동체 안 문화적 자부심을 증진시키는 식으로 토착 공동체의 발전 도구가 될 수 있다는 것이다(UN, 2007: 28).

오구아마남(Oguamanam, 2004: 147-179)은 현재 토착적 약용 식물의 가치가 폭증하고 있으며 한 예로 미국 처방약의 25%가 토착적 식물 지식에서 나온 생약 성분을 포함하고 있다고 한다. 우림 식물에서 나오는 처방약이 25%이고, 그 식물의 75%는 토착민이 제공한 정보를 통해 채집된 것이다. 전 세계에서 특히 미국에서 수많은 제약회사가 토착 지식 혹은 이른바 '샤먼shaman의' 지식에 근거해서 약을 발견한다는 것이다.

지역 전통 의학은 토착 지식에서 매우 중요한 몫을 차지한다. 우리가 영성의 추구를 하나의 세계관적 기획으로서 좁게는 건강 담론의 요체로서 받아들인다면 비서구의 전통 의학이 새로운 생기를 회복할 수 있다.[6] 오구아마남C. Oguamanam은 병에 대한 두 가지 접근법을 대별시킨다. 병에 대한 서구의 생물의학적bio-medical 접근은 병원균 이론에 추동되면서 환자의 복합적인 사회적이고 심신의학적psychosomatic 조건이 아니라 감염 부분 혹은 위치로서 몸에 대해서만 의료적 개입을 한다. 서구 과학의 의미에서 이러한 엄밀한 환원적 분석의 방법론을 견지하면 심리사회적이고 심신의학적 차원은 주요 관심이 되지 않는다. 반면에 비서구 전통

6 조선 근대 시기 의학사를 일별하자면, 서양 의학 중 특히 외과 의술은 전통 한의학의 공백을 해결하는 능력을 보여 줌으로써 서양 문물 일반에 대한 인식을 바꾸는 계기가 되었다(박형우 · 박윤재, 2009, http://pressian.com/article_print.asp?article_num=600907, "조선에 장금이는 없었다-알렌에게 무릎꿇은 한의학" 참조). 지금까지도 한의학의 언어와 실행이 서구 의학 지식 체계와 부조응 관계에 놓여 있음으로 인한 저평가 상황은 지속되고 있다고 보인다.

의학은 한 개인의 건강과 참살이well-being가 가족, 공동체, 영적이고 심지어 형이상학적인 여타의 연결성을 포함하여 관계성 안에서 조화를 이루는 데서 추구될 수 있다는 믿음에 기초를 둔 전체론적 접근법을 취한다. 전통적인 진단과 치료 개입에서 초점은 우리의 사회적 상호 작용의 모든 요소와 조화를 이루어 최적의 실존으로 향하는 데 있다.

다른 한편으로 오구아마남(Oguamanam, 2004: 137-145)은 특수하게 토착 지식을 지적 재산권 문제와 연관시켜 고려하고 있다. 그에게 토착 지식은 국제법의 적용을 받아 '토착민'으로 인정된 사람들에 해당하는 좁은 범주를 넘어서, 토착적이고 여타의 비서구 사회의 지역 공동체 일반의 지식을 가리키기 위한 용어다.

그는 토착 지식을 전통 지적 재산권과 통합할 필요성이 있다고 본다. 이 필요성은 토착민이 자신의 지식으로부터 이익을 얻으려는 욕망에 의해서도, 또한 토착 지식을 전유하고 정보를 얻으려는 외부적 관심에 의해서도 촉발된다. 과학적 · 문화적 · 경제적 · 상업적 노력의 다양한 영역에서 토착 지식의 가치가 증가하기 때문에, 토착민의 자기 결정에 대한 욕구와 동떨어져서 이 필요성이 더 커진다.

그럼에도 불구하고 토착 지식은 서구 양식의 지적 재산권 안에서 제 위치를 정립하기 어렵다. 기본적으로 오구아마남(Oguamanam, 2004: 142-143)은 세 가지 문제를 지적한다. 우선, 토착 지식은 통상 공동의 노력에서 유래한 공동체 자산이다. 둘째, 법인의 개념에 관련해서도 대부분의 토착 사회는 공동체의 혹은 집합적인 조직 구조에 기반을 두기에 지적 재산권을 유지할 수 있는 기초 위에서 요구되는 법적 혹은 사법적 인격을 결여한다. 셋째, 토착적인 생명 문화 지식은 원original 정보를 확립하지 않는다. 태곳적부터 점증적인 방식으로 수집된 역사적 정보를 재현하기 때문에 지적 공동 자산의 부분이고 '새것'이 아니다. 따라서 서구의 앎의 방식과 토착적인 방식의 인식상의 차이를 모르면, 지역 지식의 보존과 그것의 문화적 통합성에 대한 토착민의 열망과 동경에 대처하기 어렵다.

실제적으로 고려할 때도 관습적인 지적 재산권이 토착 지식에 적합한가에 대한 의문이 제기된다(Oguamanam, 2004: 143-144). 우선 토착 지식은 구술 문화여서 서술 형태로 변형하기가 어렵다. 둘째, 특허권이나 저작권은 확정 용어로 서술되어야 하는데 전통 지식은 기록되기 어렵고 세대를 건너 점증적으로 진화하는 경험이다. 토착 지식은 보유권이 있는 tenured 지식 혹은 재산의 안티테제다. 언제 어디에서 토착 지식이 시작하고 끝나는지 미정인 상태에 있다. 셋째, 지적 재산권으로 등록할 재력이 부족한 것도 제약이다.

모든 지식 생산은 다양한 사회구성체들의 문화적 산물이자 지역적 기호다. 관습적으로 통용되는 지적 재산권이 갖고 있는 지구적 자본주의의 오리엔테이션은 토착 사회의 소유권의 공동체적 성질 및 사회문화적 구조와 명백히 갈등을 일으킨다. 그리하여 사실상 모든 문화가 고유한 지식 보호 프로토콜 혹은 규정을 갖고 있음에도 불구하고 토착민에게 특수한 sui generis 지적 재산의 문제가 서구 중심적으로 협정된 지적 재산 시스템의 이름 안에서 제기된다는 점에서 문제가 발생하고, 따라서 이에 대한 해결책이 필요해지는 것이다.

또한 토착 지식의 적극적 재구성 작업은 환원주의적 지식 체계의 문제점에 대한 대안 제시의 성격을 갖는다. 즉 생태여성주의 진영을 중심으로 하여 "(서구 문명/자본주의/가부장제 연합체는) 다른 앎의 방법을 모두 배제함으로써 자연에 대한 인간의 인식 능력을 축소하며, 자연을 무기력하고 파편화된 물질로 다룸으로써 자연의 창조적인 재생 및 갱신 능력을 감소시킨다"(미스 · 시바, 2000)는 지적을 넘어서는 적극적 대응의 의미를 지닌다.

이러한 흐름을 통해 토착성('토착적인 것' 일반)에 대해 관심을 갖게 하고 하나의 연구 방향을 발굴하게 된 것은 바람직하다. 그동안 토착민(선주민, 원주민)은 기껏 보호 대상이거나 이주 정책의 희생자가 되기 쉬웠으며, 토착 문화는 지역 축제나 관광 자원, 문화 유산 등으로 상품화될 수 있을 때만 환영받기 쉬웠고, 토착 지혜는 근대적 학문 체계에서 배제되어 사라질 위기에 처해 있었지만 이제 새로운 각도로 접근할 길이 열린 것이다.

그럼에도 불구하고 모든 종류의 토착 지식과 모든 토착적 문화 전통이 여성주의 가치를 담보하고 있지 않음은 엄연한 현실이다. 지역적 · 역사적 가부장제와 토착성의 공모 관계는 수없이 드러난다. 예를 들어 홍콩의 신계新界 지역에서 남성만이 토지를 상속받을 수 있게 하는 전통 관습이 오랜 동안 지배하면서 중국 촌락의 가부장성을 드러내었던 점(장정아, 2005: 29)이나 식민 지배 하에서 자생주의나 민족주의적 남성 주체의 열망이 합작하여 성별 권력 관계를 희석시키는 위험성(김현미, 2003: 181) 등에 대한 여성주의 진영의 비판은 적절하다.

특히 성불평등이 강한 사회일수록 그리고 여성이 토착 공동체의 성원으로서 동등한 위치성을 확보하지 못한 사회일수록 토착성의 양가적 정치성이 예각화된다. (카스트 제도나 전통적 우주론을 포함하는) 지역 지식은 외부에 대한 저항의 기능도 하지만 동시에 공동체 내부의 하위 주체들이 종속 상황을 받아들이게끔 일조했다. 반면에 근대 과학이나 지식에 눈뜬 하위 주체들에게는 자신들에게 전승된 이데올로기를 탈신비화하게끔 지원하는 역할을 하며, 지역 가부장이 전유해 버린 여성의 자율성을 되찾고 지역 개발에 참여하게 해 주는(Nanda, 2004: 223) 식으로 여성 역량 강화empowerment의 계기가 되었다는 주장은 일정한 설득력이 있다.

따라서 "어떻게 지역 지식이 권력으로 번역되어 이 지식 권력이 구체적인 프로젝트와 프로그램이 될 수 있을까? 어떻게 지역 지식 권력의 성좌가 필요하거나 적절한 전문적 지식 형태로 가교를 놓을 수 있을까? 그리고 어떻게 그것이 지역적, 지방적, 국가적 그리고 초국가적으로 해로운 조건들에 대항할 영향력의 사회적 공간을 확장할 수 있을까?"(Escobar, 2001: 139-174)라는 질문에 대해 답을 추구해야 하는 과제가 남는다.

특히나 지역 지식은 문화다양성의 명분으로 현실 체제 유지적으로 권장되거나 '보호'되면서 이용될 수 있음을 경계해야 한다.[7] 지구적 차원에서 볼 때 서구중심주의에 대한 탈중심화로 나가지 않고 스스로 또 하나의 중심을 확립하고자 하는 제국의 욕망을 현시하는 국가 권력이나 지역 공동체 권력일수록 보편적인 가치보다는 문화의 특수성에 호소하기 쉽다.

토착 문화는 서구 근대성의 충격에 대응하면서 서구와 대립각을 세우는 하나의 국가적 상징으로 소환되기에 토착성의 계기를 내장한 문화민족주의는 식민주의 시대를 종식시키는 데서 아주 강한 수단으로 작용해 왔고 식민주의에 상응하는 억압이 재생산되는 사회 상황에서는 여전히 호소력을 지닌다. 따라서 외부의 큰 억압에 맞서 공동체 내부의 단결을 기치로 내세우는 진영에서 부르는 '우리(가부장제의 수혜자였던 집단)끼리 좋았던 옛 시절'의 노래가 지역 여성에게는 허구를 재생산할 수 있음을 인정한다면 토착성이 가부장제적 시공간의 연장을 위한 빌미로 이용되지 않도록 주의가 필요하다. 그리하여 토착 자원의 발굴은 언제나 보수적인, 심지어 반동적인 경향의 일부를 이루기에 이를 발굴하려는 사람은 자신을 보수 세력과 분명히 구별되도록 조심해야 하며, 마치 "불 속에서 군밤을 건져내는 일"처럼 조심스럽게 취급해야 한다는 쑨거(2008)의 충

7 한 예로서 세계은행World Bank은 글로벌 지식을 개발도상국에 제공할 뿐만 아니라 이 국가들의 토착 지식도 배워야 한다고 역설하는데, 그 틀은 기술적이고 단편적인 지식을 열거하는 것이지 지역민들의 세계관의 일부인 체화된 지식에 대해 다루려고 하지 않는다는 점이 지적될 수 있다 (Briggs & Sharp, 2004 참조).

고가 적절해 보인다.

이렇듯 토착성이 갖는 다면적 정치성 때문에 토착성 담론은 가부장제의 과거로의 회귀와 차별화되기 어려울 수 있고 급변하는 시대 흐름에 반직관적일 수도 있다. 이런 여러 난제를 앞에 두고 과거의 실체로서 토착성 부활과 현재적 전망으로서 토착적 상상력 사이에 인식의 모호성이 있다는 사실을 인정하면서 토착성과 역사적 가부장제와 문화민족주의의 재결탁 가능성을 차단하고 토착성을 살리는 새로운 시공간 만들기의 단계로 진입하는 작업이 필요하다.

(포스트)개발주의에 대한 대안적 콘텐츠로서 토착성과 생태적 시민성

'개발development'은 전 지구적으로 사회적 삶을 진전시키는 수단이자 강력한 이데올로기developmentalism로 자리잡으면서 '발전'과 동의어로 인식되었다. 그러나 새로운 밀레니엄을 맞이하여 서구 근대적/자본주의적 물질 문명의 하강이나 위기, 혹은 근본 모순을 인식하면서 새로운 사회 발전의 경로가 탐색되어야 한다는 요구가 이제는 절박하다. 지구촌을 하나의 시장으로 묶는 경제적 · 신자유주의적 지구화는 다자성이 아니라 패권적 일방향성을 지님으로써, 아시아의 개발주의 역시 신자유주의적인 효율성을 기치로 다양한 지역과 전통의 공동체가 급속히 와해되는 대가로 진행되고 있다. 특히나 서구 문명을 발달시켜 온 과학 체계 자체가 지역 지식들을 타자화하면서 독점적 지위를 구가하는 상황에서 새로운 사회를 전망해 주고 설계해 줄 수 있는 대안적 지식 체계가 요청되고, 이와 함께 그에 동반할 가치 체계 역시 필요하다는 지적들이 나오고 있다.

이러한 상황 속에서 과연 토착성이 개발주의의 대안을 마련하는 데 핵심적 역할을 할 수 있다는 낙관적 태도를 가질 수 있는가, 아니면 토착성이 새로운 문화 상품화나 상징적으로 소비되는 문화적 기호의 차원에 머물 뿐 개발주의의 이면으로서 세계 자본주의의 주변부 삶이 처한 실제the real의 문제(빈곤, 기아 등)에 대한 해결이 될 수 있을까 등등의 질문이 생겨난다.

주지하듯이 글로벌 자본의 운동은 세계의 정치·경제적 힘을 하향적으로 배치하면서 지역 간의 불균등 발전을 가속화하고 있다. 이로써 지구촌에는 균질적 상품 공간화와 함께 지역의 구체성과 노동이 무력해지고 자본의 추상적 운동만이 확장되고 있는 현상이 벌어진다.[8]

그렇지만 사람과 자연과 지역을 착취하는 무분별한 개발주의라는 슈퍼파워에 맞서는 토착적인 정치경제적인 투쟁 역시 나타나고 있다. 예를 들어 아마존 유역의 토착민 운동(범인종적 아마존 autochthony, COICA : Coalition of Indigenous Organization of the Amazon)(Morin et al., 1997)은 국민국가의 개발과 원주민 동화 정책, 원주민 토지의 에너지 자원과 원재료에 대한 점증하는 욕구에 대항하는 정치적 투쟁의 성격(Morin et al., 1997: 159)을 갖는다. 이들 150만 명의 토착민들은 페루, 에콰도르, 콜롬비아, 브라질, 볼리비아 등의 국가 내 정체성뿐만 아니라 우림 지역민으로서 공통 정체성(Morin et al., 1997: 180-181)을 새롭게 구성해 가고 있다. 여기에서 '토착적인 것'은 또한 정치적 수단화·정치 투쟁의 도구로서 원주민(선주민) 운동의 인종적 정체성 구성에도 주요 역할을 하고 있다.

8 덜릭(Dirlic, 2001: 30-35)은 개발 담론이 부와 가난에 대한, 정체와 진보에 대한, 그리고 궁극적으로 좋은 삶에 대한 특정한 정의를 보편성으로 가정함으로써 구미 자본주의의 침략을 유도했다는 것, 그리하여 사회들과 자연들을 파괴하는 것으로 귀결되었음을 지적하고 있다. 그렇다면 비서구에서 지구적 자본주의에 대응하는 길은 후발 개발주의 방식으로 추격하여 자본주의 생산의 '공간'으로 편입되는 것이 아니라 지역 자율적인 역량 강화를 통해 '장소'를 옹호하는 것이다. 덜릭 A. Dirlic은 국민국가가 더 이상 비자본주의적 장소를 옹호할 수가 없으며 이제는 "장소가 혼자 힘으로 꾸려나가야 한다"는 인상적인 서술을 남기고 있다.

열대 우림의 수호는 거대 권력, 다국적 기업, 자본주의 발달의 기관에 맞서 진행되고 있기에 유사한 상황에 놓인 채 생태계 파괴에 직면한 다른 지역 토착민과 동맹할 필요성을 깨닫게 했고, 실제로 1992년에는 전 세계 82개의 조직을 대표하여 850명의 원주민들이 한데 모이게 되었다(Morin et al., 1997: 183).

그러나 관련된 외신[9]을 보면 페루 정부가 외국 기업과 함께 추진하는 아마존 밀림지역 개발에 반대하는 원주민의 시위에서 대규모 사망자가 나오는 등 정치적 충돌이 계속되고 있다. 토착민의 활동이 정치적 힘으로 전화되고 국가를 넘는 수행적 정체성을 새롭게 구성하게 될 때 이러한 급진적 변화를 억압하는 국가 권력들의 실체가 가장 극명하게 드러난다.

아시아 안에서도 메콩강 살리기 활동은 국가와 지역을 넘는 활동가들의 네트워크 안에서 진행되고 있다. 캄보디아, 라오스, 태국 정부가 추진 중인 11개의 대규모 수력발전 댐 건설로 강의 급격한 생태계 변화와 함께 어업 · 농업 등 메콩강을 생계의 원천으로 삼고 살아온 수백만 지역 주민의 삶이 위협받고 있는 상황에 대한 다국가 단체와 일반인의 네트워크 Save the Mekong Coalition가 활동하고 있다.[10] 이러한 일들은 비서구 지역에서 단편적으로 파악된 몇몇 사례일 뿐일 수도 있다. 하지만 아시아 안에서 서구를 추격하는 모형의 개발주의가 확산되면서도 세계 체제 속에서 재주변화[11]되는 결과가 되고 마는 상황에서 과연 어떤 가치와 방향

9 http://news.naver.com/main/tool/print.nhn?oid=052&aid=0000253041, 김선희(2009), "아마존 개발 반대 시위…… 45명 사망" 기사 참조.

10 지구상의 많은 지역에서 생태적 의제가 지역 발전의 문제로 치환됨으로써 지역민들 내부에서도 상이한 이해 관계와 위치성에 따라 충돌과 분쟁이 잦아지고 있다는 것도 개발주의에 대한 대항적 실천이 갖는 어려움을 보여 준다.

11 동아시아의 거시적 경제 환경은 세계 자본주의와의 관계성 측면에서 구조조정이 이루어지고 있다. 저임금 노동을 활용해 저가 상품을 대량 생산하는 '산업 자본' 중심으로 제도화되지만 생산된 상품은 역외에서 즉 선진국 금융의 지배 하에서 가치를 실현해야 하는 구조적 주변성을 갖고 있다. IMF 위기를 계기로 동아시아 자본주의는 가치 실현을 제약하는 금융, 서비스 부문, 시장 경쟁

을 가지고 사회 발전을 이루어내야 하는가에 대한 공론의 장이 활성화되는 계기가 된다고 본다.

최근 녹색 진보론을 주창하는 조명래(2009: 334)는 진보 이념의 영역을 자연의 세계로 확장시키는 것을 '지속 가능한 진보'라고 부르면서 전통적 진보(계층과 세대와 지역 간의 형평성 추구)의 실현에 더해 일상의 미시적 삶의 문제, 사람과 자연 간의 공존과 번영이라는 생태적 형평성을 통해 사회적 진보를 이끌어내야 한다고 역설한다. 이러한 문제 제기는 발전 모델의 생태화로 이어지는데 그가 제시하는 대안 모델은 대외 의존적이고 대기업 중심적이며 과도한 상품 소비 관계를 중심으로 하는 현재의 발전적 축적 체제를 바꾸는 것, 즉 내향적이고 대기업-중소기업 간 협력 생산 관계와 공동체적 소비를 활성화하는 탈발전적 축적 체제로 대체하는 것이다(조명래, 2009: 336).

그렇다면 지역이 지구적 자본의 착취 고리가 아니어야 하고 지역 공동체가 생산과 소비의 자족적인 단위로 재편성되어야 하는 방향으로 설정될 때 생태주의와 접맥한 새로운 정치경제적 질서가 태동함을 예측해 볼 수 있다. 이러한 흐름은 사회 발전 담론에서 거대 담론 위주의 진보의 틀에 삶의 세계에 뿌리를 박는 생태여성주의 가치들이 스며들어가는 방향을 설정하는 것으로 확장될 가능성을 보여 준다. 동시에 지역의 토착성에 기반하여 대안 사회를 설계해 보는 작업을 요구한다.

잠정적으로 앞으로 만들어 가야 할 대안 사회의 원칙 가운데 하나를 다음과 같이 정리해 보자. "현재 체제에 대한 대안은 원주민, 지역 주민, 토착민의 전통을 존중하며, 공동체와 민중의 권한 부여 원칙에 충실한 모델이어야 한다. 이것은 농민과 원주민들의 경험과 전통에 의거한 다양한 생

의 논리 등을 기제로 하는 세계 자본주의 체제에 새롭게 통합되면서 재주변화를 겪게 되었음이 지적된다(조명래, 2009: 74-94 참조).

산 방식과 지식, 기술의 다양성을 수용한다는 의미다"(이대훈, 1998: 254).[12] 여기에는 지역의 토착 자원(물적 · 인적 자원, 토착 지식, 지혜, 가치 체계 전반에 걸친 토착적 소프트 파워)에 대한 재평가가 들어 있다.

또한 토착성을 개발주의의 하나의 대안적인 기준점으로서 삼게 되면 특정 국가 내 설명력만이 아니라 지역 간의 연결점을 확보하게 된다. 이는 예컨대 생태적 시민 의식을 통한 아시아 내 연대 네트워크를 가능하게 하는 예비적 자원이다. 인간과 사회, 자연의 연속성과 통합적 세계관에 대한 인식이 일정하게 토착성 안에서 배양되어 왔다면, 당대의 환경 문제에 대해 토착성과 생태주의를 연결시키는 실천은 지역 간 연합이라는 틀 안에서 미래 지향적 가치를 담보할 수 있다.

질 발렌타인Gill Valentine의 '생태적 시민권' 개념 역시 특정 대륙과 특정 국가의 경계를 넘어 적용될 수 있다. 지구환경 문제는 대륙과 국가 저편에 있는 사람들의 삶과 함께 후속 세대의 삶을 염려하고 기회를 지켜주려는 보살핌 윤리를 통해 해결의 실마리를 찾을 수 있다. 발렌타인(2009)은 이를 생태적 시민권 의식이라고 부르는데 이는 매우 포괄적인 형태의 시민권을 대표한다. 그녀에 의하면 생태적 시민권은 한 국가의 시민이거나 디아스포라적 시민권이나 성적 시민권 같은 독특하고 국가 경계를 초월하는 집단 정체성보다 훨씬 더 포괄적이다. 또한 권리보다는 책임이 우선되는 정체성이고 자연의 일부로서 인간의 존재론에 바탕하기

12 이대훈(1998: 254)이 『세계의 화두』에서 소개한 원래 원칙은 1995년 리우환경회의에 참석한 민간 단체들의 입장으로서 저자가 재정리한 것이며 '원주민'으로만 명시되어 있었는데 이 글에서는 '지역 주민, 토착민'을 편입시켜 논의를 확장하고자 했다. 그 이유는 원주민, 선주민, 토착민, 지역 주민 등이 정치적 정체성의 맥락에 따라 유동적으로 의미가 부여되기 때문이다. 토착 지식, 지역 지식, 전통 지식의 경계 또한 불투명하다. 단지 전통 지식, 토착 지식, 전통적 환경 지식 그리고 지역 지식이 함께 호환될 수 있으며 일반적으로 "특정한 지역적, 토착적 혹은 지역적 공동체 안에서 오랫동안 유지되고 성숙된 전통과 실천을 지칭한다"는 Wikipedia(2009)의 서술을 잠정적으로 원용하면서 이에 대한 분석적 연구는 추후 과제로 남겨둔다.

때문에 국가나 사회 경계에 국한되지 않는 확장적 범주다.

하지만 현실에서는 지구적 문제의 영향력이 지리적으로 국지적으로 다르기 때문에 각 국가가 국제적인 협력을 하려는 의지와 정도가 달라진다. 발렌타인이 예증하듯이 오존 고갈의 문제는 극 지방을 중심으로 급속히 진행되므로 적도에 인접한 국가보다 고위도에 위치한 국가가 더 긴박한 대응을 모색하고 있다. 저지대 국가는 해수면 상승 문제를 더 심각하게 받아들인다. 또한 예방적 조치에 참여하고 지구적 문제의 영향을 통제하는 데 필요한 기술적 수준과 자원은 국가별로 상이하다. 해수면 상승에 대처하는 데서 같은 저지대 국가 안에서도 네덜란드와 방글라데시가 형편이 다르다. 개발도상국들은 부유한 서방 국가들이 자신들의 의제를 지구 보편의 의제로 과장하는 부당성을 제기한다. 에너지 과소비의 책임을 일방적으로 전가하면서 또 다른 의미의 환경 제국주의적 억압을 행한다는 것이다.

그렇다면 우리가 여전히 국가 경계 안에서 즉 자신의 국가별 이해 관계 안에서 시민권을 협소하게 사유한다면 사태를 돌파하기 어렵다. 대신에 민족/국가에 의해 부여받은 정체성이나 소속감으로 형성되는 협소한 권리들의 목록을 지우고, 초국가적 공간에서 만들어지는 수행적 주체에 기반한 담론의 주체가 갖는 책임성으로 시민권을 인식할 필요가 있다. 환경 위기로 인해 자연과 인간이 상생할 수 있는 기반이 무너져 가고 있는 현대 사회에서 지구 시민의 가치관과 신념을 다시 재구성하고 이를 자신의 구체적 삶의 공동체 안에서 공유하는 일은 무엇보다 중요하다. 그런 의미에서 생태적 시민권의 용어를 생태적 '시민성civility'[13]으로 재해석해 보

13 시민권과 시민성에 대한 좀 더 상세한 논의는 조형(2007: 25-45)을 참조할 것. 그녀는 기존의 시티즌십 논의가 시민의 권리 및 의무(제도)와 참여적 실천(행동)으로 구성된다고 보는데 이것은 한 축일 뿐, 더 기본적인 축이 있다고 한다. 즉 시민들 간의 관계적 행동에 관한 문화적 차원의 시민

면서 사회 구성원 개개인의 자기 리더십으로 문화적 역량화해 볼 수 있을 것이다. 궁극적으로 토착성과 결합한 탈식민적 지식 생산과 실천의 문제가 새로운 수행적 정체성을 교직해 낼 때 여성주의 공동체들은 지구지역적인 또 하나의 소통에 열려 있게 될 것이다.

3. 토착적 재지역화의 장소로서 아시아

'아시아'에 대한 관심은 정치적 입장에 따라 시기적으로 맥락적으로 변화되어 왔다. 그렇지만 서구의 인식 틀 안에서 보면 근대 이전의 아시아는 '정지된', '정체된' 장소이자 동양적 전제와 아시아적 생산 양식으로 대표되는 어두운 대륙으로 표상되었다. 아시아가 '오리엔트'로 지칭되면서 서구 내 차이가 인식 틀에서 삭제될 뿐만 아니라 아시아 내부의 차이도 간과된 채 토착적 퇴행의 장소로 일의적으로 규정되었다.. 그리하여 자력으로 문명화할 수 없는 동양 혹은 아시아에 대해 서구의 합리성과 계몽의 빛을 식민지에 투과하는 일은 은혜로움이자 선물이었다.

유럽 제국주의 열강의 이해 관계에 따라 각국의 아시아에 대한 표상의 범위와 특성이 달라졌고, 미국이 아시아 근대사에 개입하는 과정에서는 초점 지역이 달리 설정되었다.[14] 공통점은 강국의 아시아 침탈에서 지역

성으로서 이것이 공동체적 삶을 영위하는 데 필수적인 요소이자 사회적 자원의 문화적 토대가 된다고 한다. 이 글은 생태적 국면에서 발현되는 시민성을 공동체의 문화 역량으로 재해석하고자 한 것이다.

14 '동남아시아'는 정치화된 지역 개념의 역사를 갖는다. 유럽제국주의 시대에는 인도의 끝자락인 아삼Assam으로부터 동남 지역을 가리키는 '뒤쪽 인도'로 지칭되었다. 제2차 세계대전 시기 일본의 아시아 진주에 대항하기 위해 연합국이 동남아시아 사령부를 설치하고 처음으로 그곳을 동남아시아로 지칭했으며, 1950년경까지 미국은 그 지역을 중국과 '그 주변'으로 불렀다고 한다(강상중 외 편, 2007: 344-345 참조).

연구들이 큰 지원자 역할을 했다는 사실이다. 식민지 지역 주민의 저항에 맞서는 실효적 지배를 위해 지역 실정과 역사, 문화에 대한 사회과학적 연구의 필요성이 대두되어 동양학은 식민지 경영을 위한 지역 연구, 실증주의 연구에 초점을 맞추게 되었다. 아시아 지역의 토착성은 수집의 대상이었다. 인식의 주체는 선교사, 탐험가, 식민지 관료, 민간 학자 등이었다.

오리엔트Orient는 옥시덴트Occident의 동등한 상대방이라기보다는 옥시덴트에 기생해서 정의되는 방식(즉 서구가 아닌 것으로서의 오리엔트)에서부터 주변화되기 시작했다. 이러한 옥시덴트의 선진성 대 오리엔트의 후진성이라는 비대칭적 구조는 여러 국면에서 재생산된다. 개발의 측면에서는 발달된 곳 대 퇴행적인 곳, 과학의 측면에서는 과학 대 미신, 도덕의 측면에서는 도덕성 대 비도덕성, 종교의 측면에서는 종교성 대 이교성으로 구획되었다(Sharp, 2009: 19-21). 그렇지만 서구 패권적 개발주의의 한계가 드러나고, 서구 과학의 파편성이 지적되고, 오리엔트의 공동체 윤리를 지탱해 온 힘이 발굴되고, 종교다원주의가 모색되면서 그러한 편견 가득한 이분법의 실효성이 의문시되었다.

식민지적 근대를 통과하면서 아시아 대륙은 물리적 자원의 보고로서 혹은 값싸고 유순한 노동력의 저수지로서 제3세계의 피착취성을 각인한 곳으로서 또다시 일의적으로 대상화되었다. 당대의 지구화 맥락 안에서 아시아는 하나의 전체로서 '로컬'로 상정되면서 글로벌 생산과 소비 체제의 하나의 고리 역할을 하는 곳으로 인식되거나 그와 맞물려 글로벌 자본의 현지화 전략 안에서 로컬로서 아시아가 자원의 동원과 수탈의 단위로 자리매김되기도 한다. 이는 글로벌/로컬의 수직적 위계 구도 안에서 이해되는 로컬의 표상이다.

반면에 아시아 내부의 아시아 인식은 매우 차별적이다. 자기self 오리엔탈리즘에서부터 역reversed 오리엔탈리즘에 이르기까지 스펙트럼이 다양하다. 전자는 서구를 강자로, (동)아시아를 약자로 설정하는 일종의 열등감과 패배 의식이 담긴 개념이며, 후자는 경제적 성공으로 부상하는 아시아를 업고 서구에 대한 일종의 자신감好勝之心이 전제되어 있다(박승우, 2008).

여기에서 다시 오리엔탈리즘을 언급한 이유는 탈식민성을 한 단계 더 지양하는 계기로서 아시아의 탈식민적이고 토착적인 사회 설계의 가능성을 발견하고자 하는 의도에서 서구의 아시아 표상에 매이지 않는 아시아 안의 아시아 인식에 집중해야 한다고 보기 때문이다.

모리 가즈코毛里和子는 1990년대 후반부터 '아시아의 아시아화', 즉 아시아에 사는 사람들이 아시아라는 정체성으로 돌아오거나 아시아를 만들려고 하는 현상을 이야기한다. 지구화가 진행되는 다른 한편에서 지역 등 자기와 관계 있는 정체성을 요구하고 싶어하는 매우 복잡하고 중층적인 교착 상태를 배경으로 하면서 아시아의 네트워크화가 그 실태로서 진행되고 있다(모리, 2007: 376)는 것이다.

이어서 모리(2007)는 아시아를 말하는 여섯 종류의 접근법을 소개한다. 허구, 정치적 · 국가적 상징, 움직이는 장소, 기능, 정체성, 제도가 그것이다.[15] 그러한 분류는 아시아에 대한 물리적이거나 실증주의적 접근을 벗어나 동태적이고 역동적인 재지역화를 상정하고 있다고 생각한다. 그런데 서로 다른 접근법들끼리 교차하는 경우가 발생한다. 예를 들어 상징으로서 아시아는 그 안에 허구로서 아시아를 통합할 수 있고, 그리고 정체

15 "1. 허구로서 아시아: 이미지화된 것. 2. 정치적 · 국가적 상징으로서 아시아: 일본 군국주의의 위험한 사례. 3. 움직이는 장소로서 아시아: 사람, 물건, 미디어 등 다양한 네트워크가 형성되기 쉬운 장소. 4. 기능적 아시아: 창조되는 것으로서 안보공동체, 에너지 공동체, 자유무역지대 등 일정 부분의 이슈에 대한 협력체, 또는 제도 만들기. 5. 정체성으로서 아시아: 음식, 젓가락, 개인 · 집단 · 국가의 관계 유사성, 뿌리 중요시 등 사회문화적 공통성. 6. 제도로서 아시아: EU 같은 지역연합체"(모리, 2007: 378–379 참조).

성으로서 아시아를 이용할 수도 있다. 네트워크 장소로서 아시아 안에도 기능적 아시아나 제도로서 아시아가 포섭될 수 있다. 그렇다면 모리의 여섯 가지 접근법은 명확히 배타적으로 구획되기보다는 담론 차원에서 교차하고 중복되는 것이고 국면에 따라 달라지는 강조점을 표현하는 것이라 본다.

아시아 안에서 발신하는 아시아 담론의 역사는 발화자에 따라, 그리고 담론의 목적에 따라 근대 시기를 거쳐 지금까지 많은 변화를 겪어 왔다. '아시아'는 고무줄처럼 늘었다 줄었다 풍선처럼 부풀었다 줄었다 하는 가운데 기표로서 '아시아'의 의미 내용도 맥락적으로 다르게 파악된다. 광대한 지역 위에 다언어 · 다종교 · 다인구 등의 특징을 갖는 대륙이자, 심지어 인도나 인도네시아, 중국, 미얀마 등에서 볼 수 있듯이 한 국가 안에도 인종, 소수민족에 따라 수백 개의 언어가 통용되기도 하는 곳이라는 이른바 '객관적' 사실의 서술들은 일정하게 가치 평가를 수반한다. 아시아 여성/남성의 굴절적 이미지 혹은 아시아 역사나 정치의 정체성 환기 등으로 연결되기 때문이다. 물리적 인식 대상으로서 아시아는 '아시아적인 것'에 대한 연상과 분할적 표상을 매개로 인식된다.

21세기 지구화 시대의 근대 혹은 후기 근대를 관통하고 있는 아시아는 빈곤, 과잉 인구, 정치 불안, 전쟁 등 열악한 정치경제적 정세 속에서도 개발과 경제 성장의 역동성이 있는 곳으로 평가되었다. 아시아 안팎으로 대량 이주하는 몸 자원이 있고, 세계의 공장이 된 곳이지만 2008년 경제위기의 직격탄을 맞고 취약한 사회 안전망 속에서 장기 불황의 고통이 민중에게 전가되는 결과가 예측되고 있다.

또 다른 한편에서는 근대성이 지역마다 국가마다 차별적으로 배치된 공간으로서 아시아가 미래 지향적인 지도를 그리려고 할 때 아시아적 파워 안에서 발굴해 낼 수 있는 자원으로서 '소프트 파워soft power'에 주목하자는 논의가 대두되고 있다. 하드 파워hard power란 정치, 경제, 군사력 등 주로 서구의 권력화된 힘인데 반해 소프트 파워는 역사, 생명 윤리, 종교, 철학 등 포괄적이고 중층적인 문화적 영향력으로서 아시아의 강점으로 부활될 수 있다는 것이다(구마오카 외, 2007).

아시아의 소프트 파워론이 아시아 개발주의가 득세할 때 등장했던 아시아적 가치 담론, 유교자본주의론 등의 수준을 넘어설 수 있을지 예단하는 것은 성급하다. 다만 지속 가능하지 않은 개발 전략 대신 자연과 인간, 사회의 전체적 연관 관계에 기반한 공동체 통합적 경제 구조, 호혜성에 기반하고 평등을 지향하는 사회적 규칙, 더 나아가 자본주의를 대치할 새로운 사회경제적 원리로 부상할 수 있다면 고려해 볼 만하다고 생각한다. 현재 소프트 파워론이 민간 활동가를 주축으로 국가 권력의 경계를 넘는 민중 권력, NGO 권력으로서 설정되고 국가 간에 교류되고 있는 점도 일정한 기대를 낳게 한다.

그렇다면 우리는 아시아를 어떻게 표상하고 어떻게 연구 문제화하는가?[16] 기존의 일국적 사회 분석 범주인 계급이나 지구적 범주인 세계의 불균등 발전의 인식 틀로 환원시키지 않고, 여성주의적으로 범주의 복수화를 이루면서 개발주의를 극복하는 경로들을 만들어 볼 수 있을까? 또한 지속 가능한 개발, 생태여성주의적 개발, 혹은 토착적 개발은 그 각각의 내포가 다를 수 있지만 현재 국면에서 아시아/여성/토착성 등 아래로부터의 관점에 기반한 인식과 실천을 통해 대안적 개발의 길을 모색할 수

16 이 질문은 아시아를 하나의 지역local으로 범주화할 수 있는가, 아니면 기존의 동남아 연구 등의 지역area 연구에서 일반적으로 행해지듯이 국가별로 로컬을 구획하는 바탕 위에서 혹은 이러한 로컬들끼리 비교·조사하는 작업들을 연결함으로써 상향적으로 종합할 수 있는가의 문제와 연관된다. 로컬리티에 대한 수직적 이해에서 아시아는 서구적 중심에 하향 배치된 주변부로서 인식되지만 수평적 이해에서는 다양한 문화적 정체성이 병존하고 혼종되어 있는 공간들이자 하위 주체의 행위성이 숨쉴 수 있는 삶의 장소들이다(부산대학교 한국민족문화연구소, 2009 참조).

있을까? 이와 더불어 공간적으로 위치지어진 지식 생산의 구조를 파악하면서 아시아의 토착성을 환기하는 일과 새로운 실천의 장소로서 '아시아'에 대한 공간적 상상이 가능할까?

이러한 문제 제기적 논의를 해보는 목적은 아시아 담론에 여성주의가 개입함으로써 매우 넓은 지대의 지식 생산이 가능해지기 때문이다. 적어도 자신의 현장에 터를 잡은 이론 생산이라는 탈식민의 규범성을 공유하면서 아시아 여성의 삶을 향상시키려는 공동 목표에 따라 성별, 계급, 국가, 인종 등을 교차하는 활성적인 지식 생산이 가능해진다. 이는 아시아 안의 내부 식민지로 은유되어 온 여성들이 새로운 아시아 지역 만들기의 주체들로서 다양한 위치성을 통해 전면적으로 등장하게 되는 맥락과 맞물려 있다.[17]

다시 말해 아시아 재지역화의 주체로서 여성은 아시아 여성의 단일 정체성이나 공통 경험 혹은 과거의 문화 전통으로부터의 강하지만 경계에 닫힌 연대라기보다는 이후 아시아를 어떻게 재지역화[18]할 것인가의 문제, 즉 가까운 미래와 먼 미래의 가치를 지향하는 지평에서 약하고 유연하고 열린 소통 구조 안에 있다. 이때 아시아를 물리적 외연으로만 파악하거나,

17 최근에 아시아 여성주의 진영에서 이러한 기획을 진전시킬 인식론적 작업들이 일정하게 행해지고 있다. 기존의 성별 중립적인 아시아 담론에 여성주의를 개입시켜 아시아 여성학 범주 혹은 지식 생산의 공동체를 구축하고자 시도하는 것이다. 예를 들어 김은실(2008: 26)은 아시아에서 여성과 관련하여 가장 논쟁적으로 부상하고 있는 주제인 섹슈얼리티에 대한 일본과 중국 여성학자의 논의들을 다룬다. 이러한 과정을 거쳐서 그녀에게 아시아 여성학은 "당위거나 주어진 것이 아니며, 상호 참조와 상호 인용을 통해 새로운 논의 공동체 혹은 지식 공동체를 구축하는 과정"으로 자리매김된다. 또한 태혜숙(2009: 16)은 아시아 여성학의 목표가 젠더화된 하위 주체들의 대항집단성을 부상시키는 것이 되어야 하며 "아시아의 비영어권 탈식민 텍스트들에 대한 지구적으로 인가된 무지라는 현상을 비판적으로 인식하면서 그 텍스트들에 지속적인 관심을 가지고…… 아시아의 국가적 경계들을 가로지르는 문화적 표현들을 생산적으로 비교할 수 있을 것"이라고 전망한다.

18 아시아에서 재지역화reregionalization란 용어는 역사적으로 사회적으로 다양한 의미망을 갖고 있기에 비판적 평가의 대상이 된다. 아시아의 식민적 근대 시기에 일본 제국주의의 '대동아공영권大東亞共榮圈' 주창이나 지구적 자본주의의 아시아적 확장을 위한 재지역화 주장 등에서는 패권성이 드러난다. 그리하여 누가 어떤 목적으로 누구와 함께 아시아를 논의하는가의 문제가 중요해진다(윤혜린, 2009: 228-232 참조).

문화적 다양성과 이질성의 총체로 인식하기보다 네트워크로서의 '아시아들'로서 상정할 때 생태적 시민성의 연대와 실천의 장소로서 새롭게 '아시아'가 추구될 수 있다.

그렇지만 아시아를 포함하여 지구적으로 토착성에 대한 환기는 현재 진행형이며 탈상품 경제, 탈가부장제와 연합하여 내용이 확보된다고 볼 때 새로운 아시아 지역 구성(재지역화)을 위한 아이디어를 모으고 더욱더 치열하고 심도 깊은 논의와 실천과 병행하는 일이 남아 있다. 특히 개발지상주의가 압박해 오는 삶의 조건의 문제에 대해 좀 더 실현 가능한 대안이 제시되고, 호혜적 공동체의 회복에 기여하는 담론과 모형과 실천의 변증법이 절실하다.

4. 맺음말 : 창발적 공간으로서 아시아

지금까지 서구에 의한 강압적 근대화 혹은 그보다 더 강도 높게 진행되는 서구의 지식 권력 패권주의에 따라 우리 역시 너무 쉽게 타자화해 온 토착성(때로는 지식이나 지혜로 드러나고, 또 때로는 자연과의 전일적 삶의 존재론이자 세계관인 것, 그리고 지역적 삶의 경험과 목소리를 담고 있는 문화적 가치를 지니는 바)을 새로운 시대 정신의 맥락에서 재의미화하고자 하는 시론적 논의를 진행했다.

그 과정에서 토착성 수용 논의의 기본 전제로서 역逆오리엔탈리즘적 중심주의의 부활을 경계하거나 아시아적인 것의 본질화 경향을 민감하게 견제하면서, 동시에 아시아 여성에게 굴레가 되어 왔던 토착성을 가부장제로부터 해리시켜 미래 지향적인 동력으로 재구성할 수 있는 해석의 지평으로 나가고자 했다. 또한 생태적 시민성을 중심으로 국가 경계에 제한받지 않는 문화적 가치를 재구성하면서 여성주의 연구의 분야를 확장하고 새로운 아시아 공간 만들기[19] 혹은 장소 만들기place making를 제안했다.

또한 필자는 시대의 검증을 거쳐 온 지역 고유의 가치 전통으로서 토착성을 아시아 여성 연구의 주제로 설정해 보았다. 특히 토착성을 발현하는 양태 중의 핵심인 토착 지식에 초점을 맞추어 중심 지향적인 지식 권력 체계에서 타자화된 상태를 극복하고 인류와 자연을 이어 주는 생태적 시민성의 자원으로 재구성될 수 있는 잠재력을 탐색했다.

이러한 작업은 역사적으로 형성된 아시아에 대한 안팎의 식민적 공간 표상을 극복하고 새로운 이론적 구성물로서 '아시아'를 상상해 가는 첫걸음이 될 것이다. 혹은 아시아를 고정적 실체거나 새로운 중심주의의 근거지라기보다는 가치 지향의 장소로 보면서 의제와 관점에 따라 행위자의 연대 국면이 유동하는 복수의 네트워크로서 표상하는 작업으로 이어질 것이다. 그 경우에 아시아라는 지역 혹은 범주는 닫힌 물리적 대륙이 아니라 지구적 차원과의 느슨하고 개방적인 소통의 장소로서 즉 네트워크의 결절점이 될 것이다.

그렇지만 이 글에서 '토착성'에 기반한 연구 주제를 탐색하면서 사회경제 구조의 패러다임 전환에 대한 내용성 있는 논의를 심화시키지 못한 점

19 '아시아'는 어떤 사실들을 구성하는 물질적인 차원에서 쉽게 범주화되는 것 이상으로 상상적이거나 상징적인 담론의 영역으로서 작동하는 단위로서 복잡성을 갖고 있다. 르페브르H. Lefebvre의 '공간의 세 층위 이론'을 '아시아'에 적용해 보면 적어도 '아시아'는 세 차원에서 인식될 수 있다. 첫째, 아시아의 공간적 실천(물리적 차원에서 경험되는 아시아로서 광대한 지역 위에서 언어, 종교, 문화 등 국가별로 구분되는 영역의 실천이 일어나는 공간), 둘째, 아시아에 대한 공간적 표상(상징적 차원에서 인식되는 아시아representation of space로서 동양적 전제와 아시아적 생산양식론으로 대별되는 타자성을 지니는 공간), 셋째, 아시아의 표상적 공간(상상적 차원으로 선취되는 아시아representational space로서 역사적으로 형성된 아시아에 대한 식민적 표상, 혹은 오리엔탈리즘적 표상을 극복하고 새로운 이론적 구성물로서 '아시아'(혹은 의제와 관점에 따라 연동하는 담론과 실천의 네트워크로서 아시아들)를 상상해 가는 첫걸음이 되는 장소다. 이 글은 이렇듯 '아시아'에 대한 다차원의 공간적 인식에 바탕을 둠으로써 새로운 아시아 재지역화 혹은 장소 만들기를 향한 통찰을 얻을 수 있기를 희망한다(Lefebvre, 1991 참조).

은 한계로 남는다. 토착 지식이 대안적 인식 체계의 모형이 되면서 지역 간에 창의적인 실천을 담보해낼 수 있으려면 대안적 사회 발전의 경로 및 방식을 견인해 낼 수 있어야 하지만, 아직은 매우 초보적인 문제 의식으로 파편화되어 있기에 후속 작업이 필요하다.

참고 문헌

강상중 외(2007), 『공간: 아시아를 묻는다』, 이강민 옮김, 서울: 한울.

강정인(2004), 『서구중심주의를 넘어서』, 서울: 아카넷.

구마오카 미치야 외(2007), "아시아 파워의 행방: 국가와 탈국가의 다이너미즘," 야마무로 신이치 외, 『권력』, 양기호 옮김, 파주: 한울.

김은실(2008), "동아시아에서의 '여성'과 '젠더' 범주의 계보학적 연구,"「한국학술진흥재단 2005년도 중점연구소 지원과제 제1단계 보고서」, 서울: 이화여자대학교 한국여성연구원.

김현미(2003), "식민권력과 섹슈얼리티: 19세기 서구 여성의 여행기에 나타난 담론들을 중심으로," 서울대학교 비교문화연구소, 『비교문화연구』, 9(1): 175-210.

남근우(2008), " '조선 민속학'과 식민주의: 조선 민속학회론을 중심으로," 이상현 외, 『동아시아의 근대와 민속학의 창출』, 남근우 · 김병준 옮김, 서울: 민속원.

들뢰즈, 질 · 펠릭스 가따리(1995), 『철학이란 무엇인가』, 이정임 옮김, 서울: 현대미학사.

로버트슨, 롤런드(2000), "하나의 문제로서 세계화," 롤런드 로버트슨 외, 『근대성, 탈근대성 그리고 세계화』, 윤민재 옮김, 서울: 사회문화연구소.

모리 가즈코(2007), "아시아학의 구조, 아시아의 구조: '동양' 에서 '아시아 신세기' 로의 가교를 목표로," 아오키 다모쓰 외, 『구상: 아시아의 새로운 시대를 향하여』, 신동규 옮김, 서울: 한울.

무어-길버트, 바트(2001), 『탈식민주의! 저항에서 유희로』, 이경원 옮김, 서울: 한길사.

미스, 마리아 · 반다나 시바(2000), 『에코페미니즘』, 손덕수 옮김, 서울: 창작과비평사.

박승우(2008), "동아시아 지역주의 담론과 오리엔탈리즘," 서강대학교 동아연구소, 『동아연구』, 54: 9-49.

발렌타인, 질(2009), 『사회지리학』, 박경환 옮김, 서울: 논형.

부산대학교 한국민족문화연구소(2009), 『로컬리티 인문학』, 「로컬리티의 안과 밖, 소통과 확장: 학문적 담론의 소통 매체로서 '로컬리티 인문학' 의 위치와 방향」 좌담회 자료집.

쑨거(2008), "근대를 찾아서: '근대의 초극' 에 대한 일본인들의 사유 추적," 토마스 라마르 외, 『근대성의 충격들』, 강내희 외 옮김, 서울: 문화과학사.

야마무로 신이치(2007), "공간 아시아를 둘러싼 인식의 확장과 변용," 강상중 외, 『공간: 아시아를 묻는다』, 이강민 옮김, 서울: 한울.

올루웰레, 소피(2005), "아프리카," 『여성주의 철학』, 한국여성철학회 옮김, 서울: 서광사.

윤혜린(2009), 『지구화 시대 여성주의 철학』, 서울: 철학과현실사.

이대훈(1998), 『세계의 화두』, 서울: 개마고원.

이상현 외(2008), 『동아시아의 근대와 민속학의 창출』, 남근우 · 김병준 옮김, 서울: 민속원.

이정배(1991), 『토착화와 생명문화』, 서울: 종로서적.

장정아(2005), "홍콩의 법치와 식민주의: 식민과 토착의 뒤틀림," 한국문화인류학회, 『한국문화인류학』, 38(1) : 3-44.

정현경(1994), 『다시 태양이 되기 위하여 : 아시아 여성 신학의 현재와 미래』, 박재순 옮김, 서울 : 분도.

조명래(2009), 『지구화, 되돌아보기와 넘어서기 : 공간환경의 모순과 극복』, 서울 : 환경과생명.

조형(2007), "여성주의 시민화 시대의 시티즌십과 시민사회," 조형 외, 『여성주의 시티즌십의 모색』, 서울 : 이화여자대학교출판부.

태혜숙(2009), " '아시아 여성학' 의 이론적 지평과 연구방법론," 이화여자대학교 한국여성연구원 「제3회 아시아 여성학 특강」 발표문.

한규석(2006), "한국인의 문화심리학이 던지는 도전 : 심리학에서 토착심리학의 가치," 한국심리학회 「심포지엄 : 서구중심주의의 극복-한국문화와 상담」 자료집.

훅스, 벨(2008), 『경계넘기를 가르치기』, 윤은진 옮김, 서울 : 모티브북.

Briggs, J. & J. Sharp(2004), "Indigenous Knowleged and Development: A Postcolonial Caution," *Third World Quarterly*, 25: 661-676.

Dirlik, A.(2001), "Place-Based Imagination: Globalism and the Politics of Place," in R. Prazniak(ed.), *Places and Politics in an Age of Globalization*, Rowman & Littlefield Publishers.

Du Fangqin(2007), "Vision for Women's Studies and Feminisms in Asia," 아시아여성학회 「아시아여성학회 창립 국제학술대회」 자료집.

Du Fangqin et al.(2005), "Women's Research and Women's Studies in Mainland China," in Du Fangqin and ZHENG Xinrong(ed.), *Womens Studies in Asia Series: China: Mapping the Social, Economic and Policy Changes in Chinese Women's Lives*, Seoul: Ewha Womans University

Press.

Escobar, A.(2001), "Culture Sits in Places: Reflections on Globalism and Subaltern Strategies of Localization," *Political Geography*, 20: 139-174.

Latour, B.(1993), *We Have Never Been Modern*, in C. Porter(tr.), Cambridge, Mass.: Harvard University Press.

Lefebvre, H.(1991), *The Production of Space*, in D. Nicholson-Smith(tr.), Oxford, UK.: Blackwell.

Morin, F. et al.(1997), "Ethnicity as a Political Tool for Indigenous Peoples," in Cora Govers & Hans Vermeulen(ed.), *The Politics of Ethnic Consciousness*, Houndmills, Basingstoke: Macmillan Press Ltd.

Nanda, M.(2004), "Do the Marginalized Valorize the Margins?," in Kriemild Saunders, *Feminist Post-Development Thought*, London: Zed Books.

Oguamanam, C.(2004), "Localizing Intellectual Property in the Globalization Epoch: The Integration of Indigenous Knowledge," *Indiana Journal of Global Legal Studies*, 11(2): 135-169.

Sharp, P.(2009), *Geographies of Postcolonialism: Spaces of Power and Representation*, Los Angeles: SAGE.

UN(2007), *Indigenous Women & the United Nations System*, Secretariat of the Permanent Forum on Indigenous Issues for the Task Force on Indigenous Women/Inter-Agency Network on Women and Gender Equality.

인터넷 자료

김선희(2009), "아마존 개발 반대 시위…… 45명 사망,"
http://news.naver.com/main/tool/print.nhn?oid=052&aid=0000253041(검

색일 : 2009. 6. 10)

박형우 · 박윤재(2009), "조선에 장금이는 없었다 …… 알렌에게 무릎꿇은 한의학,"

http://pressian.com/article_print.asp?article_num=600907(검 색 일 : 2009. 7. 14)

최인희(2009), "지구적 가부장체제 맞설 새 대안운동 지구지역적 행동네트워크, 페미니즘 학교 설립돼,"

http://newscham.net/news/print.php?board=news&id=46151(검색일 : 2009. 4. 19)

Save the Mekong Coalition

http://www.savethemekong.org

Wikipedia

http://en.wikipedia.org/wiki/Traditional_knowledge

아시아 여성의 지역 문화와 초국적 생태 연대 : 태국의 사례*

이동옥

근대 서구의 개발 패러다임은 지역의 경제를 파괴하고 가난과 환경 오염을 초래하고 있다. 지역 여성들은 자연 속에서 자급자족적인 생계를 유지해 왔지만 지역의 생태가 파괴됨으로써 경제적인 어려움에 봉착하게 된다. 가난은 지역 여성들의 자존감에도 영향을 미치고 있다.

생태 여행은 지역 주민이 생태와 문화를 보전하는 한편, 방문객들과 공정하게 관계 맺는 것을 목적으로 한다(강신겸, 2007; 임영신 · 이혜영, 2009: 강미희, 2006). 이러한 관점에서 생태 여행은 지역 여성들에게 또 하나의 가능성으로 제시된다. 아시아의 여성들은 지역성에 기반해서 생태 여행을 통해 다양한 가능성을 탐색하고 있다. 한국의 서명숙은 제주 올레를 통해 제주의 아름다움을 세계에 널리 알리고 있다. 그녀는 걷기를 통한 심리적 치유와 느림의 미학을 제시하면서 도시인의 삶의 방식을 변화

* 이 글은 『한국여성학』 제27권 1호(2011년)에 게재된 논문 "생태 여행과 여성의 지역 문화"를 수정 · 보완한 것이다.

시키고 있다. 한편, 네팔의 '스리시스터즈'는 세 자매가 경영하는 여행사로, 산악 트레킹을 원하는 여행객들을 안내하기 위한 여성 포터와 여성 가이드를 양성하고 있다. 네팔 여성들은 가난으로 성산업에 유입되기 쉬운 구조에 놓여 있지만, 이러한 사업과 활동은 지역 여성의 경제적 자립에 도움을 주면서 여성들에게 힘을 부여한다(임영신 · 이혜영, 2009).

이 연구는 태국 북부 치앙마이 근교의 Elephant Nature Park(이하 ENP)를 중심으로 지역 여성의 행위성과 여성 간의 관계를 살펴본다. ENP의 경영자인 렉Sangduen Lek Chailert은 ENP를 창립, 운영하면서 벌목, 트레킹trekking, 쇼, 구걸, 상업 행위 등으로 부상당한 코끼리들을 보살피는 한편, 생태 여행을 통해 방문객과 소통하면서 경제적 자립을 모색한다. 여성 경영자인 렉은 동물에 대한 감수성을 갖고 ENP를 시작했다.

ENP는 태국의 북부[1]에 위치해 있고 지역 주민들과 협력한다. 렉은 지역 주민들을 고용하고 이들과 협력하면서 생태 여행을 주도하고 있다. ENP에서 지역 여성들은 다양한 방식으로 노동하고 있다. 한편, ENP의 방문객은 북미, 유럽, 오세아니아에서 온 여성들이 대다수를 차지한다. 아시아, 코끼리에 관한 관심은 국경을 넘어서서 여성 간의 지구적 만남을 성사시키고 있다. 이 연구는 지역 여성과 여성 방문객들이 코끼리 보살핌을 통해 형성되는 여성 간의 관계와 대안 문화의 가능성을 탐색한다. 여성 간의 관계는 서구, 남성중심주의, 개발에 반대하고 태국의 숲을 복원하며 코끼리 구조 활동을 통해 지배와 파괴 등의 가부장적 질서에 대항하는 공간의 가능성을 제시한다. 하지만 자본을 갖고 여행을 즐기는 여성

1 태국은 타이족이 사는 중부, 말레이 및 이슬람의 영향이 강한 남부, 미얀마 문화의 영향을 많이 받은 북부, 라오스의 문화에 영향을 받은 동부로 구성되어 있다(조흥국, 2007: 206). 고산족은 태국의 북부에 살고 있다. 태국은 숲에서 화전 경작을 했고, 현재는 환금 작물을 재배하거나 저지대의 도시에서 가난하게 살고 있다(조흥국, 2007; 김영애, 2005: 90; Kymlicka, 2005). ENP 주변에는 북부 타이족과 고산족이 함께 살아가고 있다.

방문객들과 생계를 위해 일하는 가난한 지역 여성들은 다른 위치에 있다. 이 연구는 지역 여성들이 어떠한 맥락과 상황에서 생태 여행에 참여하는지 살펴보고 서구 여성들과의 관계가 지역 여성들의 삶에 어떠한 영향을 미치는지 고찰한다.

한편, 이 글에서는 유럽, 오세아니아, 북미의 방문객들을 '서구'라는 용어로 사용한다. 서구란 비서구의 이분법적 대칭에 기반한다. 이 글에서 서구는 근대 개발의 주체로서 지역에 대비되는 의미에 국한해서 사용하고자 한다. 그러나 서구/지역의 이분법과 권력의 불균형은 고정되는 것이 아니라 생태 여행을 통해 서구와 지역의 권력은 역전, 해체, 재구성된다.

1. 아시아의 여성과 생태 여행

지역성과 성별화된 관계

관광 산업은 대규모 개발로 경제적 수익을 얻고 있지만, 지역의 생태계를 파괴하고 문화 자원을 훼손, 변형시킨다고 비판받아 왔다(김성일 외, 2001: 20; 이응진, 2004: 24-25 재인용; 강신겸, 2007: 44; Honey & Stewart, 2002). 관광 산업에는 지역 여성과 서구 남성의 성별화된 관계가 반영되어 있다.

첫째, 관광 산업이 팽창되고 많은 사람이 지역을 방문하고 있지만, 지역 여성들은 여전히 가난을 벗어나지 못하고 있다. 이러한 상황은 지역 여성의 노동에 대한 평가 절하와 불균등한 수익 분배를 의미한다. 지역 여성들은 거대 리조트와 호텔에서 세탁 · 청소 · 요리 등을 담당하지만, 초국적 기업은 이들의 노동을 착취하고 경제적 이윤을 독점한다(임영신 · 이혜영, 2009; 인태정, 2007). 이와같이 관광 산업의 발전은 지역 여성들의 삶에 부정적인 영향을 미치고 있다.

둘째, 관광 산업은 지역 여성과 아동을 성적으로 대상화함으로써 인권을 침해한다(김남조, 2010: 22). 서구 남성들은 아시아를 여행하면서 지역 여성에 대한 성적 환상 속에서 쾌락과 만족을 경험하지만, 지역 여성들은 서구 남성들의 행동에 고통을 경험해 왔다.

기존의 관광 산업이 지역 여성을 타자화하면서 기업 이익의 극대화를 추구한다면, 생태 여행은 공정한 이윤 분배를 지향하고 지역 여성을 배려하고 관심을 갖는다. 생태 여행은 방문객과 지역 주민의 평등한 관계에 기반해서 상호문화성을 추구하는 것이다. 상호문화성이란 권력의 불균등한 차이에도 불구하고 모든 문화가 주체이고 동등한 권리를 갖는 것으로 다양성의 존중과 소통과 연대를 위한 기초가 된다(최현덕, 2009: 32). 생태 여행을 통해 지역 주민들은 자긍심을 갖고 자문화를 소개하며, 방문객들은 지역 문화를 존중하고 겸손하게 배우려는 태도를 갖춘다.

그러나 생태 여행의 좋은 취지에도 불구하고 몇 가지 문제점을 제기할 수 있다. 첫째, 서구인들이 생태 여행을 통해 추구하는 향수와 진정성이 과연 누구를 위한 것인가 하는 문제다. 지역 여성들은 방문객들에게 푸근하고 친근한 아줌마, 할머니 등의 이미지를 통해 향수를 불러일으킨다. 하지만 지역 여성들의 순수하고 오염되지 않은 이미지는 이들의 삶을 왜곡하는 결과를 낳을 수 있다. 근대에 서구 남성들은 아시아를 여행하면서 지역 문화를 폄하하는 한편, 자문화의 우월성을 입증하려는 경향이 있었다. 즉 이들은 아시아를 야만, 원시, 순수, 신비의 대상으로 인식하면서 지역 주민에 대한 지배와 착취를 일삼아 왔다. 근대 서구 남성의 관점에서 여성은 시원, 향수, 안식처 등 가족, 고향의 영역으로 배치되었고, 근대는 성별화된 공간을 구성했다고 평가된다(김진희, 2010). 근대 성별

분업의 구도 속에서 공적 영역은 합리적 이성에 기반한 경쟁, 효율성, 생산성 등을 주요 가치로 인식되어 왔고, 감정이나 보살핌은 가족이라는 사적 영역으로 축소되었다. 한편, 왕(2004: 105)은 여행에서 얻는 진정성이 향수나 낭만주의, 유토피아의 한계에서 벗어나지 못한다고 비판한다.[2] 진정성은 도시/농촌, 서구/아시아, 남성/여성, 인간/자연 등 이분법의 틀에서 한쪽이 다른 쪽을 지배, 착취, 타자화하는 과정에서 구성된다. 생태 여행에서도 아시아의 환상은 반영되어 있고, 서구와 아시아의 권력 차이는 여성 간의 상호 소통에 영향을 줄 것으로 예측된다.

둘째, 생태 여행은 여성들이 지역성에 기반해서 대안 문화를 생산할 가능성을 내포한다. 시장자본주의는 지구화의 흐름을 통해 확대되고 지역에까지 그 영향력을 행사하고 있다(Hall, 1997; 조명래, 2009; 류지석, 2009). 그럼에도 지역성은 주변성, 소수성, 다양성, 복수성에 기초한 정체성의 정치, 차이의 정치의 가능성도 내포한다(이상봉, 2009: 68-69; 조명래, 2009; 이명수, 2009; 장희권, 2009).

생태 여행은 토착 지식에 기반해서 지역 문화를 생산하고 사회를 변화시킬 수 있다. 호켄(Hawken, 2007)은 자연과 상호 작용하면서 체득된 토착민들의 생태적 감수성에 관심을 갖고 이들의 시공간에 대한 통찰력과 진정성을 높이 평가한다. 그러나 지역성은 특수성에 관해 장소의 구체성과 역사성을 도출하면서도 오리엔탈리즘/옥시덴탈리즘의 이분법에 갇힐 가능성을 갖고 있다(문재원, 2009: 204-205). 여성 방문객은 참여와 교육 등 고급의 가치를 추구하지만 생계를 위해 일하는 지역 여성과 대비

2 왕(2004)은 사람들이 여행을 통해 얻고 싶어하는 진정성을 세 가지로 설명한다. 첫째, '객관적 진정성'은 진품을 직접 보는 매력이다. 둘째, '구성적 진정성'은 여행의 대상에 대한 이미지, 환상, 투사 등을 의미한다. 셋째, '실존적 진정성'은 일상의 삶에서 자유로워지면서 진정한 자신을 발견하는 것이다.

된다. 반면에, 지역 여성들은 방문객에게 토착 지식을 소개하는 과정에서 지역중심주의나 보수적 향토성을 드러낸다. 토착 지식이 여성학 지식 생산에 도움이 되기 위해서는 보수적이고 가부장제 사회로 회귀하지 않으면서 지역 여성들의 잠재력을 발견하는 방향으로 나아가는 것이 필요하다(윤혜린, 2010). 이러한 관점에서 생태 여행이 서구/아시아의 이분법을 해체, 재구성하고 개발 담론에 저항하는 대안이 되기 위해 어떤 조건이 필요한지 탐색하고자 한다.

지역 여성의 타자화된 위치와 자리매김하기

오리엔탈리즘의 시각에서 동남아시아의 이미지는 서구인이 아시아를 소비하는 방식으로 구성, 유포되어 왔다(문옥표, 2006: 14). 서구 남성이 공적 영역에서 사업과 쾌락을 위해 아시아를 방문한다면, 지역 여성들은 집에서 하던 노동을 방문객인 서구의 남성에게 제공하는 성별화된 양상을 보여 준다(Timothy, 2001).

또한 관광 상품은 서구 남성의 시선에서 지역 여성의 몸을 성적으로 재현하고 아시아를 낙원의 이미지, 성을 소비할 수 있는 공간으로 해석해 왔다(왕, 2004: 254).[3] 태국은 열대 낙원의 동남아시아, 여성화된 신비의 이미지로 성애화되고 '미소의 나라'로 재현되어 왔다(오명석, 2006). 태국에서 1960년대 가난한 동북부 지방과 북부 지방 출신의 여성들은 도시로 이동하면서 성매매에 유입되었지만, 베트남전쟁을 기점으로 태국 정부는 성산업을 암묵적으로 지원했고 이후 해외의 남성 관광객을 유치하기 위해 성산업을 적극적으로 장려해 왔다(조흥국, 2007: 155-159). 또

3 한국 남성들은 동남아시아에서 보신, 마약, 도박, 성을 목적으로 관광함으로써 '어글리 코리안'의 불명예를 안고 있다(오명석, 2006: 93).

한 고산족 여성과 아동들은 가난으로 성매매에 노출되어 있다(Kymlicka, 2005). 동명 원작 소설을 영화화한 〈어둠의 아이들〉(2010, 양석일 원작, 사카모토 준지 감독)은 태국 북부의 치앙라이에서 벌어지는 일본과 서구 남성 관광객의 아동 성매매와 장기 매매의 심각한 양상을 고발하고 있다. 1994년 타이베이에서 열린 아시아 어린이 인신매매 문제회의에서는 미얀마의 소녀들이 태국으로 인신 매매되어 감금된 채 성매매를 하고 있는 실태가 보도되었다(마츠이, 2005: 37-38).

이와같이, 관광 산업의 성공의 이면에서 태국은 섹스 관광, 성병과 에이즈AIDS가 만연한 국가로 인식되고, 여성은 성적 피해자로 재현되고 있다. 태국 여성의 성연구는 성병과 에이즈 등 건강에 집중되어 있고, 성산업에 종사하는 여성뿐 아니라 이성애 여성에게 건강의 위험을 경고하는 논문들이 발견된다(Dane, 2010; Rasamimari, Dancy, & Smith, 2008). 이 연구들은 여성의 건강과 인권에 관한 관심을 불러일으킨다. 그러나 성적 피해자로 다루어지는 과정에서 태국 여성들은 자존감이 저하되고 이들의 경험은 왜곡될 가능성이 크다. 태국 여성들은 남성에게 의존적인 아내나 서구 남성의 성적 대상 또는 성병, 에이즈의 희생양으로 재현되기를 원하지 않는다(Enteen, 2005). 한편, 태국에서는 교회를 중심으로 성산업에 반대하는 운동과 함께, 생태 여행을 관광 산업의 대안으로 제시하는 움직임이 일어나고 있다(Honey & Stewart, 2002: 6). 이러한 관점에서 생태 여행은 태국 여성들에게 자긍심을 갖게 함으로써 힘을 부여할 가능성이 있다.

지구화는 자본주의의 확대와 함께 빈부의 양극화를 심화시키고 지역경제를 파괴함으로써 생존을 위협한다. 그러나 통신과 교통의 발달은 시공간을 압축시키고 먼 곳의 재난, 기아, 전쟁, 가난 등의 소식을 쉽게 접하게 함으로써 국경을 넘어서서 보살핌을 실천할 수 있게 한다(Held,

2006; 바우만, 2003). 이매진피스, 착한여행, 트래블러스 맵 등 생태 여행을 표방하는 한국의 사회적 기업은 지역 학생들을 위해 도서와 학용품을 지원하고 학교와 도서관을 건립하는 한편, 지역 여성의 공예품을 공정한 가격에 구매함으로써 경제적 자립을 지원한다. 생태 여행을 통해 형성되는 여성 간의 관계는 관광 산업의 소비자와 생산자라는 다른 위치와 서구와 아시아 간의 권력의 작동에도 불구하고, 보살핌의 실천과 연대를 통해 지역과 전 지구의 변화를 가져올 가능성을 내포한다.

2. ENP의 방문: 참여 관찰과 인터뷰

렉은 1996년 Elephant Nature Park(ENP)를 설립했다. 그녀는 여행사 타이포커스를 경영하고 있고, 치앙마이 시내에 채식주의 식당 'Taste from Haven'을 운영하면서 여행자들을 위한 태국 요리 학교를 열고 있다. ENP는 생태 여행, 기부, 기념품 판매 등을 통한 수익금으로 코끼리를 구조하고 있다. 서구의 언론과 방송은 환경 보호에 관한 렉의 공로를 치하하고 렉은 권위 있는 상을 수상했다.[4] 미국의 야생동물보호단체 The Serengeti Foundation(1997년 창설)은 미국과 아프리카 등지에서 환경 운동을 전개하고 있다. 이 단체는 ENP가 치앙마이에 코끼리의 서식지를 마련하는 데에 재정적으로 공헌했다.

하지만 서구 환경운동가들의 관심에 반해, 태국 정부나 언론의 반응은 상대적으로 미온적이었다. 1969년 벌목금지법이 통과된 이후에도 벌목으

4 렉은 National Geographic, Discovery Channel, Animal Planet, BBC 등에 널리 알려졌고, Ford Foundation의 Hero of the Planet(2001), Time Magazine의 Hero of Asia(2005), Earth Day Award(2006) 등을 수상했다.

로 많은 코끼리가 희생되었다. 렉은 코끼리의 희생에 눈물을 흘리면서 코끼리를 구조하기 시작했다. 하지만 이러한 렉의 활동은 서구인들에게 태국이 동물 학대가 만연한 국가라는 오명을 갖게 했다. 렉은 코끼리 구조에 관한 신념을 갖고 ENP의 운영 전반에 영향력을 미치고 있다. 렉은 코끼리 보살핌의 방식과 직원 교육에 개입하는 한편, 정부와 환경단체, 생태 여행의 홍보에도 참여하고 있다. 지역 여성들은 ENP에 고용되어 렉과 함께 지역 문화를 창출하고 있다.

이 연구는 문헌 연구와 현지 조사를 병행했다. 첫째, 문헌 연구는 인터넷 홈페이지를 통해 자료를 수집했고, 방문 시에는 자원활동 프로그램에 참여하면서 내부 자료를 수집했다. 둘째, 현지조사는 참여관찰법과 심층면접을 실시했다. 연구자는 ENP의 홈페이지를 통해 생태 여행을 예약했고, 2010년 6월 28일부터 7월 11일까지 2주 동안 자원활동 프로그램에 참여했다. 자원활동의 기간은 원칙적으로 7일이고 7일을 더 연장할 수 있다. 생태 여행은 ENP를 방문하고 체류하기 위한 의도였지만, ENP의 실태를 파악하는 데에 유용했다.

ENP의 자원활동은 코끼리를 보살피면서 태국의 농기구를 사용하고 농촌의 삶을 체험한다. 자원활동 프로그램은 방문객들이 밭에서 풀, 사탕수수, 옥수수를 자르고, 부엌에서 먹이를 씻고 분류하고 나르며, 우리를 청소하고 코끼리를 먹이고 목욕시키며 치료한다. 이 과정을 통해 방문객들은 코끼리의 삶과 지역 문화를 이해한다. 방문 시기는 기후가 여름에서 우기로 넘어가는 과도기였지만, 전 세계의 여름 휴가가 시작되는 성수기로 2주 동안 30여 명이 자원활동에 참여했다. 첫 주에는 부부와 자녀, 자매, 모녀 등이 방문객의 주를 이루었고, 둘째 주에는 고등학생, 대학생, 20대의 방문객이 참여했다. 이들의 대다수는 여성이었다.

참여 관찰은 연구자로 하여금 내부인과 외부인의 이중적 입장에서 갈

등을 겪게 하면서, 지역 주민과의 상호 작용에서 자기 성찰의 중요성을 인식하게 한다(윤택림, 2004: 53-54). 필자는 자원활동에 참여했지만 다른 방문객들처럼 생태 여행을 즐길 수 없는 위치에 있었다. 하지만 생태 여행을 통해 직원과 자원활동에 참여한 사람들(이하 자원활동가)과 숙식을 함께 하면서 친밀감을 형성했고, 이러한 관계는 인터뷰를 비롯해 자료를 수집하는 데에 도움이 되었다. 직원에 관한 질문은 직무 내용이나 만족도, 이전의 경험과 미래의 계획에 관한 것이고, 방문객에 관한 질문은 여행의 목적, 만족도, 여행 이후의 변화 등에 집중되었다. 한편, 렉과의 인터뷰는 상대적으로 공식적인 형태로 이루어졌지만, 심도 깊은 내용을 이끌어내지 못했다. 렉은 사업가의 위치에서 연구자를 의식하면서 ENP의 홍보와 경제적 문제에 관심을 갖고 인터뷰에 응했다. 하지만 인터뷰는 렉의 열정과 함께 ENP, 지역 주민 그리고 정부와 지방자치단체와의 관계, 이들 간의 갈등과 협력 등을 구조적으로 이해하는 데에 도움이 되었다. 현지 조사 이후, 연구자는 여성 가이드, 여성 방문객들과 이메일과 인터넷을 통해 관계를 유지했고, 방문 시에 미처 하지 못한 질문이나 최근 소식은 이러한 과정을 통해 보충되었다.

특히, 이 글은 다음과 같은 질문에 관심을 갖고 있다. 첫째, 생태 여행에서 지역성이 어떻게 구성되고 역동적이고 복합적인 양상을 보여 주는지 고찰하는 것이다. 지역 여성과 서구의 여성 방문객은 개별적으로 만나면서 평등하게 소통하려고 노력하지만, 자본을 소유한 서구 여성의 위치는 이들의 노력에도 불구하고 지역 여성과 위계를 형성한다. 그러나 이러한 관계가 절대적인 것은 아니라 때때로 지역 여성들이 자문화를 소개하는 과정에서 이러한 권력 관계가 역전될 가능성이 있다. 서구 방문객의 지역에 관한 호기심과 지역 여성의 토착 지식에 대한 자긍심이 어떠한 지점과 맥락에서 만나고 상호 작용하는지 살펴본다.

둘째, 생태 여행을 통한 여성들의 관계가 생물종의 파괴와 토착 지식의 전수 등에서 어떠한 실천을 보여 주고 어떠한 의미를 갖는지 고찰한다. 여성들은 생태 여행을 통해 방문객과 직원으로 관계를 맺는다. 이러한 관계는 상품을 판매하고 소비하는 교환 관계와 어떠한 차이가 있고 지역 사회와 전 지구적 삶에 어떠한 영향을 미치는지 살펴본다.

[표 1] 연구 참여자의 인적 사항(직원)

이름	성별	국적	직위	연령	근무 연한	학력	면접 일시
렉	여	태국	경영	49	17년	대졸	2010. 7. 7
캣	여	태국	행정	53	3년	대졸	2010. 7. 5
프래지트	남	태국	수의사	50대	13년	대졸	2010. 7. 6
냇	남	태국	가이드	25	2년	대졸	2010. 6. 30
익	남	태국	가이드	24	6개월	대졸(관광학)	2010. 7. 1
메이	여	태국	가이드	25	2년	대졸(교육공학)	2010. 7. 10
넥	여	태국	가이드	28	6개월	대학원 석사(디자인)	2010. 7. 9
비	여	태국	가이드	25	1년(시간제)	대졸, 대학원 준비	2010. 7. 2

* 직원은 영어 닉네임으로 표기했음. 연령과 근무 연한은 인터뷰 당시를 기준으로 함.

[표 2] 연구 참여자의 인적 사항(자원활동가)

이름	성별	국적	연령	직업	동반	면접 일시
앨리스	여	영국	28	대학원생(사회복지)	단독	2010. 6. 28
베스	여	에스파냐	37	구직중(전직 비행기 승무원)	단독	2010. 7. 8
캐티	여	노르웨이	26	대학생(수의학)	단독	2010. 7. 6
창	여	홍콩	46	전업주부	아들	2010. 7. 1
도나	여	호주	43	대학생(수의간호학)	단독	2010. 7. 5
에드워드	남	영국	28	과학자	아내(주디의 남편)	2010. 7. 6
한나	여	독일	48	개 조련사	단독	2010. 7. 5
주디	여	영국	28	생물학자	남편	2010. 7. 6
리사	여	캐나다	46	전업주부	가족(남편, 1남1녀)	2010. 7. 2
미미	여	호주	61	은퇴	딸	2010. 7. 2
넬리	여	네덜란드	33	구직중	단독	2010. 7. 7

* 이름은 가명을 사용했음. 연령은 인터뷰 당시를 기준으로 함.

3. 코끼리 : 아시아에 대한 호기심과 지역 문화의 자원

코끼리는 아시아와 아프리카에 서식하는 동물이다. 코끼리는 태국 지역에 서식하는 동물이지만 벌목에 따른 숲의 파괴로 인해 멸종 위기에 놓여 있다. 서구인들은 자국에서 코끼리를 구경할 수 없기 때문에, 코끼리를 보기 위해 아시아와 아프리카에 간다. 이들은 코끼리를 희귀하고 신기한 동물로 해석하고 있다. 호기심은 신기하고 다른 것을 추구하는 것으로 공간의 제약을 넘어서서 여행의 동기를 제공한다(왕, 2004: 186). 렉은 서구인들의 이러한 욕구를 간파하고 코끼리를 구경하기 위해 아프리카 여행을 계획하는 서구인들에게 "코끼리와 함께 노는" 생태 여행을 홍보한다. 또한 "아시아의 코끼리를 구하자Save the elephant"라는 구호와 함께 서구인들의 윤리적 책임감을 자극한다.

코끼리에 관한 호기심과 지역성

ENP는 타이포커스와 홈페이지를 통해 인터넷으로 예약을 접수하며 소수의 '의식 있는' 방문객들의 접근을 허용한다. 이러한 방식은 ENP가 호텔이나 리조트만큼 많은 인원을 수용하지 못하기 때문이고, 코끼리 구조활동에 관해 관심 있는 사람들의 방문을 원하기 때문이다. 자원활동 프로그램은 경제적 측면에서 ENP의 운영에 핵심적인 역할을 한다. 방문객의 국적은 호주, 네덜란드, 영국, 캐나다, 노르웨이, 미국, 프랑스, 독일 등이다. 반면, 아시아인의 방문은 이례적인 현상으로, 방문 당시 연구자 외에 홍콩 여성만이 생태 여행에 참여했다. 아시아인들은 코끼리를 흔히 볼 수 있기 때문에 코끼리에 대해 호기심을 갖지 않는다(냇, 캣, 프래지트, 렉과의 인터뷰). 또한 아시아인들이 코끼리 여행을 하는 경우, 좀 더 자극적

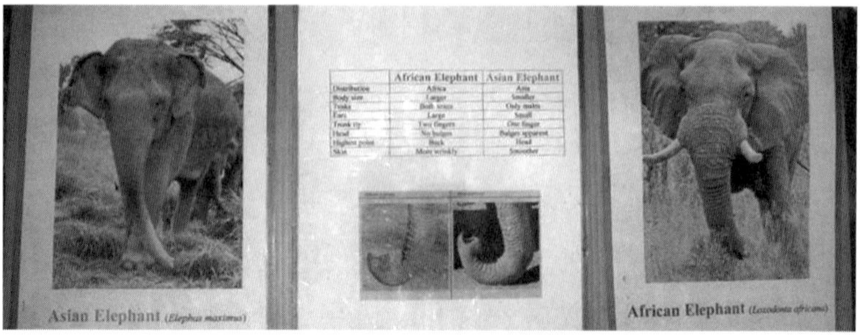

〈그림 1〉 아시아와 아프리카 코끼리의 비교. ENP의 건물 구조를 살펴보면 식당이 중앙에 있다. 식당은 식사의 장소이자 모임 장소다. 식당의 한 벽에는 아시아와 아프리카 코끼리를 비교하는 표와 그림이 붙어 있다.

이고 모험적인 쇼나 트레킹을 원하기 때문에 ENP가 아닌 다른 곳을 방문한다(프래지트, 냇과의 인터뷰).

태국인들이 ENP의 생태 여행에 관심이 없는 이유는, 태국에서 코끼리가 흔하면서도 두려운 동물로 인식되고 있기 때문이다. 태국인들은 종교적 · 문화적 차원에서 코끼리를 숭상해 왔지만, 서구인들처럼 코끼리와 어울려 노는 문화에 익숙하지 않다(렉과의 인터뷰). 태국의 초중고 및 대학생들은 ENP의 취지를 이해하고 단체로 일일 방문해서 봉사한다. 그러나 태국인들은 서구인들만큼 코끼리와 함께 놀고 보살피는 생태 여행에 투자하지 않는다.

생태 여행의 비용은 숙식을 포함해서 1주일에 12,000바트(한화 48만원)다. 생태 여행은 관광 상품에 비해 비싸지만, 여성 방문객들은 의미 있는 여행을 기대한다. 대학원생인 앨리스(영국, 28세)는 "여행 비용이 값싼 것은 아니지만 그만한 가치가 있다"고 했다. 방문객들은 태국 여행이 아프리카 여행보다 저렴하고 아시아의 물가가 싸기 때문에 그 비용에 만족했다. 또한 방문객들은 연속적으로 태국 내의 방콕, 푸케트, 코창 등을 여행하거나(베스, 미미 모녀, 리사의 가족), 아시아의 다른 국가인 라오스, 캄보디아, 베트남, 말레이시아 등을 여행한다(주디와 에드워드 부부, 넬리). 생태 여행은 인종, 민족, 계층, 학력의 층위에서 특권 집단이 향유할 수 있는 고급 상품이다. 여성 방문객들이 '의미 있는' 비싼 생태 여행을 선택하는 이유는 참여와 교육 등의 욕구와 함께 경제적 자원이 뒷받침되기 때문이다.

지역 여성의 자문화에 대한 인식

지역 여성들은 특산물을 재배하고 공예품을 생산, 판매하며 방문객들에게 음식을 대접한다. 지역 여성들은 경제적으로 자립할 기회를 얻고 자문화에 대해 긍정적인 시각을 갖는다. 서구 여성들은 공적 영역에서 노동하는 남성들보다 해외 여행의 기회가 적었지만, 개인 또는 가족 단위로 아시아를 여행하는 사례가 증가하고 있다. 서구 여성들은 지역의 생태를 파괴하고 아시아의 여성들을 성적으로 타자화하면서 여행을 즐겼던 서구 남성들과는 다른 여행 방식을 보여 준다. 이들은 지역 여성들과의 관계를 통해 새로운 공간을 창출하고 있다.

지역 여성들은 ENP의 행사에 참여한다. 매주 월요일 저녁 6시 30분 회의실에서는 환영 예식이 열린다. 이 예식은 불교 문화와 샤머니즘이 결합된 형태로 구성되어 있다. 지역 중고등학교의 학생 5명이 전통 악기를 연주하면서 흥을 돋운다. 연주가 끝나면 중년 남성이 예식을 주례하면서 나뭇잎에 물을 묻혀 흩뿌린다. 50대 여성인 팜은 영어로 예식의 의미를 설명한다. "우리는 가족이다. 이 예식은 악운을 물리쳐서 우리를 안전하게 해 주고 서로를 하나로 묶어 줄 것이다. 또한 팔찌는 우리에게 힘을 줄 것이다. 의식을 존중하는 의미로 손을 모아라." 특히, 이 예식에는 지역의 노인 여성들이 참여해서 방문객들에게 흰 실로 팔찌를 매어 주고 복을 빌어 준다. 실팔찌는 악운을 쫓아 주는 부적이다. 방문객들은 노인 여성들의 정성어린 태도에 감동하면서 경건한 태도로 예식에 임한다. 또한 흰 실이 검게 변해도 자원활동이 끝날 때까지 실팔찌를 벗지 않는다. 노인 여성들은 자문화를 소개하면서 서구의 방문객들과 관계를 맺고 약간의 수고비를 받는다.

한편, 남성 마호mahout[5]와 요리, 청소, 세탁에 종사하는 여성 노동자들은 영어를 하지 못한다. 영어를 못한다는 것은 의사 소통의 한계를 의미한다. 하지만 마호는 자신이 돌보는 코끼리를 통해 방문객들과 의사 소통을 원활히 수행한다. 반면에, 여성 노동자들은 보이지 않는 곳에서 일하기 때문에 소통의 기회가 많지 않다. 그럼에도 서구 여성들과 여성 노동자들은 언어의 장벽을 넘어서서 표정과 몸짓으로 상호 존중과 배려를 표현한다.

상호문화성과 윤리적 책임의 한계

방문객들은 동물을 좋아하고 ENP의 사업을 사전에 이해한 뒤 방문을 결심한다. 이들의 대다수는 여성이고 남편, 자녀, 자매, 친구와 함께 방문하거나 홀로 방문하고 있다. 특히 ENP는 혼자서 아시아를 여행하는 여성들에게 편안한 공간이 된다. 전직 항공사 승무원 출신 베스(에스파냐, 37세)와 컴퓨터 회사 직원인 넬리(네덜란드, 33세)는 직장을 그만두고 아시아를 여행하는 과정에서 ENP를 방문했다. 베스는 인근의 다른 아시아 국가의 사람들보다 태국인, 특히 ENP의 사람들이 매우 친절하다고 호감을 표현했다. 이와같이, 홀로 아시아를 여행하는 서구 여성들은 동물을

5 마호는 코끼리를 돌보는 역할을 하는 사람을 말한다. ENP의 마호는 미얀마에서 이주한 남성들과 지역의 남성들로 구성되어 있다.

보살피고 방문객들과 지역 여성들과 자연스럽게 친구가 될 수 있는 공간에 대해 편안함을 느꼈다.

여성 방문객은 지역의 생태와 문화에 대해 강한 책임감과 윤리 의식을 갖는다. 자원활동은 돈을 쓰면서 하는 노동이다. 이것은 쉬운 놀이가 아니라 무더위에도 비가 내려도 해야 하는 고된 노동이다. 예약 시 직원은 "적당히 논다고 생각하면서 자원활동에 지원해서는 안 된다. 그런 일이 발생할 때에는 퇴출을 당할 수도 있다"고 사전에 주의를 준다. 서구 남성들이 개발을 통해 원시적이고 미개한 아시아를 지배, 착취했다면, 여성 방문객들은 강한 윤리적 책임감을 갖고 파괴된 아시아의 생태를 복원하는 데에 참여한다.

또한 ENP는 자원활동가들이 코끼리를 보살필 뿐 아니라 지역 사회에 봉사할 기회를 제공한다.

첫째, 방문객들은 점보 익스프레스Jumbo Express에 참여한다. 점보 익스프레스란 카렌족[6] 마을을 방문해서 코끼리를 보살피는 것으로 의약품을 전달하고 코끼리 우리를 수선하고 청소하는 것이다. 카렌족은 코끼리와 함께 살면서 이들을 가족처럼 보살핀다. 그러나 카렌족은 너무 가난해서 코끼리를 제대로 먹이지 못한다. 점보 익스프레스는 1박 2일 일정으로 왕복 6시간 정도 차를 타고 카렌족 마을에 가서 봉사한다. 여성 방문객들은 코끼리 우리를 수선하거나 마을의 구덩이를 파기 위한 삽질도 능숙하게 해냈다. 넬리는 "코끼리가 영양 상태가 부실해서 엉덩이뼈가 드러날 정도로 너무 말랐다"고 했다. 또한 한나(독일, 48세)는 마을에서 숙박해야 하고 머리도 못 감았지만, 카렌족의 환대를 받고 코끼리에게 도움이 되었기

6 카렌족은 태국의 주요 고산족이고 비교적 숫자가 많다. 카렌족은 화전을 경작하면서 자급자족 경제를 유지해 왔지만, 개발 경제의 영향으로 가난에 시달리고 있다. 또한 이들은 방문객들에게 기념품을 판매해 생계를 유지한다.

때문에 보람과 만족을 느꼈다. 코끼리 보살핌은 힘든 일이지만 방문객들은 윤리적인 책임감을 갖고 성실한 자세로 임했다.

둘째, 방문객들은 매주 목요일 지역 학교를 방문해서 일일교사가 된다. 지역 학교는 초등학교와 중고등학교 과정이 결합되어 있다. 서구 방문객들은 영어를 모국어로 사용하거나 영어에 능통하다. 이들은 수업 시간에 영어를 통해 상호 소통한다. 여성 방문객은 지역 학생들에게 관심을 갖고 도움을 주고 싶어한다. 그러나 방문객들의 선한 의도에도 불구하고 지역 여성들과의 관계는 불평등한 권력이 작동하고 있었다. 지역 학교의 건물과 교육 환경은 열악했다. 학교의 초입부에는 방문객을 위해 음료수를 파는 곳이 있고, 그 옆 방에는 방문객들에게 발마사지를 제공했다. 수업 시간에 학생들은 "어떤 마사지를 해드릴까요?"라는 영어를 배우고 있었다. 중등 과정의 여학생들은 수업 중간에 나와 방문객들에게 발마사지를 제공한다. 여성 방문객들은 발마사지를 아시아, 태국의 전통 체험으로 해석하고 이러한 대접에 만족한다. 또한 서비스를 받은 이후에 학교에 돈을 기부한다.

ENP는 자원활동 프로그램에 일일교사 체험을 연결시킴으로써 지역 사회에 공헌한다. 여성 방문객들은 지역 학생들과 소통하면서 만족감을 느끼지만, 지역 학생의 상황과 미래를 깊이 고려하지 못했다. 서구 여성들은 일시적 방문으로 휴가를 즐기면서 만족을 얻고 집으로 돌아간다. 그러나 이러한 관계는 형식적이고 서구 여성들의 자기 만족에 불과하다는 비판에서 자유롭지 못하다. 이러한 행위는 권력을 가진 자의 가난한 사람에 대한 자선에 지나지 않기 때문에 지역 여학생들에게 과연 어떠한 도움이 되는지 질문하게 된다. 따라서 ENP는 일일 교사를 체험하는 서구 여성들의 선의를 고려하면서도 지역 학생에 대해 지속적인 후원으로 연결되도록 프로그램을 개선해야 할 필요성이 있다.

4. 지구화와 지역성의 조우

향수와 진정성의 실체

생태 여행은 서식지와 야생 동물의 보존을 위해 노력하면서 한적하고 오염되지 않은 곳에서 휴가를 즐기는 이점이 있다(Honey & Stewart, 2002). 생태 여행은 휴양지의 대규모 리조트나 호텔의 편의성을 포기해야 하지만, 자연 속에서 색다른 체험을 제공한다. ENP는 지역성에 기반해서 농촌에 대한 향수와 진정성의 욕구에 부응한다. 방문객들은 새벽이 되면 닭과 코끼리의 울음 소리를 듣고 밤이 되면 천장에서 도마뱀을 발견한다. 태국은 열대 기후로 밤이 되면 낮의 열기를 식히느라고 비가 내리고 아침이 되면 비가 그치고 맑은 햇빛을 볼 수 있다. 방문객들은 이곳을 "축복받은 땅"이라고 감탄한다. 도시의 방문객들이 트럭 위에서 하늘과 산을 바라보고 신선한 바람과 공기를 느끼는 것은 진귀한 경험이다.

자원활동가들은 숙식을 함께하면서 아픈 친구를 돌보고, 자연 속에서 마음 속 깊은 이야기를 털어놓는다. 이러한 과정에서 여성 방문객 간에, 여성 방문객과 여성 가이드 간에 친밀한 관계가 형성된다. 여성 방문객들은 자연과 코끼리와 교감하고 국적을 넘어서서 친구가 되었던 생태 여행에서 진정성을 발견한다. ENP는 도시의 일상 생활에서 억압되었던 참 자아를 발견하고 좋은 친구를 만나며 코끼리와 교감한다. 방문객들은 ENP를 떠나면서 눈물을 흘리고 이별을 아쉬워한다. 여성 가이드들은 "다시 오라"고 말하고 여성 방문객들은 고향처럼 휴가 때마다 ENP를 방문한다. 넬리는 2010년 7월 집으로 돌아간 후 열심히 구직했고 취직에 성공해서 2011년 1월 재방문했다. 그녀는 직원들의 미소가 자신이 사는 네덜란드에서 발견할 수 없는 '순수'한 것이라고 생각했고, 이 미소를 보기 위해 다시 방문했다. 한편, 동물을 좋아하는 도나(호주, 43세)는 2년 전에 ENP를 방문했다. 그녀는 원래 미용사였으나 ENP를 방문한 이후 감명을 받고 전업을 해서 수의간호학을 공부하게 되었다. 그녀는 자원활동에 두 번 참여했고 2011년 1월 세 번째로 방문했다.

여성 가이드들은 'smile'을 외치면서 친절하게 봉사한다. 이들의 환대와 미소는 여행에 즐거움을 준다. 하지만 이들의 미소는 감정 노동을 의미한다. 감정 노동이란 마음에서 우러나오는 것이 아니라 고객의 기분을 좋게 하기 위해 여직원들에게 요구되는 성별화된 노동이다(혹실드, 2009). 감정 노동은 사적 영역에서 아내, 어머니로서 여성의 역할로 인식되어 왔고 노동 시장에서도 여성의 역할로 해석되는데, 여성 노동자들은 고객의 기분을 좋게 하려고 감정을 조절하고 연기함으로써 자신이 진정으로 무엇을 느끼는지 알 수 없어 갈등한다(혹실드, 2010; 정고미라, 2000; 박홍주, 2000). ENP에서 만난 여성 가이드들은 방문객들에게 진심으로 기쁨을 주기 위해 노력하지만 감정 노동으로 늘 피곤에 지쳐 있었다.

생태 여행에서 서구 여성의 경험은 감정자본주의에 대한 비판과 연관해서 숙고해야 한다. 자본을 가진 여성들은 심리 프로그램을 통해 억압되었고 분열된 자아를 치유받았다고 확신하면서 타자에 대한 배려나 실천 없이 자아만족에 머무는 한편, 사회 변화에 무관심한 경향이 있다(일루즈, 2010; 정승화, 2010). 여성 방문객들은 아름다운 자연 속에서 감정의 치유를 경험하고 생명력을 얻어 집으로 돌아간다. 여성 방문객들은 생태 여행을 통해 도시의 바쁜 생활에서 억제되었던 감정의 치유와 재충전을 체험하지만, 본인들이 지역 여성들에게 어떠한 영향을 미치는지에 대해서는 배려와 관심이 부족했다.

'전통'에 대한 호기심과 지구화 시대의 영어

ENP는 근대 서구인들이 아시아에 기대했던 호기심을 충족시킨다. 치앙마이에서는 도이수텝 등 상좌부불교上座部佛教 문화와 고산족의 관광 상품을 접할 수 있어, ENP의 방문은 다른 곳을 함께 여행할 수 있는 지리적 이점이 있다. 또한 ENP는 태국의 '전통' 문화를 접목시키고 방문객들의 욕구를 충족시켜 준다. 그러나 이러한 전통은 서구와의 대비 속에서 만들어진 구성물이고 방문객의 편의를 위해 서구와 태국의 방식을 혼합하는 성격을 드러낸다. 숙소는 고산족의 전통 가옥인 대나무 오두막집hut으로 되어 있지만, 내부는 침대가 있는 방과 샤워기와 수세식 화장실이 있는 욕실로 개조한 것이다. 음식은 서양식과 태국식이 혼합된 뷔페가 제공된다. 서구 방문객 중에는 태국 음식이 맵고 향취가 강해 과일만 먹는 사람들도 있다. 하지만 이들은 불평하지 않고 이러한 불편함조차 이국적인 체험으로 해석한다. 또한 자원활동 프로그램에는 간단한 인사말과 코끼리에 관한 동요를 배우는 태국어 수업도 마련되어 있다. 환영 예식과 태국 마사지를 포함한 전통 체험은 방문객들에게 특별한 추억이 된다.

하지만 이곳에서는 '영어'라는 공통어로 소통한다. 직원들이 대화할 때는 태국어를 사용하지만, ENP의 공식 언어는 영어다. 또한 영어를 하는 직원들, 특히 가이드들은 닉네임을 사용한다. 닉네임은 태국 이름이 길고 외우기 어렵기 때문에 방문객들을 배려하기 위한 것이다. 남녀 가이드들은 지역을 지키면서 코끼리와 자연 속에서 사는 삶을 행복하다고 표현했고 코끼리 구조 활동에 자긍심을 가졌다. 이들은 지역에 살면서 서구 방문객들과 관계 맺는 것을 직업의 장점으로 생각했다. 영어는 가이드들이 깊은 대화를 나누고 생태 여행 이후에도 관계를 유지할 수 있는 중요한 수단이 된다.

한편, 코끼리 먹이를 준비하는 부엌에서는 한국 아이돌 가수[7]의 노래를 포함해서 전 세계의 올드 팝에서 최신 유행곡까지 다양한 음악이 흘러나온다. 가이드들은 지역에서 코끼리를 보살피지만, MP3와 휴대폰을 몸에서 분리하지 못하는 디지털 통신 세대의 특성을 보여 준다. 이러한 현상은 지역을 순수한 무균질의 공간으로 해석하는 한계를 드러내고 이들의 삶에서 도시와 농촌의 혼종적인 양상을 발견할 수 있다. 그럼에도 도시의 고립되고 원자화된 관계에 익숙한 사람들은 도시와 다른 방식, 즉 지역 주민과의 인격적인 관계를 기대한다. 하지만 지역 주민들은 순수하고 오염되지 않은 상태가 아니라, 서구의 방문객들과 만남으로써 변화된다. ENP는 고정적이고 순수한 공간이 아니라 문화 간의 교차와 변화를 보여 주는 공간이다. ENP는 방문객들에게 도시인의 향수와 아시아에 관한 호기심을 충족시키면서도 영어로 소통하는 데에 불편하지 않은 공간으로서 인기를 얻고 있다.

토착 지식의 전수와 지역 여성의 참여

반다나 시바Vandana Shiva는 생물다양성의 보전이 문화적 다양성의 보전을 의미하는 동시에, 토착 공동체가 지역의 자원과 지식, 생산 체계에 관한 권리를 보전하는 것과 연관되어 있음을 강조한다(시바, 2003: 23, 219). 지역 주민들은 지역의 생물종인 코끼리를 보살피면서 지식을 축적해 왔다. 비서구 지역에서 여성과 소수민족들은 토착 지식을 생산하고, 이러한 지식은 가족, 공동체를 통해서 명맥이 유지되어 왔다(Doane, 1999). 렉은 고산족 출신으로서 가족 대대로 전수받은 지식을 토대로 코

7 소녀시대, 2PM, 슈퍼주니어, 2AM, 케이윌 등의 노래를 들을 수 있었다.

끼리를 돌본다. 토종 식물인 허브는 지역에 사는 코끼리의 상처 치유에 적합한 약초다. 그녀는 토착 지식을 독점하는 것이 아니라, 지역 주민은 물론 방문객들과 지식을 공유한다.

토착 지식은 특수한 지역에 적용되는 것으로 보편적인 서구의 지식에 비해 평가 절하되어 왔고, 서구의 기업은 지역 주민의 지식을 독점하고 지적 재산권을 소유하면서 부를 축적한다(시바, 2003). 때때로 지역 주민들은 농업, 임업, 의료의 측면에서 서구 기술에 토착 지식을 접목해서 경제적 부를 창출하기도 한다(Agrawal, 1995: 416; Doane, 1999). ENP는 토착 지식과 서구 수의학을 병행해서 코끼리를 치료한다. 렉의 지식, 즉 토착 지식은 서구 수의학을 전공한 남성 수의사 프래지트와의 협력을 통해 전문적으로 권위를 인정받을 수 있었다. 수의사 프래지트는 렉과 13년 동안 함께 일하고 있으며, 칸차나부리 지역에서 코끼리센터를 운영하고 있다. 렉은 토착 지식의 객관성을 입증받기 위해 남성 수의사의 권위에 의존하고 협상해 왔다. 프래지트는 주 5일제로 근무하고 업무에서 결정권을 갖는 등 특별 대우를 받고 있다.

토종 식물을 이용한 코끼리의 치료법은 오리엔탈리즘의 시각에서 신비화되고 서구 방문객들의 호기심을 자극한다. 특히, 전문가들은 이러한 지식을 배우기 위해 생태 여행에 참여한다. 캐티(노르웨이, 28세)를 비롯한 수의대 학생들은 수의사 프래지트와 함께 코끼리를 치료했다. 독일의 동물 조련사 한나는 코끼리의 신체적 치료뿐 아니라 정서적 치유에도 관심을 갖고 있다. 한편, 수의간호학과 학생인 도나는 토착 지식을 배우고 싶었기 때문에 자원활동을 1주 연장했다. 하지만 렉은 '그들만의 방식'을 친절하게 가르쳐 주지 않았다. 도나는 스트레스를 받았지만, 이러한 방식을 '태국의 방식'으로 이해했다. 이러한 현상은 지역 여성이 코끼리와 관련된 토착 지식을 소개하는 과정에서 지역중심주의, 자문화중심주의를 드러낸다. 그럼에도 서구의 방문객들은 코끼리 치료법을 아시아의 방식, 토착 지식의 권위를 인정하고 존중하는 태도를 보여 주었다. 이러한 상황에서 서구의 여성 방문객과 지역 여성의 권력 관계는 역전되고 있다.

한편, 렉은 마호 출신으로 지역 남성들을 마호로 교육시켜 고용한다. 마호의 양성은 코끼리에 관한 토착 지식을 보전한다는 측면에서 중요한 의미를 갖는다. 방문 당시 ENP에는 33명의 남성 마호가 일하고 있었다. 행정을 담당하는 여성 캣(54세)은 전직 마호 출신이다. 캣은 이곳에서 3년째 일하고 있다. 그녀는 지역 차원에서 마호라는 직업의 의미를 설명한다.

> 마호는 태국인들이 선망하는 직업이 아니라 가난한 남성들의 일이에요. 마호는 보수가 높은 직업은 아니지만, 지역 남성들이 할 일이 없기 때문에 중요한 일자리가 되죠(캣과의 인터뷰).

하지만 ENP는 지역 여성을 마호로 양성하지 않는다. 캣은 마호라는 직업이 코끼리를 데리고 돌아다녀야 하기 때문에 체력적으로 힘들고 가사 노동과 양육을 해야 하는 여성들에게 적합하지 않다고 했다.

> 마호는 코끼리가 힘이 세기 때문에 체력이 많이 소모돼요. 마호는 코끼리를 데리고 여기저기 서식지를 돌아다녀야 하므로 계속 집에 들어가지 못해요. 그래서 집안일을 해야 하는 여성들이 하기 힘든 직업이죠. 저는 지금은 혼자이지만, 전에 결혼 생활을 했고, 집에서 일을 해야 하기 때문에 힘들었어요(캣과의 인터뷰).

그러나 ENP에서 만난 남성 마호들은 키가 작고 체구도 작았다. 이런 체격 조건이라면 여성들도 마호에 도전할 수 있다고 생각한다. 마호는 고임금의 직종이 아니지만 전문성을 확보하고 있다. 여성 마호를 양성하지 않는 이유는 마호가 남성의 일이라는 성역할 고정 관념에서 자유롭지 못하기 때문이다.

그러나 남성 마호만을 양성하는 것은 토착 지식의 보전에서 여성을 배제하는 결과를 낳는다. 토착 지식을 남성들에게 전수하는 것은 지역 공동체의 차원에서 지식을 공식적으로 인정받는 기회가 된다. 기업이나 개인이 토착 지식을 소유하고 이윤을 추구하는 것이 아니라 지역 차원에서 지식을 공유하는 것은 지역 문화의 생산에서 의의를 갖는다. 그럼에도 이러한 과정에서 지역 여성들이 참여하지 않는 것은 ENP의 운영에서 코끼리 보살핌이라는 주요 활동에 여성 후계자를 양성하지 못하고 여성들의 의사결정권을 약화시킬 수 있다.

5. 생태 여행에서 여성 간의 차이와 연대

ENP의 입구에는 "ENP는 지역 주민에게 개방되어 있습니다. 동물의 성역이 되기 위해서는 지역 주민의 협조와 이해가 필요합니다"라는 팻말이 붙어 있다. ENP는 많은 지역 주민이 고용되어 있고, 낯선 방문객들은 고요한 삶을 살던 지역 주민의 삶에 영향을 미치고 있다. ENP에서 여성 경영자, 여성 가이드, 여성 노동자, 서구 여성 방문객의 관계는 우호적이다. 직원들은 '우리' '가족'이라는 용어를 사용하고, 이러한 관계는 방문객에게도 적용된다. 하지만 이들 사이에는 차이가 존재한다. 렉은 ENP의 경영에서 강력한 의사결정권을 갖고 있고 지역 여성들을 고용한다. 또한 여성 가이드가 대졸 출신으로 영어로 여성 방문객과 소통하면서 다양한 정보를 공유하는 것에 비해, 여성 노동자들은 영어를 하지 못하고 방문객들을 위해 청소, 세탁, 요리 등으로 봉사하지만 비가시화된 측면이 있다.

성별화된 노동과 여성 직원 내부의 차이

가이드는 태국 북부에서 대학을 졸업한 20대, 30대 초반의 남녀로서 시간제나 전일제로 근무한다. 여성 가이드 비(25세)는 1일 방문 프로그램에서 시간제로 일한다. 그녀는 전일제로 일하면 수입이 증가하지만, 대학원 진학을 준비하기 때문에 일을 더 하고 싶어하지 않는다.

자원활동 프로그램에서 전일제의 가이드 남성 2명, 여성 2명은 자원활동가를 통솔한다. 이들은 20대로서 6개월에서 2년 이내의 경력을 갖고 있다. 프로그램이 진행되는 동안 가이드들은 ENP의 직원 숙소에서 지낸다. 남성 가이드들은 2명이 한 팀으로 1주 단위로 교대한다. 자원활동 프로그램은 남성 가이드들이 주도하고 여성 가이드들이 보조한다. 남성 가이드들은 트럭을 운전해서 자원활동가들을 밭으로 데려가고, 트랙터를 운전해서 코끼리 우리의 오물이나 흙을 실어나르며 삽질을 하고 풀을 벤다. 이 일은 신체적 힘을 요구하기 때문에 남성의 일로 해석된다.

반면, 여성 가이드들은 여성의 영역인 '코끼리 부엌'을 담당한다. 부엌일은 바나나, 오이, 사탕수수 등을 깨끗이 씻고 적당한 크기로 자르고 썩은 부분을 골라내며 바구니에 먹이를 배분한다. 그러나 이들은 풀을 베고 신체적 힘을 요구하는 그 무거운 풀을 운반한다. 먹이 준비는 자원활동가의 도움을 받지 못할 때에도 여성 가이드의 역할이 된다.

여성 가이드들은 자원활동 프로그램이 시작되면 사진과 비디오를 촬영하고 편집한다. 이 비디오는 여행이 끝날 때 방문객들에게 판매된다. 넥(28세)은 대학원에서 디자인을 전공했고 쇼핑몰을 운영한다. 넥은 가이드보다 사진 작가로 불리는 것을 좋아하고 이 분야에서 성공하고 싶어한다. 넥은 ENP의 일이 자신의 경력에 도움이 된다고 생각한다. 메이(25세)는 대학에서 교육공학을 전공했고 자원활동을 기록하기 위해 열심히 비디오를 찍는다. 그녀는 비디오 촬영이 익숙하지 않다고 했지만 즐겁게 일하고 있었다.

시간제 여성 가이드들은 30대도 있었지만, 전일제 여성 가이드들은 20대의 독신이었다. ENP는 코끼리 중심으로 일과가 구성되고 노동 강도가 센 편이기 때문에, 남녀를 불문하고 직원들은 신체적 · 정신적으로 소진될 가능성이 높았다. 여성 가이드들은 일을 좋아하지만, 숙직을 해야 하기 때문에 결혼 후에도 전일제로 일하는 것은 힘들 것으로 예상된다.

한편, 가이드 외에 여성들은 다음과 같이 일을 하고 있다.

첫째, 여성들은 청소, 요리, 세탁 등을 하고 있다. 이들 중에는 십대로 보이는 어린 여성들도 포함되어 있다. 코끼리 부엌 옆의 화장실에서는 5명의 여성이 수시로 청소한다. 방문객들이 밭과 우리에서 붉은 흙을 묻혀 오므로 화장실이 금방 더러워진다. 그러나 화장실은 늘 깨끗하다. 그 이유는 여성 노동자들이 끊임없이 청소를 하고 있기 때문이다.

둘째, 지역 여성들은 자원활동가들이 밭으로 갈 때 동행해서 옥수수, 사탕수수, 풀 등을 베고 운반한다. 이들은 ENP의 요청이 있을 때마다 시간제로 일하고 있다. 이들의 노동은 숙련되어 있다. 밭에 갈 때마다 동일한 지역 여성이 참여했다.

셋째, 지역 여성들은 저녁마다 태국 마사지를 하기 위해 출근한다. ENP는 태국 마사지를 유료(120바트, 한화 4,800원)로 제공한다. 태국 마사지를 하는 여성은 간단한 영어를 구사했다. 그녀는 이곳에서 3년간 일했고 남편과 어린 자녀가 있다고 했다.

ENP는 생태 여행을 통해 일자리를 창출함으로써 지역 주민의 생계에 도움을 준다. 여성 노동자들은 가족 단위로 마호나 건설 노동자로 일하는 남편과 함께 ENP의 숙소에서 산다. 아침이 되면 이들의 자녀들이 학교에 가는 모습을 볼 수 있다. 지역 주민들은 ENP에 고용되어 경제적으로 의존해서 살아가고 있고, ENP는 지역 주민의 삶에 영향을 미치고 있다.

여성 노동자들은 일하는 틈틈이 자녀를 돌보고 있었다. ENP는 가족 같은 분위기에서 양육에서도 여성 간의 상호 협력이 이루어진다. 그러나 보육 제도가 마련되어 있지 않기 때문에, 여성 노동자들은 개인적으로 이 문제를 해결해야 한다. 이것은 독신인 여성 가이드들에게도 무관하지 않은 문제다. 여성 가이드들이 장기적으로 일하기 위해서는 이러한 제도가 필요하기 때문이다.

코끼리 보살핌을 통한 연대와 사회 변화

여성 가이드와 여성 방문객은 '생태 여행'이라는 상품을 소비하고 서비스를 제공하는 교환 관계에 있다. 이러한 관계는 여행을 통해 맺은 계약에 기반한다. 그러나 여행 이후에 여성 방문객이 ENP를 떠남으로써 이들 간의 관계가 종료되는 것은 아니다. 여성 방문객들은 지역 여성들과 코끼리와의 관계 때문에 ENP를 다시 방문하고 인터넷을 통해 서로의 소식을 전한다. 이러한 결과는 생태 여행의 최고 효과로 평가될 수 있다. 렉은 코끼리 구조를 사업의 목적으로 제시한다. ENP의 생태 여행은 전 지구적 차원에서 코끼리 구조 활동에 대한 관심을 확장시키고 있다. 여성 방문객들은 생태 여행을 통해 ENP의 정서적 · 경제적 후원자가 된다. 이들은 코끼리 보살핌에 대한 절대적인 지지층을 형성한다.

첫째, 방문객들은 코끼리 구조 활동을 적극적으로 실천한다. 미미(호주, 61세)는 평소에 동물을 좋아하고 동물에 대해 관심을 갖고 있다. 그녀는 집 주변을 배회하던 유기견을 입양했고 노년기를 동물보호운동에 헌신하고 싶어한다. 미미는 초등학교 교사와 대학생인 두 딸과 함께 가족 여행으로서 생태 여행에 참여했다. 그리고 미미의 가족은 ENP 여행을 마친 후에 고산족을 방문했다. 그녀는 패키지 상품을 선택했는데, 코끼리 트레킹이 포함되어 있었지만 변경할 수 없었다. ENP는 코끼리 트레킹에 반대한다. 코끼리를 트레킹에 동원하는 것은 코끼리에게 무거운 짐을 지게 함으로써 등뼈를 휘어지게 하는 등 코끼리의 건강에 좋지 않은 영향을 미친다. 미미 모녀는 고산족 방문 과정에서 코끼리를 타지 않았기 때문에 폭포를 지날 때 온몸이 젖는 고생을 했지만, 신념을 갖고 ENP에서 배운 내용을 실천했다. 또한 창(홍콩, 46세)은 아들 알렉(10세)과 함께 생태 여행에 참여한 후에 태국 내의 다른 코끼리센터를 방문했다. 알렉은 동물을 좋아하고 장래에 수의사가 되고 싶어한다. 그러나 알렉은 태국의 거리에서 구걸과 트레킹을 하는 코끼리를 보고 눈물을 흘렸다. 창은 코끼리의 고통에 민감하게 반응하는 아들을 달래느라고 고생했다고 이메일을 통해 알려 주었다.

방문객들은 주위의 사람들에게 ENP의 구조 활동과 함께 생태 여행을 홍보한다. 방문객의 대다수는 지인의 권유로 방문했다고 말했을 정도다. 직접 체험한 생태 여행을 권유할 때 강력한 홍보 효과가 있고 ENP의 인기 비결이 된다. 또한 방문객들은 인터넷을 통해 코끼리의 먹이를 후원하거나 기념품을 구입한다. 특히, 영국과 호주에서는 방문객을 중심으로 재정적으로 ENP를 후원하는 재단이 설립되어 있다. 이러한 재단에는 방문을 했던 여성들의 대다수가 참여한다. 렉은 "돈을 많이 벌어 한 마리라도 코끼리를 더 데려오고 싶다"고 말한다. 또한 방문객들은 ENP를 영리집단으로 해석하지 않고 ENP가 경제적 수익이 많을수록 코끼리 구조 활동에 도움이 된다고 확신한다. 그래서 이들은 다양한 방법으로 ENP를 경제적으로 지원하려고 노력한다.

둘째, 여성 방문객과 여성 가이드들은 코끼리 구조에 관한 초국적 연대의 공간을 창출한다. 네덜란드 여성 앙투아네트 반 드 워터Antoinette van de Water는 동물운동가다. 그녀는 ENP에서 자원활동을 했고 렉과 연대해서 태국에서 코끼리를 구조해 왔다. ENP에는 그녀가 구조해서 데려온 코끼리들이 살고 있다. 그녀는 현재 치앙마이 시내에 BTEH[8]라는 시민단체를 운영하면서 나무심기 운동을 통해 숲을 복원한다. 앙투아네트는 네덜란드를 비롯한 서구인들에게 ENP의 활동과 생태 여행의 중요성을 홍보한다. 코끼리 보살핌을 둘러싼 여성 간의 초국적 연대는 지구적인 관심을 불러일으키고, 개발과 관광 산업을 통한 지역 주민과 관광객의 지배와 착취를 비판하고 평등한 관계를 지향한다.

지구화로 인한 정보, 통신의 발달은 신뢰와 감수성에 근거해서 보살핌을 실천하고 지구의 문제를 공동으로 해결함으로써 민주주의의 실천을 위한 초국적 연대의 기반을 마련한다(Held, 2006). 이러한 측면에서 지구화는 폐쇄적인 공동체를 넘어서서 민주주의에 도움이 되고 상호 의존과 연대를 증진시킬 수 있다. 여성 방문객들은 여성 가이드들과 여성 방문객 간에 페이스북과 메일을 통해 소식을 전하고 친밀감을 유지한다. 이들은 서로의 안부를 묻는 한편, ENP의 활동에 관심을 표명한다. 정보의 혁명은 인간의 시공간에 대한 지배력과 함께 상상력을 바탕으로 인류를 넘어서서 공감의 유대를 확장시키고, 이러한 공감은 다른 생물종에까지 확대된다(리프킨, 2010: 564. 583). ENP는 도시에서 코끼리를 동원해 구걸하거나 물건 파는 행위에 반대하며 아기 코끼리를 쇼에 동원하는 행위에 반대하는 법의 제정을 요구한다. 여성 방문객들은 인터넷을 통해

8 BTEH는 Bring the Elephant Home의 약자로서 코끼리를 서식처에서 살게 하고 멸종을 막는 운동을 벌이는 NGO다.

ENP의 사진과 소식을 접하고 서명운동에 참여하며 코끼리 구조에 동참하는 댓글을 단다. 생태 여행을 통해 맺어진 여성 간의 관계는 사이버 공간을 통해 결속되고 공간을 넘어서서 지역 사회를 변화시킨다.

ENP는 서구 언론과 방송의 영향과 개별 방문객의 홍보로 1년 내내 방문객이 끊이지 않을 정도로 인기가 높다. 이러한 현상은 지역 여성의 경제적 자립에 도움이 된다. 하지만 한적한 생태 여행을 기대했던 방문객들은 이러한 상황에 대해 불만을 토로했다. 방문객의 증가로 증축과 보수 공사가 진행되었고, 지역의 생태를 보전한다는 생태 여행의 목적에 반해 환경 파괴도 불가피했다. 렉은 ENP의 규모가 커질수록 그에 대한 책임감으로 심리적 부담감을 가졌다. 그녀는 경영에서 가장 힘든 부분이 '돈'이라고 말할 정도로 지역 주민과 직원들의 생계와 코끼리에 대해 걱정했다.

한편, 서구인들의 생태 여행에 관한 관심은 태국의 관광 정책에도 영향을 미치고 있다. 태국의 관광 정책은 코끼리를 이용하거나 성산업과 관련되어 있지만, 생태 여행의 성과는 이러한 정책을 변화시키고 있다. 수린 지방자치단체는 생태 여행의 성과를 높이 평가해서 ENP에 관한 투자를 결정했다. 수린 프로젝트Surin Project는 지방자치단체가 2,000에이커의 땅을 코끼리의 서식지로 제공하고 ENP가 자원활동 프로그램을 진행하는 것이다. 렉은 지방자치단체가 경제적 수익에만 관심을 갖고 코끼리 구조에는 관심이 없다고 불평한다. 그녀는 지방자치단체와의 협력이 용이하지 않지만, 경제적 지원을 바탕으로 더 많은 코끼리를 구조하고 싶어했다.

6. 맺음말

서구의 개발 중심 패러다임은 태국의 숲을 폐허로 만들고 코끼리와 지역 주민들의 생존에 영향을 미치면서 구조적인 가난을 심화시켰다. 태국 치앙마이에 자리잡은 ENP는 코끼리 보살핌과 토착 지식의 중요성을 인식한 여성의 리더십에 기반해서 생태 여행을 통해 지역의 생태 보전과 경제적 자립이라는 대안을 제시하고 있다. 그리고 이러한 생태 여행에서 지역 여성들은 자문화를 소개하고 지역의 문화와 생태를 지킨다는 자긍심을 갖게 된다. 더욱이 ENP의 생태 여행은 숲을 복원하고 코끼리의 보존과 함께 토착 지식을 전수함으로써 지역 문화를 보전하는 데에 기여하고 있다.

ENP는 서구의 여성 방문객들에게 아시아의 호기심을 자극하고 개발로 인한 환경 파괴에 윤리 의식을 촉구함으로써 생태 여행에 동기를 부여한다. 생태 여행은 경제적 수익뿐 아니라 코끼리 구조에 대한 인식을 변화시키는 데에 기여한다. 생태 여행을 통한 여성 간의 관계 맺기는 ENP를 지지하고 초국적 연대를 가능하게 함으로써 관광 산업의 지형을 변화시킨다. 관광 산업에서 타자화되었던 여성과 코끼리는 ENP를 통해 새로운 방식으로 힘을 갖게 된다. 이러한 공간은 자연과 동물에 대한 착취를 개발로 인식해 왔던 태국 사회를 다른 방식으로 변화시키고 있다.

하지만 ENP의 생태 여행은 몇 가지 해결해야 할 과제가 남아 있다.

첫째, ENP의 생태 여행이 여성 방문객과 지역 여성의 평등한 관계를 위해 노력한다 하더라도, 여전히 여성들 간의 차이를 통한 위계가 존재한다는 것이다. 생태 여행은 서구 방문객에 경제적으로 의존해서 운영되므로 지역 여성들이 주변화될 가능성이 있다.

둘째, 렉이 토착 지식을 지역 공동체와 공유하는 것은 바람직하지만, 여성들이 토착 지식의 전수 과정에 참여하지 않는 것은 여성 후계자를 양성하지 못하는 결과를 낳는다. 또한 이러한 과정에서 여성들은 ENP의 의사결정권에서 배제될 수 있다.

〈그림 2〉 왼쪽: 장애를 입은 코끼리. 중앙: 코끼리의 먹이. 자원활동가들이 바구니에 담는다. 오른쪽: 코끼리의 먹이를 베기 위해 밭에 갈 때 동행한 지역 여성.

셋째, 렉은 코끼리 보살핌에 집중한 나머지 직원들, 특히 여성 노동자들의 복지를 등한시한 경향이 있었다. ENP는 여성 경영자가 운영하는 단체이지만 여성을 위한 복지 제도가 마련되어 있지 않다. 렉은 여성들이 장기적으로 일할 수 있도록 출산, 양육에 관한 제도를 지원해야 한다.

참고 문헌

강미희(2006), 『생태관광객의 여행 동기 및 태도』, 파주: 한국학술정보.

강신겸(2007), 『농촌관광』, 서울: 대왕사.

김남조(2010), "국내외 지속 가능한 관광의 국제적 흐름 및 전망," 트래블러스맵레스트코리아 주최 「국내외 지속 가능한 관광의 현재와 미래」 자료집 발표문, 2010. 9. 10.

김성일 · 박석희(2001), 『지속 가능한 관광』, 서울: 일신사.

김영애(2005), 『태국사』, 서울: 한국외국어대학교출판부.

김진희(2010), "근대 제국의 경계짓기와 로컬 '향토'의 상상," 이화인문과학원 편, 『경계짓기와 젠더 의식의 형성』, 서울: 이화여자대학교출판부.

류지석(2009), "로컬리톨로지를 위한 시론," 부산대학교 한국민족문화연구소 편, 『로컬리티, 인문학의 새로운 지평』, 서울: 혜안.
리프킨, 제러미(2010), 『공감의 시대』, 이경남 옮김, 서울: 민음사.
마츠이 야요리(2005), 『여성이 만드는 아시아』, 정유진 · 미야우치 아키오 옮김, 서울: 들린아침.
문옥표(2006), "서문," 문옥표 외, 『우리 안의 외국문화: 관광과 음식을 통해 본 문화소비』, 서울: 소화.
문재원(2009), "지역문학 담론에 대한 비판적 재고," 부산대학교 한국민족문화연구소 편, 『로컬리티, 인문학의 새로운 지평』, 서울: 혜안.
바우만, 지그문트(2003) 『지구화, 야누스의 두 얼굴』, 파주: 한길사.
박홍주(2000), "판매직 감정노동의 재평가," 조순경 엮음, 『노동과 페미니즘』, 서울: 이화여자대학교출판부.
시바, 반다나(2003), 『누가 세계를 약탈하는가』, 서울: 울력.
오명석(2006), "낙원과 야만: 한국인의 동남아 관광 속에 나타나는 동남아의 이미지," 문옥표 외, 『우리 안의 외국문화』, 서울: 소화.
왕, 닝(2004), 『관광과 근대성: 사회학적 분석』, 이진형 · 최석호 옮김, 서울: 일신사.
윤택림(2004), 『문화와 역사를 위한 질적 연구방법론』, 서울: 아르케.
윤혜린(2010), "토착성에 기반한 아시아 여성주의 연구 시론," 이화여자대학교 한국여성연구원, 『여성학논집』, 27(1): 3-36.
이명수(2009), "동아시아적 로컬리티의 존재와 탈근대성의 사유," 부산대학교 한국민족문화연구소 편, 『로컬리티, 인문학의 새로운 지평』, 서울: 혜안.
이상봉(2009), "탈근대, 공간의 재영역화와 로컬, 로컬리티," 부산대학교 한국민족문화연구소 편, 『로컬리티, 인문학의 새로운 지평』, 서울: 혜안.
이응진(2004), 『그린 투어리즘의 분석』, 파주: 집문당.

인태정(2007), 『관광의 사회학: 한국 관광의 형성 과정』, 파주: 한울.

일루즈, 에바(2010), 『감정자본주의』, 김정아 옮김, 파주: 돌베개.

임영신 · 이혜영(2009), 『희망을 여행하라: 공정여행 가이드북』, 서울: 소나무.

장희권(2009), "문화연구와 로컬리티," 부산대학교 한국민족문화연구소 편, 『로컬리티, 인문학의 새로운 지평』, 서울: 혜안.

정고미라(2000), "노동 개념 새로 보기: 감정노동의 이해를 위한 시론," 『노동과 페미니즘』, 서울: 이화여자대학교출판부.

정승화(2010), "감정자본주의와 치유의 문화," 김현미 외, 『친밀한 적』, 서울: 이후.

조명래(2009), 『지구화, 되돌아보기와 넘어서기』, 서울: 환경과생명.

조흥국(2007), 『불교와 국왕의 나라』, 서울: 소나무.

최현덕(2009), "문화들 사이에서 철학하기," 이화인문과학원 편, 『젠더와 탈/경계의 지형』, 서울: 이화여자대학교출판부.

호켄, 폴(2007), 『축복받은 불안』, 유수아 옮김, 서울: 에이지 21.

혹실드, 알리(2009), 『감정노동: 노동은 우리의 감정을 어떻게 상품으로 만드는가』, 이가람 옮김, 서울: 이매진.

Agrawal, Arun(1995), "Dismantling the Divide between Indigenous and Scientific Knowledge," *Development and Change*, 25: 413-419.

Dane, Barbara(2010), "Disclosure: The Voices of Thai Women Living with HIV/AIDS," *International Social Work*, 45(2): 185-204.

Doane, Donna(1999), "Indigenous Knowledge, Technology Blending and Gender Implication," *Gender Technology and Development*, 3: 235-257.

Enteen, Jilliana B.(2005), "Siam Remapped: Cyber Intervention by Thai

Women," *New Media Society* 7: 457-482.

Hall, Stuart(1997), "The Local and the Global," in Anthony D. King(ed.), *Culture, Globalization and World-system*, Minn. Minneapolis: University of Minnesota Press.

Held, Virginia(2006), *The Ethics of Care*, New York: Oxford University Press.

Honey, Martha & Emma Stewart(2002), "Instruction," in Martha Honey(ed.), *Ecotourism & Certification: Setting Standards in Practice*, Washington: Island Press.

Kymlicka, Will(2005), "Subject of the Nation without Citizenship," in Will Kymlicka & He Baogang(eds.), *Multiculturalism in Asia*, New York: Oxford University Press.

Rasamimari, A., B. Dancy & J. Smith(2008), "HIV Risk Behaviors and Situations as Perceived by Thai Adolescent Daughters and their Mothers in Bangkok, Thailand," *AIDS Care*, Feb. 2008: 181-187.

Timothy, Dallen J.(2001), "Gender Relations in Tourism: Revisiting Patriarchy and Underdevelopment," Yorghos Apostolopoulos, Sevil Sonmez, & Dallen J. Timothy(eds.), *Women as Producers and Consumers of Tourism in Developing Regions*, Conn. Westport: Praeger.

인터넷 자료

http://www.serengetiusa.com/

http://www.bring-the-elephant-home.org/en/

http://www.elephantnaturefoundation.org/go/surin

http://www.elephantnaturepark.org/

사이공 · 서울 · 워싱턴의 젠더 퍼스펙티브: 베트남전쟁 시기 미디어의 성적 재현과 한국 남성성*

김미란

사회학자 스탠리 리버슨Stanley Lieberson은 서로 분리되어 있던 두 인종이나 민족집단이 어떠한 방식으로 접촉을 하느냐에 따라 향후의 두 집단 간의 관계가 결정된다고 본다(윤인진, 2008). 베트남과 한국은 30년의 세월을 사이에 두고 '참전'과 '이주'라는 방식으로 다른 성별의 주체들이 만났으며 이 만남은 각각 서로에게 다른 권력 관계와 이미지를 형성했다.

2000년을 전후하여 한국 사회에 결혼 이주를 통해 들어온 베트남 여성은 '가난한 나라에서 온 순종적인 베트남 여성'이라는, 이른바 '국적'과 '성' 범주에 기반한 열등한 이미지로 재현되었다. 이러한 인적 접촉이 일어나기 전, 한국 사회가 베트남을 기억하는 방식은 '베트남 참전'을 통해 이루어졌다. 1960년대 한국 사회에 보급된 매스 미디어는 공간적 거리를 초월하여 전장과 후방을 연결함으로써 건국 이래 최초로 이루어진 '해외

* 이 글은 『역사문화연구』 제36집(2010. 6)에 실린 "베트남전 재현 양상을 통해 본 한국 남성성의 (재)구성-'아오자이'와 '베트콩', 그리고 '기적을 낳는 맹호부대'의 표상 분석"을 수정 · 보완한 것이다.

원정'의 설렘과 낯선 남국을 여행하는 여행자의 시선을 전해 주었는데, 그것은 '아오자이'와 '베트콩', 그리고 '기적을 낳는 맹호부대'라는 이미지로 집약되었다.

베트남에 대한 이미지가 음험하고 왜소한 남성 '베트콩'[1]과 낭만적인 '아오자이'를 입은 여성으로 젠더화된 것은 전시에 작동하는 성별 정치학의 결과다. 성별 정치학의 근저에는 '무적의 용맹한 국군'으로 재현된 파월 장병이 베트남의 남녀를 분절적이고 자기 중심적으로 재구성하려는 욕망이 놓여 있다. 페미니스트 정치학자 진 엘쉬테인Jean Bethke Elshtain이 "전쟁 기간에 남자들과 여성들은 농밀한 관계로 내몰리게 되고 서로를 보완할 필요성을 느낀다. 그 결과 각각의 성 특유의 미덕을 나타내는 존재로 인식"(오고시, 2009: 149)된다고 한 것처럼, 전시에 남성성과 여성성은 극단적 방식으로 재구성된다. 그러나 영웅적인 '남성성'과 보호받거나 후방을 담당하는 '여성성'이라는 일반론은 한국군이 재현한 성별화된 이미지에는 적용되지 않는다. 전장의 남녀를 재현한 한국 군인의 남성성은 국적과 성별에 따라 자기모순적이거나 분열적인 재현 방식을 취함으로써 한국 군인의 남성성이 미국이라는 전쟁의 주체에 의해 흔들리는 '허위적 주체'임을 드러냈기 때문이다.

이 글은 한미동맹의 구조 속에서 베트남 참전 시기에 미국의 '하위 파트너'였던 '한국' '남성' '군인'(이하 '한국 남성성'으로 통칭)의 시선이 베트남인의 섹슈얼리티를 어떻게 구성하는지 미디어의 재현 분석을 통해 살펴보고자 한다. 성과 관련된 모든 인식과 태도를 '섹슈얼리티'라고 규정할 때(조심선희, 2006: 229), 섹슈얼리티는 남성과 여성의 권력 관계와 이미지 구성 방식을 읽어낼 수 있는 주요 범주가 된다. 구체적으로

1 '남베트남 해방 민족전선(Vietname Communist)'을 가리키며, 이들은 남베트남과 연합한 미군과 싸운 무장투쟁조직이다.

'자유 수호'의 십자군인 국군의 눈에 비친 아오자이를 입은 베트남 여성은 '풍경'으로부터 '성애'의 대상으로, '베트콩'은 암묵적으로 '남성'과 동일시되어 교활하고 왜소한 '적'으로 재현되었다. 그러나 베트남 여성을 성애화한 국군의 시선은 한국의 기지촌 여성을 '내 것이면서도 내 것이 되지 못한' 것으로 표현할 수밖에 없는 '손상당한' 남성성과 겹침으로써 한국 남성성 내부에 균열을 일으켰다. 반면, 남성 베트콩은 위악스럽고 교활한 '적'으로 반복적으로 재현됨으로써 국군의 용맹을 두드러져 보이게 하는 배경이 되었는데, 이렇게 하여 완성된 자국 중심적인 과도한 '용맹함'은 뜻하지 않게, 국경을 넘은 공간에서 평화를 위한 노력보다는 맹목적인 용맹이라는 비난에 직면하는 '딜레마'에 처한다.

이처럼 참전 시기 미디어가 자국 중심적이고 남성 중심적인 전쟁 보도로 귀결되게 한 원인은 무엇인가라는 질문에서 출발하여 그 양상, 균열 지점을 살펴보는 것이 이 글의 목적이며, 이러한 목적을 위해 상이한 공간에서 형성된 세 개의 '시선'을 추출하여 분석을 진행하고자 한다. 베트남 현지인의 시각, 한국 남성의 시각, 미국의 시각이 그것이다.

'성'을 국가 간의 거래라는 관점에서 분석한 문(2002)의 연구는 '누구'의 시선에 의해 성 담론이 만들어지는가를 천착한 선구적인 성과다. 기지촌 성매매 제도화를 '국가 간 거래'라는 관점에서 탁월하게 읽어 낸 문(2002: 204-205)의 분석은 이 글이 한미동맹의 권력 관계와 그 복제인 한국과 베트남의 군사적 원조 관계를 '국가'와 '성별'의 관점에서 읽어내는 틀이 되었다. 이 틀을 바탕으로 베트남과 한국으로 확장하여 해석하는 데는 군사주의 여성 전문가인 신시아 인로Cynthia Enloe의 주장, 곧 '군 기지의 남성'이 여성들에 대한 성적 지배를 통해 국가 간의 위계를 습득한다'는 '성적 지배' 개념을 활용했다(Enloe, 1991: 101).

국가와 남성적 시각이 재현하는 진실이 '부분적 진실'임을 드러내기 위해서는 상이한 시각의 발굴이 필요하다. 베트남 여성 레 라이 헤이슬립Le Ly Heyslip의 자서전 『하늘과 땅이 바뀌었을 때』(1986)[2]는 그런 점에서 남성 제국 중심의 '홑눈' 서사를 해체한 선례라 할 수 있다. 그녀의 자서전 출간은 기존의 베트남인을 전쟁의 '피해자'로만 보거나 '적국의 국민'으로만 보던 미국의 '이념' 위주의 베트남전 인식을 해체하고(박진임, 2008), '성별'과 '인종'에 의해 육체와 정신의 파괴를 겪는 베트남전쟁 당사자의 목소리를 들려 주는 계기가 되었다. 권력적 시선이 구성해 내는 일면적 진실, 곧 '군인 남성'과 '국익'에 의해 여성과 적국의 남성이 '처리'되는 방식은 어떤 논리에 의해 만들어지며 그것은 '기적을 낳는 맹호부대'라는 국군의 이미지와 어떤 관련을 지니고 있는가, 이 분석을 위해 베트남전에 대한 기사가 가장 빈번하게 실린 1965~66년을 중심으로(김우성, 2005: 113) 1960년대의 대표적 잡지인 『사상계思想界』, 청년 문화 건설을 대표하는 『세대世代』, 중산층 여성 문화를 선도한 『여원女苑』, 『조선일보』, 그리고 참전 당사자의 구술 자료를 분석 텍스트로 활용하고자 한다.

1. 여행자의 '눈' : 아시아의 여성들

20세기 초 식민지 시기 이래 줄곧 담론의 대상(정근식, 2008)에 머물러 있던 동남아 지역은 베트남 참전을 통해 한국 사회의 성원들의 직접적인 감각 세계로 들어왔다. 그곳은 한국에서는 볼 수 없는 '남십자성'이 반짝이는 상하常夏의 나라, 이국적 낭만을 자극하는 곳이었다. 참전 용사의 편지는 "남의 땅에 발을 들여 놓았다는 흥분은 마냥 내 가슴을 설레이

2 올리버 스톤Oliver Stone 감독은 미군과 결혼한 이 여성의 자서전을 〈하늘과 땅Heaven & Earth〉(1993)이라는 제목의 영화로 만든 바 있다.

게 하고 있다. 마치 멀리 여행을 떠나온 중학생이 느끼는 흥분 같은 것이다"라고 함으로써 '낯설음'의 실체가 '설움'이 아닌 '설렘'이며, 그것은 "저 꿈에도 잊을 수 없는 붉은 이리떼들을 이 푸르른 땅에서 내쫓아 주고 이 땅에 승리와 평화의 깃발을 세워 주는"(지상건, 1966: 200) 자랑스러움에서 비롯된 것임을 보여 준다.

여행자의 시선으로 이국의 풍물을 묘사하는 것은 이동이 자유로운 특파원들의 글쓰기에서 두드러졌다. 기자 송건호의 눈에 비친 월남인의 첫인상은 '무표정'과 '가냘픔'이었다. 동남아시아 8개국을 돌아보고 쓴 여행기에 묘사된 사이공의 모습은 다음과 같다.[3]

> '사이공' 시 거리를 다니면서 나는 일찌기 월남 사람들의 웃는 얼굴을 본 일이 없다. 웃는 얼굴도 볼 수 없지만 성내는 얼굴도 볼 수가 없었다. 목석처럼 무표정하다고 할까 …… 처음 도착했을 때 먼저 눈에 띄는 것이 여성들의 '아오야이(원문 표현을 따름: 인용자)' 차림 모습이다. 옷이 중국 복장 비슷하지만 월남 독특한 '스타일'을 지닌 이 '아오야이' 차림은 아마 월남을 상징한다고도 할까. 월남의 여성들은 허리가 특히 가늘다. 거의 개미 허리처럼 가냘프다. 아오야이를 입고 오가는 여성들을 보면 "아아, 여기가 지금 월남이구나" 하고 새삼스럽게 이국 정서를 느낀다(송건호, 1966: 202).

여행자는 20년에 걸친 전쟁이 베트남 여성들을 모든 것을 체념한 목석처럼 만들었다고 탄식하면서도 전통 복장인 '아오자이'를 입은 베트남 여

3 송건호는 "역사적 대전환의 서막"(1965)에서 한국 사회에 필요한 것은 냉전적 대결을 위한 이데올로기로서 자유가 아니라 3·15 부정선거 등이 일어나지 않을 수 있는 이념으로서 '자유'라고 주장한 바 있다. 이처럼 '반공'이라는 현실은 수용하되 제도로서의 근대화-'민주'를 주장했던 그가 베트남의 여성을 묘사할 때는 '남성' 여행가로서의 시선을 그대로 드러냈다(『세대』, 1965년 12월: 68-69 참조).

성을 보고는 일상에서 벗어난 '이국 정서'를 느낀다고 술회한다. 하얗게 펄럭이는 '아오자이Ao Dai(긴 옷이라는 뜻)'는 전장 월남이 아니라 남국의 어느 곳, 가냘프고 젊은 베트남 여성을 상기시키는 상징이었다.

송건호가 베트남 여성을 묘사하는 태도는 인접한 타이완과 일본 여성에 대한 묘사와는 구별된다. 그는 타이완의 젊은 여성이 '아직도' 일본식 이름을 사용하고 있다는 점에 놀라며 '일본화'되어 있는 태도를 비판하는 한편, 일본 여성에 대해서는 몸에 밴 친절이 진실이 결여된 수다스러움이라고 표현한다(송건호, 1966: 203-204). 식민 통치를 사과하는 일본인 접대부의 모습에서 섬뜩한 정치적 제스처가 느껴진다는 그의 고백이 시사하는 바는, '피식민'의 경험이 감각의 영역까지 재구성해내는 피식민 트라우마의 도저함이다. 그것은 여행자의 '풍경'을 '현실'로 끌어당겨 '낭만'을 탈각시켰다.

그가 동남아 여성을 묘사할 때 판단의 준거가 된 것은 '문명'이라는 척도였다. 그는 서구에 대한 개방 정도, 근대화 수준이라는 기준에 따라 말레이시아 여성의 뛰어난 사회성과 총명함, 동양에서 가장 높은 교육 수준을 누리는 필리핀 여성의 삶을 높이 평가하고, 그 원인이 각각 영국과 스페인이라는 '식민' 모국을 경험한 데 있다고 설명한다(송건호, 1966: 203). 베트남 여성이 부여받은 자리는 '문명'의 말석이다. 그는 "한마디로 월남 여성은 월남인 독특한 불룩 솟은 광대뼈, 쑥 패인 두 눈, 두터운 입술, 어디를 보나 지성적인 얼굴이" 아니며 개중 "중국인 피가 섞인 혼혈아는 한국과 비슷해서 미인이 많고 백인과의 혼혈아에도 미인이 있다"(송건호, 1966: 204)고 기록한다. 전쟁을 치르고 있는 베트남의 여성은 이처럼 '문명'의 세례를 받지 못한 지적 낙후 상태에 머문 열등한 인종으로 묘사되었다.

동/남아시아에 속하면서도 유독 생물학적으로 왜소하고 지적으로 뒤떨어진 베트남 여성이라는 이미지는 어떻게 하여 만들어진 것일까? 여기에 파병 한국과 전장 베트남이라는 현실의 역학 관계가 작용했음은 물론이지만, 불균형의 기원을 이해하기 위해서는 식민지 시기 이래 존재해 온 '미개한 남방'이라는 인식으로 거슬러 올라갈 필요가 있다. 권명아는 '남방'에 대해 식민지 조선에서 통용되던 지식이 1941년, 일본이 싱가포르 점령을 계기로 하여 유포시켰던 식민을 위한 민족지民族誌, ethnography로서 남방 지식이었음을 환기시킨 바 있다(권명아, 2005). 그는 식민지 말기 조선에는 "남방 열도의 주민에 대해서는 '선주민'을 '몽매한 원주민', 열등한 식민지 토인으로 그려내는 식민주의적 선전 방식이 점유되고, 이런 전유가 미디어를 통해 대량 생산"(권명아, 2005: 349)되었다고 설명한다. 만주사변 이후 중국 내 21개 성을 점령한 일본이 사이공을 무혈 점령했던 1941년 초(황, 2009: 249-250) 일본은 남아시아를 식민화하기 위한 사전 작업으로 원주민이 '몽매한 식민지 토인'임을 강조했고, 이를 통해 자신이 그들을 계몽하는 주체가 되어야 한다는 정당성을 확보하고자 했다.

이러한 지식의 기원을 상기할 때, 송건호가 베트남 여성을 '낙후'로 이미지화한 것은 식민적 민족지와 크게 다르지 않다. 송건호의 재현 방식은 그가 자각했든 하지 않았든, 남방에 대한 식민적 인식 틀을 답습했으며 거기에 미국식 데모크라시를 동경(송건호, 1965: 69)하는 '민주'라는 기준이 겹쳐져 아시아의 여성들은 '문명 대 야만'으로 서열화되었다. 이러한 낙차를 단순하게 리버스 식으로 말하자면, 한국과 베트남이 군사 지원국과 피지원국이라는 비대칭적인 권력 관계로 설명할 수 있을 것이나, 여성에 대한 재현에는 선진 대 후진이라는 구도 외에 '성별'이 지니는 독특한 함의를 내포하고 있었다. 아래 장병들의 편지에 드러난 '아오자이'는 '국가' 간의 권력 관계를 넘어 '성'적 의미에서 베트남 여성이 대상화되고 있음을 보여 준다.

〈그림 1〉『여원』, 1966년 12월호: 128.

비록 가냘픈 체격이긴 하지만 '아우자이'를 입은 월남 여자들의 모습은 확실히 잊혀지지 않는 무엇이 있다. 옷처럼 '원피스'로 돼 있는데 허리께부터는 양편 옆으로 아래까지 째져 있어 그 사이로 엷은 속바지가 드러나 보인다. 그 엷은 속바지를 통해 '최후의 一 선'까지도 어렴풋이 드러나 보이는 게 이 '아우자이'의 매력이다(윤명중, 1965: 102).

어깨 밑 겨드랑이부터 발밑까지 옆이 트였는데다 열대 지방이라 엷은 천에 내의는 가장 간단한 것 하나, 그것도 아오자이처럼 하얀 것이면 좋을 텐데 대부분 핑크, 아니면 빨강, 그린, 블루 이 지경이니 바람이 조금만 불어도 눈앞이 아찔하여 눈을 감아 버립니다(김정승, 1966: 102).

편지글에서 아오자이는 남성 군인의 '성애적' 시선에 의해 응시된다. 젊은 베트남 여성을 '풍경'을 넘어 성애적 시선으로 바라보는 이러한 태도는 매체가 베트남 여군을 재현하는 데서도 반복된다. 전쟁이 확대일로를 걷던 1966년 5월, 참전하는 베트남 여성을 보도한 일간지의 "미녀도 손에 총을…"이라는 표제 하에 실린 여성의 사진은 전사가 아닌 여성의 성적 특성이 부각된 것이었다.[4] '아오자이'는 파월 군인들의 일상 속에 다

4 사진이 실린 정황을 살펴보면, 이러한 재현이 전황의 긴박함에서 얼마나 벗어나 있는가를 돌아보게 된다. 미국은 1966년 초에 '섬멸 작전'에서 '평정 전략'으로 수정하면서 부족한 병력을 한국군

음과 같은 모습으로 들어왔다.

> 그 가냘픈 몸매하며 아오자이의 매력, 보다도 "Korea tiger No.1" 하며 눈웃음치고 달려드는 애교, 가끔 빠에 가면 그 숱한 미군들을 제쳐놓고 당장 달려와서 용사들의 무릎 위에 올라앉아 애교를 떠우니 곰보도 보조개로 보일 정도지요(김정승, 1966: 102).

〈그림 2〉 전시에 타이완에서 발간된 『越南戰爭』에 실린 여 베트콩이 미군을 체포한 사진. 국내의 젠더화된 베트남 상상과 차이를 보인다(王子冲, 1968: 181).

이 편지는 파월 국군이 베트남 여성을 남성으로서 소유하는 것에 그치지 않고 이 여성들이 미국의 '세력이 약한 동맹국'인 '한국' 남성의 자존심을 세워 주는 계기로까지 인식되고 있음을 보여 준다. 군사주의와 여성 문제에 관해 선구적인 연구를 수행한 인로는 "군 기지라는 우주 안에서 군인 손님들은 남성성—그리고 그들이 재현하는 국가의 역량—을 기지 근처에 사는 여성들에 대한 성적 지배를 통해 보도록 배운다"(Enloe, 1991: 101)고 지적한 바 있다. 베트남 여성은 '국가'와 '남성'이라는 이중의 시선 속에서 여성들의 신분

으로 충원하기 위해 증파를 요청했다. 국내에는 휴전선의 불안을 우려한 증파 반대 여론이 강하게 제기되고 베트콩 측도 한국군의 증파를 저지하기 위해 전례에 없던 한국인 민간인 기술자에 대한 폭파 공격을 가해 11명의 사망자가 발생했다. 정부는 3월에 벌어진 피격 사건과 파병 여부를 투표에 부치자는 파병 반대론에도 불구하고 미국의 요구대로 2만 명을 증파하여 총 5만여 명의 병력을 주둔시켰다. 미녀의 참전 기사는 이러한 긴장된 상황에 실린 것으로서 전장 베트남의 현실과 국내의 파병 반대 분위기로부터도 탈맥락화되어 있었다("월남 증파문제 국민투표하자," 『조선일보』, 1966. 6. 7: 1면 참조).

과 무관하게 '성적 지배의 대상' 혹은 국군에 의해 '전일적'으로 지배하고 싶은 대상으로 재현되었다.

2. '달러'와 '여성': 사이공, 서울, 그리고 워싱턴

베트남전쟁 시기에 국내 기자들의 보도 내용은 사실의 보도보다는 국군의 전투 성과 보도에 치우쳐 있었다(심재훈, 1967: 24-26). 한국의 대중들에게 베트남의 사회와 경제, 문화에 대한 소식을 전해 준 것은 미국과 일본발 외신 전재 기사였으며 베트남 현지 사회를 소개한 *US News and World Report*의 기사가 대표적이었다. 기사는 '달러'와 베트남의 경제를 논하며 "십수만 명의 미국인 병사와 가족들이 닥치는 대로 선물을 사고 '빠아'에 달러를 뿌"린 것이 취약한 베트남 사회가 공급할 수 없는 가수요를 부풀렸고, 이에 베트남의 경제는 극도로 왜곡되어 살인적인 물가 폭등이 야기되었다고 보도했다. 1960년대 중후반, 아시아에서 달러가 지닌 무한한 위력에 대해 브루스 커밍스Bruce Cumings는 이렇게 말한다. 달러가 "노퍽Norfolk(미국 버지니아 주 남동부의 작은 항구 도시)의 무일푼 집안에서 태어난 사람이…… 20년 후 한국에서 컨츄리 클럽족처럼 살 수 있"(문, 2002: 56)게 만든다는 그의 언급은 세계에서 가장 부유한 나라가 가장 가난한 나라 경제를 휘젓게 한 것이 달러라는 점을 말해 준다.

전시에 베트콩은 월남 국토의 70~80%를 장악하고 월남 면적의 3/5에 해당하는 지역에서 세금을 거둬들였다(양흥모 외, 1968: 188). 정부군이 베트콩에게 이렇게 포위되어 있었기 때문에 사이공을 제외한 도시들은 비행기 공수에 의해 겨우 경제를 유지했고 다낭과 같은 항구를 제외하고는 물가라는 것이 형성될 수조차 없었다(『조선일보』, 1965. 1. 9). 이런 상황을 꿰뚫고 있는 베트콩이 일단 도로를 점령했다 하면 도시 경제는 마비되고 암시장이 들끓어 월남인들은 베트콩보다 물가고를 더 두려워했다. 이런 열악한 상황에 미군이 달러를 풀어 가수요를 늘렸다는 것은, 최원식(1988: 77)이 지적한 바와 같이 제국주의 전쟁이 그 어떤 명분을 내세운다 해도 전쟁이 하나의 '큰 장사'라는 사실, 즉 토착 경제를 파괴하고 구조적으로 주전국에 의존하게 만드는 거래라는 점을 확인시켜 줄 따름이다. 베트남의 미인들은 모두 '바'에 몰려 있다고 한 송건호(1966: 204)의 언급처럼 여성들은 달러를 벌기 위해 군대 주변으로 모여들었다.

여성이 군대 주변으로 몰리는 현상은 한국의 기지촌 역시 마찬가지였다. 1965년 『사상계』에 실린 르포 "한국의 이방지대"는 '우리 것이면서도 우리 것이 되지 못한 기지촌'이라는 부제 하에 미군 주둔과 한국 여성의 성매매 문제를 다루었다(노종호, 1965: 228-233). 길에 나와 호객 행위를 하는 여성을 지칭하는 '힛빠리'들의 삶을 기록한 이 기사는 성매매 여성이 군 철조망까지 접근해서 불의의 변을 당하며, 군부대 내의 인종차별이 성매매 여성을 둘러싸고 흑인 병사와 백인 병사 간의 갈등으로 번져 여성들은 그들 틈새에서 깨진 맥주병으로 안면과 유방을 난도질당한다고 보도한다. 그럼에도 한국 수사관에게 정보를 제공해 주는 것 또한 이 여성들이라고 전한다. 글은 이 여성들이 한미 간의 불균형한 권력 관계 속에서 미군 병사들의 '휴식'을 떠맡음으로써 두 집단 간의 '윤활유' 역할을 수행해 오고 있음을 인정하는 한편, 이 여성들 가운데 80%가 마약이나 세코날에 중독된 환자라는 사실을 환기시킨 뒤, "여기는 인간이 갈 수 있는 마지막 변경입니다. 이들이 더 이상 어디로 갈 수 있겠어요? 이 사람들을 그대로 내버려 두십시오. 딸러를 벌어들이고 있으니까요"라고 마무리지었다. '인종'과 '성'적 차별 구조 속에 놓인 성매매 여성의 일상이 '풍경'처럼 관조되고 자연스러운 것처럼 '승인'되고 있다.

이처럼 국가 간 권력의 낙차를 몸으로 감당하며 생계를 도모하는 기지촌 여성에 대해 한국 남성의 시선은 어떻게 개입했는지, 구상具常의 작품 〈초토焦土의 시 2〉(1964)를 보자.

> 자정도 넘은 밤차, 희미한 등불 아래 손들의 피곤한 시선은 결코 유쾌한 눈짓이 아니었고 칭얼만 대는 검둥애의 대구리와 울상이 된 그 엄마의 하이얀 이마 위 땀방울이 유난히 빛나고 있었다.
>
> 나는 이 뒤틀어대는 흑백黑白의 모자상母子像을 보다못해 호주머니를 뒤져 전송 나왔던 친구가 취기 반으로 사주던 해태 캬라멜을 꺼내 까서 녀석에게 넌지시 권해 본다.
>
> (중략)
>
> 체없이(꼼짝없이 : 인용자) 검둥이 애비 꼴이 된 나는 헤아릴 수 없는 심정 속에서 그 채로 눈을 감고 만다.
>
> 나의 머리에는 이 녀석의 출생의 비밀이 되었을 지폐 몇 장이 떠오른다.
>
> 이 검둥이의 애비가 쓰러져 숨졌을 우리의 어느 산비탈과 어쩌면 그가 살아 자랑스레 차고 갔을 훈장을 생각해 본다.
>
> 저 아낙네의 지쳐 내던져진 얼굴에서 오늘의 우리를 느낀다(이철범, 1964 : 269).

시는 지쳐 잠이 든 성매매 여성과 그녀의 '검둥이' 사생아가 한국 남성의 비극과 무력감으로 전화되는 모습을 시각적으로 표현했다. '나'라는 화자는 인종적으로 가장 낮은 위계에 속하는 것으로 간주되는 흑인 병사와 여성을 병치하고, 그 흑인 병사보다 더 무력하여, '검둥이 애비' 노릇을 할 수밖에 없는 '나'의 비극적인 상황을 전면에 부각시키고 있다. 이

때 '지쳐 내던져진 얼굴'의 성매매 여성은 비극적 현실을 자각한 '우리'에 포함되기보다는 잔여물을 남겨 비극을 자각케 하는 '계기' 혹은 '증거물'로 기능하고 있다.

이와같이 1960년대 중후반, 베트남과 한국이라는 두 공간에서 여성들은 집단적으로 '달러'에 성을 팖으로써 생계 문제를 해결했다. 현실이 이런 동형 구조를 보이고 있음에도 베트남의 여성이 달러와 교환되는 전장의 구조적인 문제는 베트남전쟁 당시 국내 매체의 주의를 끌지 못했다. 단지 젊은 베트남 남성이 징발되고 없는 도시에서 아오자이를 입고 자전거를 타는 극소수의 여대생들과 장병에게 환영의 선물을 건네는 젊은 베트남 여성들이 우방友邦 사이의 풍경으로 제시되고 성애적 대상으로 재현되었을 뿐이다. 달러에 몸을 파는 여성, 다시 말해, 베트남 참전 작가가 그려낸 베트남 "소녀들의 가랑이에서 빠져나간 콘돔"(황석영, 2003 : 67)의 구조적 비애에 매체는 관심을 기울이지 않았다.

주둔지에서 군인이 해당 사회를 접하는 거의 유일한 통로는 '여성'이다. 전장에서 군인들은 성을 파는 여성을 상대로 '어떻게 하면 한 푼이라도 덜 들이고 쾌락을 즐길 수 있을까' 하고 고민하고, 성매매 여성은 '어떻게 하면 한 푼이라도 더 끌어낼까' 줄다리기를(노종호, 1965 : 225) 벌이곤 하는데, 아이러니하게도 국내에 전장의 성매매 문제를 알리는 계기가 된 것은 미군 병사들의 시위였다. 미군은 '사이공 찻값 바가지를 없애라'며 업소 점거 집단 시위를 벌였는데, 내막은 매상을 높이기 위해 관례적으로 병사가 접대 여성에게 사 주는 찻값이 병사가 마시는 맥줏값보다 몇 배나 비싼 데 대해 병사들이 항의를 하고, 여성들이 병사의 업소 출입 금지를 요구한 것이었다(『조선일보』, 1966. 3. 2).

이러한 갈등 상황에서 외국 주둔군에게 베트남 여성의 성매매 금지를 입법화하자는 발의가 베트남의 시의원에 의해 제기되었다. 이 주목할 만한 사건은 국내에 "본국 여자 데려오라"는 제목으로 베트남 의원이 입법 발의를 했다는 내용으로 짧게 보도되었는데 기사의 전문은 다음과 같다(『조선일보』, 1966. 4. 22). 사이공 시의회의 '트란 반 간, 트란 킹 토아' 두 여성 의원은 "월남에 참전하고 있는 연합군 군인들에게 봉사할 여자를 각기 본국에서 데려오도록 하라고 요구, 그러나 이 제안은 실현성이 없다고 묵살되었다"는 세 줄 기사다. 미국은 베트남전에 본격적으로 개입하기 직전인 1965년 2월, 베트남에 주재하던 미군 가족을 모두 본국으로 송환시켰으며(『조선일보』, 1965. 2. 9), 군인들이 사이공 등의 도시와 일본, 타이완 등지에서 '휴식'을 취하며 전쟁을 수행하도록 했다(문석견, 1970: 20). 달러 수요를 기반으로 참전군의 '휴식'을 위한 공간이 범아시아적으로 형성된 것이다.

구술 자료에 따르면, 헌병으로 베트남에서 복무했던 한국 참전군은 베트남의 성매매 여성을 다음과 같이 표현한다.

> 우리는, VC(베트콩)가 속속 박혀 있으니까 자지 말라고 그래. 들은 얘긴데, 자다가 칼로 목을 따가기도 했었대거든. 보상금 타려고…… 남편은 돈 받고 여자는 손님 받고 애는 헌병대 오나 안 오나 보초 서고 그래. 헌병대는 티켓(허가증) 없는 놈을 잡으러 다니고. …… 나트랑만 해도 순전히 여자가 많기 때문에[5] 거기는 성관계하는 거를 부끄럽거나 그렇게 생각 안 해. 언니가 한국 사람이나 미국 사람하고 성관계를 했잖아, 그럼 동생한테 소개해 줘. 걔들은 한국 같은 예의가 없어. 있을 수 없는 일이지. 내가 성관계해서 좋으면, 돈 많고 팁도 잘 주고 하면, 지 동생한테 소개시켜 주는 거야. 그걸 보면

5 전쟁기 베트남의 인구는 1,500만 명으로 이 가운데 여성이 900만 명, 남성이 600만 명으로 여성이 남성보다 300만 명이나 많았다. 이에 대해서는 『조선일보』, 1966. 5. 13, "「사이공 창가娼街론」 공방"을 참조.

개들이 미개한 거여. 한국 사람하고 한 번 교제하면 그때 돈 5센트, 10센트도 주고 그랬지. 베트남 여자들의 기질은 순 사기, 야비하고, 우리가 능멸허지. 한국 사람은 시집 한 번 더 가는 것두 숭인디, 보는데서……. [질문: 베트남 남자들은 그런 여자들보고 헤프다, 이렇게 생각 안 합니까?] 근데 베트남 남자들은 그렇게 생각 안 해. 응, 가난해서 그려. 남편이, 저 한국군하고 자라 그려, 그런 나라여. 거긴. 헌병대가 오면 아들이 문을 세 번 툭, 툭, 툭 쳐(조○○와 필자의 인터뷰).

파월 국군의 구술은 남성 중심적일 뿐만 아니라 전후 모순적이다. 베트남 여성이 한국 여성과 같은 '예의'를 갖추지 못했다고 했을 때 그 '한국' 여성에는 기지촌의 한국 여성은 포함되지 않으며, 그가 예절을 모른다고 '능멸'하는 베트남의 성매매 여성은 자신도 인정한 바와 같이 가족의 생계를 위해 몸을 파는 '가장'이기 때문이다. 바로 '인정'과 '불인정'의 틈새에 '허위적 주체'인 한국 남성성이 불안하게 걸쳐 있다.

한국과 미국의 동맹, 그 연쇄고리인 한국과 베트남의 동맹 관계에는 이처럼 '여성 거래'가 포함되어 있었다. 그러면 연결 고리의 중심인 미국에서 베트남의 성매매 문제는 어떻게 논의되었을까? 1966년에 벌어진 '사이공 창가娼街론 공방전'이라 불리는 논쟁은 주전국이 베트남의 성매매 문제를 논하는 맥락을 보여 준다.

앞서의 '본국 여자 데려오라'는 베트남 의원의 시위가 보도된 지 보름 후인 1966년 5월 5일, 미국에서는 '사이공 창가娼街론 공방전'이 벌어졌다. 존스 홉킨스 대학에서 열린 국제 문제 토론회에서 비둘기파인 민주당의 제임스 풀브라이트James W. Fulbright 상원의원은 "사이공이 미국의 성매매 거리로 전락했다"고 규정했으며 이것이 창가론 공방전의 발단이 되었다(『조선일보』, 1966. 3. 3). 풀브라이트 의원은 미국과 중국 사이에 완충 지역으로 전 동남아 지역을 중립화하자는 의견을 낸 바 있는 외교위원회 위원장으로, 창가론 논쟁에서 미국인들이 뿌리는 달러로 인해 베트남인들이 인플레이션을 겪고 있음을 비판했다. 인플레이션으로 인해 베트남인들의 처자가 술집으로 내보내지며 미군을 위한 위안부로 팔리고 있다고 하며, 이러한 비극적인 매음 행위가 반미 감정을 유발한다고 경고했다. 반면 강경파인 로버트 맥나마라Robert S. McNamara는 이를 반박하며 "미국의 수도 워싱턴에도 창녀는 있다. 미군이 어떻게 월남인을 돕고 있는지를 간과해서는 안 된다"(『조선일보』, 1966. 3. 3)라고 격하게 비판했다.

'사이공 창가론 공방전'을 주목해야 하는 이유는 어느 당파가 베트남에 대해 우호적이었는가를 판단하기 위해서가 아니라 미국인들이 베트남전이 정치전이자 '심리전'이라는 사실을 자각한 사실과 논쟁이 발생하게 된 동기의 관련성 때문이다. 베트남에 대한 전면 참전을 개시했던 1964~65년 무렵, 미국은 베트콩이 소멸될 때까지 군사 공격을 멈추지 않는다는 '섬멸 작전search and destroy'을 취했었다. 그러나 섬멸 작전은 베트콩에게 은신처를 제공하는 베트남의 농민들과 베트콩을 격리시키는 데 한계를 보였고, 미국은 비로소 작전 실패의 원인으로 이제까지 소홀히 해 온 '대미 감정'이라는 심리적 요소의 중요성을 깨닫게 되었다. 풀브라이트의 주장은 바로 전시 성매매가 '반미 감정'을 자극하여 '국익'을 심각하게 손상시킨다는 점을 환기시켰다는 점에서 미국 사회에서 주목을 받았다. 초기에 베트남전을 지지했던 그는 1966년 무렵, 미국의 참전이 중국과 미국의 직접 충돌로 이어질 것을 우려하여 베트남을 완충 지대로 남겨둘 것을 제안했으나, 즉각 철군을 주장함으로써 전시 성매매의 단절을 주장하지는 않았다. 그러므로 점령 지역을 지속적으로 유지, 확보한다는 새로운 "평정 전략clean and hold strategy"(『조선일보』, 1966. 2. 11)과 그의 사이공 창가 비판론이 충돌하는 것은 아니었다 하겠다.

사이공과 기지촌은 표면적으로 보면 '달러' 수요를 기반으로 만들어진 성 침탈 시장이다. 그러나 그 연쇄 고리의 중심에는 냉전 시대에 벌어진 '열전'을 중지할 수 없다는 미국의 강한 전쟁 의지가 놓여 있었다. 그 의지는 1949년 중국 대륙에서의 패배, 1953년 한국전쟁에서의 '무승부'(박태균, 2005)[6]에 이어 베트남 전선의 형성으로 가시화되었으며, 이 전선은 미국에게는 중국과의 대결에서 더 이상 물러설 수 없는 마지노(도미노)선이었다. 최대한도의 상상력을 발휘하여 베트남을 '완충 지대'(분단)로 남겨 두려 했던 미국 내 비둘기파의 주장도 기지촌을 군부대의 '자연스러운' 일부로 '받아들이는' 원론적인 인식에 대해서는 언급을 회피했다. 이처럼 전시 성매매가 '당연시'되었다는 측면에서 볼 때, 한국 남성의 시각과 미국의 전시 성담론은 베트남인(여성), 기지촌 여성의 시선과 만날 수 없는 단방향의 '홑눈' 서사였던 것이다.

3. 파월 국군과 '베트콩'

여성이 전쟁으로 인해 국내/외적으로 분절적으로 재현된 것과 비교할 때 전장의 국군에 대한 이미지는 훨씬 통합적이다. 베트남 사람들의 한국군에 대한 인상은 체격이 좋다는 점으로 태권도를 잘하는 '팔뚝 굵은 한국군'이라는 이미지가 보편화되어 있었다(『조선일보』, 1966. 3. 15). 그러나 이런 외형적 특징과 달리 베트남인들은 한국을 대수롭지 않게 볼 뿐

6 한국전쟁은 발발 지점과 종전 지점(3 · 8선과 휴전선)이 동일하다는 점에서 보면, 누구도 승리한 전쟁이 아니었으며 미국은 들인 노력에 비해 성과가 없었던 전쟁이다. 반면 중국은 1954년 전후 처리를 위한 제네바 회담에 참가 자격을 확보함으로써 국제적 위상이 높아지는 정치외교적 소득을 얻었다. 한국전쟁에 대해서는 박태균(2005) 참조.

아니라 뒤떨어졌다고 생각했다. 베트남의 한인 교민이 전하는 베트남인들이 지닌 자부심의 근원은 다음과 같은 것이었다.

> (베트남인들은: 인용자 첨가) 징기스칸 이후에 황인종이 백인종을 철저하게 항복시킨 것은 호지명胡志明의 베트민 군대 하나뿐이었다고 생각하고, 이런 우월감은 공산주의자, 민족주의자, 학생, 노인 할 것 없이 다 뿌리깊게 갖고 있습니다. 즉 아시아에선 베트남 민족이 제일 우수하고 일본 사람들은 미국을 때려 부수지는 못했지만 선전 포고를 하는 용기는 가지고 있었다고 해서 일본 사람과 베트남과는 서로 벗이 될 수 있다고 생각합니다. 그래서 일본의 온갖 상품이 물밀듯이 들어오고 거의 일본 세계가 되어도 그들은 이에 대해서는 조금도 비판적이 아닙니다(양홍모 외, 1968: 193-194).

베트남인들의 자부심이 인종과 민족적 우월감에 기반하고 있다는 위의 설명처럼, 실제 한국군의 '도움을 받는' 베트남인들이 한국군을 대하는 데는 감사와 경멸이 공존했다. 파월 국군이 말하는 베트남인의 모습은 다음과 같다.

> 우리가 다낭항에 도착해서 짐을 푸는데, 우리가 싸간 라면이랑 쌀이랑 걔네들, 젊은 애들더러 나르라고 하면, 걔네들 말 잘 안 들어요. 이거 너희 주려고 가지고 온 거라고 해도 별로 안 좋아해요. …… 우리가 말보로 피우면 너희는 왜 미국 거 피냐고, 너희 꺼, 너희 나라 담배 피라고 그러거든. 너무 당당하더라고. 갈 테면 가라 이거지(윤○○, 필자와의 인터뷰).[7]

'자유의 수호자'를 자처하는 참전 국군은 베트남인들의 배외적인 태도를 의아해 했다. 십분 양보하여 베트남인들이 한국군이 미국의 요청에 의해 불려온 용병이기 때문에 이런 경멸적 태도를 보였다면 국군으로서도 납득할 여지가 없지는 않았겠으나, 이들의 미국에 대한 태도는 한국인으로서는 도무지 이해하기 어려운 것이었다. 베트남인들의 대미 감정이 한국인들에게 어떻게 받아들여졌는가를 보여 주는 일단의 내용을 보자.

> 월남 사람들의 대미 태도는 참 묘한 데가 있다. 미국의 신세를 누구에 못지않게 지고 있다. 따라서 미국을 좋아한다. 그러나 한편 미국을—미국 사람을—아주 멸시하는 것 같기도 하다. 누 여사[8]가 미국 장교들을 보고 '부잣집의 철부지 꼬마병정little soldiers of fortune'이라고 비웃은 적이 있다. 바로 이것이 많은 월남 사람의 대미 감정을 대변하는 것 같다. 즉 미국의 신세는 고맙지만 미국이 없어도 살아갈 수 있다는 배짱인 듯하다. 내가 느낀 월남의 불가사의 중의 하나가 바로 그들의 대미 감정이다(민영빈, 1963: 157).

베트남인들의 이러한 배외주의적 태도에 대해 황석영은 "민족적 문제를 해결하기 위해 싸우는 베트남 민중"(최원식 · 임홍배 엮음, 2003: 211)의 모습이라고 설명한다. 그는 국군의 베트남 참전을 식민지 시대에 조선인이 일본에 의해 말레이반도나 인도차이나로 끌려가 싸워야만 했던 일과 나란히 놓고 보아야 한다고 주장하는데, 그것은 참전을 '반공' 이데

7 증파안이 확정될 무렵, 참전자들의 반응을 검토하기 위해 '차출'과 '지원병'이 공존하던 1966, 7년의 파월 장병을 대상으로 인터뷰를 했다(인터뷰 일시: 2009년 10월, 서울).

인명	출생 연도	소속 부대	파월 기간
윤○○	1945년생(65세)	백마부대 28연대	1967. 10~1968. 11
조○○	1947년생(62세)	주월 26헌병대수색대	1966. 4~1967. 8
김○○	1944년생(64세)	맹호부대	1966. 4~1967. 6

8 고딘 디엠 대통령의 동생인 고딘 누의 부인. 누 여사는 디엠 정권 당시 정계의 2인자였다.

올로기가 아니라 '탈식민'의 관점에서 보아야 한다는 지적이다. 그의 주장처럼 국군을 미국의 이익을 대변하는 용병으로 본다면 참전의 명분은 무력해질 뿐 아니라 그 다음에 따라오는 절차는 달러를 벌기 위해 간다는 용병을 자인하는 과정이 될 것이다. 이러한 곤경에 빠지지 않기 위해 미디어는 베트콩이 '자유'를 위협하는 국군의 '적'이라는 점을 강조했으며, 그것을 각인하는 방법은 한국전쟁에 대한 기억을 소환하는 것이었다.

베트남전쟁은 밤을 빼앗는 전쟁이었다. '어둡기만 하면 뛰어 덤비는 베트콩'(『조선일보』, 1965. 1. 28)들은 밤에만 활동했으며, 일간지는 "도처에서 자유월남 정부를 괴롭히고" "국도와 철도를 폭파하고 무수한 양민을 학살"(여원 편집부, 1965: 222-223)하는 베트콩의 모습이 보도되었고, 국내 미디어는 먼 남국의 '적' 베트콩에 대한 실감을 돋우기 위해 그들을 '빨치산'으로 비유했다.

> 월남에 비전투 부대를 보낸 한국이면서 월남 사태를 어떻게 봐야 할지 '베트콩'의 성격이 어떤 것인지 잘 모르겠다는 사람이 많다. 만물상자의 의견으로는 월맹은 북괴로 보고 베트콩은 6 · 25때의 지리산 '빨치산'보다 그 규모가 큰 것으로 생각하면 대과 없을 줄로 아는데, …… 6 · 25 북괴 남침을 겪고 유엔군의 참군을 얻어 적화를 모면한 우리로서는 섣불리 월남의 미군 개입을 '내셔널리즘'의 입장에서 비평할 수는 없을 것이다(『조선일보』, 1965. 6. 12).

6 · 25의 기억을 소환하며 자유월남 정부와 남한 정부를 동일시하는 이 서사는 남북 간의 '휴전선'을 베트남의 임시 분단선인 '북위 17도선'으로 연장한다는 의미다. 그러나 아래 베트남 농민의 진술은 미디어가 일관되게 묘사해 온 '적' 베트콩의 모습에 균열을 일으킨다.

> 정부군(월남 정부군)이 우리 집에 올 때 우리가 쌀을 내놓는데도 그들은 우리의 닭을 훔쳐 간답니다. 베트콩이 올 때 우리가 닭을 내놓으면 그들은 이것을 거절하고 쌀을 달라 합니다(『조선일보』, 1965. 1. 28).

본래 이 기사는 농민을 수탈해 가는 정부군과 베트콩 모두를 고발하기 위해 씌어진 글이었다. 그러나 전후 내용을 읽다 보면 양자의 차별성이 드러나는데, 베트콩은 정글 속에서 쌀과 소금만을 먹으며 농민들과 같은 생활을 하는 반면, 정부군은 징병된 병사 신분으로 기회만 있으면 상관들이 하는 것을 모방하여 특권을 활용하는 자들이라는 점이다. 각각 '의사擬似 농민'과 '의사 관료'라는 상이한 유형으로 구분되는 것이다.

하나로 귀납되지 않는 '적' 베트콩에 대한 서사와 달리, 미디어에 보도된 베트콩의 시각적 이미지는 작은 체구에 남루한 복장으로 상대적으로 체격이 좋은 국군에게 발각되어 두 팔을 올리고 있거나 죽어 길에 널려 있는 시체 형상이었다. 홀(Hall, 1981)에 따르면, 사진의 기호학적 해석에서는 '뉴스 가치'로서 사진과 '이데올로기적 수준'에서의 가치를 지닌 사진으로 구분된다. 왜소하며 예측을 불허하는 베트콩의 형상은 홀의 지적처럼 전황을 알리는 '사실'이라기보다는 사악하지만 제압 가능한 적에 대한 국군의 우월함의 '상징'으로 기능했다.

그러면 이 베트콩들이란 실제로 어떠한 사람들인가? 한국이 전쟁에 깊숙이 발을 들여놓은 1968년, 특파원 심재훈은 베트콩을 설명하기 위해 토지혁명이라는 구체적인 예를 끌어 왔다(양흥모 외, 1968: 184-185). 그에 따르면, 베트콩은 결의문 ○○호에 의거해서 당일부로 토지를 무상으로 분배한다고 선언한 뒤 농민들에게 민족해방전선이 발행한 토지 분배 영수증을 나누어 준다. 지주들에 대한 재판이 끝나고 날이 새면 베트콩들은 물러가고 증서를 받은 이들은 쾌재를 부르지만 낮이 되어 정규군이 들어오면 상황은 반전된다. 정부군에 의해 토지문서가 백지화되는 과정이 밤과 낮에 따라 수없이 반복되다 보면 결국 단순한 농민들은 베트콩의 선전에 넘어가 "베트콩은 땅을 주고 정부군을 이를 도로 빼앗아 간다"(양홍모 외, 1968: 185)는 아주 순진한 생각을 하게 된다고 설명한다.

골수 베트콩이 이처럼 토지 분배의 주체로 인식되었던 반면, 일반인 사이에서 베트콩과 비베트콩의 차이는 뚜렷하게 구분하기 어려웠다. 월남의 게릴라들이란 원래 "형은 정부군에, 그리고 아우는 게릴라에 징발되어 있고 밤에는 부모와 함께 한 솥밥을 먹는"(윤종주, 1965: 325-326) 월남의 농민들이었기 때문에 이들은 전세에 따라 좌우되었고 그렇기 때문에 적과 아군으로 구분하기가 곤란했다. 심재훈은 이러한 베트콩의 다양한 프리즘을 '학鶴'의 비유를 들어 설명한다. 베트콩은 '동양의 학'으로, 상부는 붉은 사상을 가진 '인민혁명당'이지만 아래로 가면 외세에 반대하는 하얀 '민족주의'라는 것이다(양홍모 외, 1968: 180). 국군이 접하거나 처형했던 베트콩 가운데 다수는 이러한 농민들이었으며, 심재훈의 표현에 따르면, 그들은 외세의 개입에 반대하고 전쟁의 종식을 원하는 하얀 '민족주의'자들이었다.

이러한 '성찰적'인 시선은 전략적 실패를 경험하고 베트남전쟁에 대한 회의적 시선이 대두된 1968년 이후에 등장했다. 베트남 주재 한국 특파원들의 좌담회 내용인 "월남과 한국 문제" 특집(1968)은 정치 · 군사 · 사회에 걸쳐 총체적으로 논함과 동시에, 참전 경험에 기초한 비판적 시각이 투영된, 이른바 '획을 긋는' 논의였다. 특파원들은 먼저 국내의 보도가 전황을 사실대로 보도하지 않는다는 점을 비판했다. 이들은 『뉴스위크 *Newsweek*』와 같은 잡지들이 비판적 의견을 실음은 물론 현재 치러지고 있는 엄청난 격전에 대한 '실상'을 보도하는 것과 비교할 때, 국내에서는 아직 그런 보도가 이루어지지 않는다는 점을 문제삼았다. 이들은 국민들이 변함없이 "우리는 모두 잘 싸우고 있다, 무적한 군대로 승전만 한다고 그렇게 알고 있지만 결국 그 비율로 따져볼 때, 상당한 (인명) 손실을 보고 있다"(양흥모 외, 1968)라고 지적하면서 미디어가 국군 "○○사단 ○○○성을 석권", 혹은 흑백 논리에 기반하여 "베트콩 ○○명을 사살"과 같은 패턴을 반복하고 "50시간 보급 없이 싸우고", "총알 13발을 맞고도 끄떡없이 살아나"는 청룡과 맹호부대의 기적을 부각시키는 것을 문제삼았다(심재훈, 1967: 24-26). 이러한 비과학적인 보도로 인해 세계사적인 주요 전투를 놓치게 된 원인은 정부의 강압적인 보도 지침에 있었는데(강준만, 2004: 273), 마찬가지로 기자단은 정부가 "국민에게 우려를 끼칠 만한 보도를 너무 터부시하고 일방적으로 보도하도록"(양흥모 외, 1968: 200-203) 한 것을 비판했다.

〈그림 3〉 잡지 『세대』에 실린 파월 국군의 이미지(1964년 7월호: 260).

미디어, 특히 일간지는 파병에 영향을 미치거나 달러 획득에 차질을 빚을 만한 보도를 하지 않았다. 국내의 동원 효과만을 의식한 '기적을 낳는 맹호부대' 류의 보도는 여타 참전국과 베트남인들로부터 참전의 목적에 대한 의구심과 비난의 원인이 되었다. 현지인들은 태권도 하듯이 '싸움만 잘하는 한국군'이라고 냉소했으며, 국군이 용맹 과시에만 집착할 뿐 평화 정착을 위한 대민 사업을 소홀히 한다고 비난했다(양흥모 외, 1968). 한국을 방문한 적이 있다는 루카스 기자는 "맹호부대가 베트콩을 12명쯤 잡아가지곤, 옷을 다 벗겨 전 나체로 만들어서 팔다리를 자르고 선 채로 죽였다"는 정보를 듣고 이를 취재하기 위해 맹호부대를 항의 방문했고, "한국군은 잔인하며 민간인을 살해한다는 소문이 투서를 통해 대사관에 접수되어 대사관이 조사에 착수"했다고 한다(양흥모 외, 1968). 그러나 이러한 사실은 당시 국내 일간지에는 보도되지 않았으며 저널의 기자 간담회에서 다루어졌을 뿐이다.

무릇 전쟁의 수행은 단지 당국의 정책만으로 성공적으로 이루어지지 않는다. 이 말은 국민이 정서적으로 전쟁의 필연성에 동조하고 적에 대한 적개심을 불러일으킬 만한 계기, 혹은 동원할 가능성으로서 무엇인가가 존재해야 한다는 의미인데, 한국의 경우, 한국전쟁의 경험과 기억이 그 역할을 담당했다. 10대 유년 시절에 한국전쟁을 직 · 간접적으로 경험한 '냉전의 아이들children of the cold war'(윤충로, 2007)은 '공산당은 우리가 잘 안다'고 '6 · 25라는 공동의 기억'에 기반한 적대적인 상상과 선전을 들으며 자랐다. 한편, 김귀옥은 평화의 시대가 도래함으로써 일자리를 얻지 못했던 '6 · 25' 참전 장교들이 베트남전 '지원자'로 다수 참여한 사실을 지적하고(김귀옥 외, 2008: 262) 이들의 성향이 과도한 용맹의 원인이 되었다는 점을 설명한다.

이러한 역사적 경험의 차이로 인해 한국의 전후 냉전 세대와 미국의 냉전 세대의 행위 방식은 달랐다. 윤충로는 미국의 '냉전의 아이들'은 베트남전에 대해 '반전'을 외치며 국가를 비판할 수 있었으나, 한국의 냉전 세대는 한국전쟁의 경험과 '반공'이라는 이데올로기로 인해 고엽제의 피해자임에도 불구하고 전후는 물론, 당시에도 참전 자체를 비판할 수 없었다는 점을 지적한다(윤충로, 2007: 202). 이는 미디어라는 공적 담론 공간에서 '기적을 낳는 맹호부대'만이 허용되었다는 이 글의 분석과 상통한다. 그러면 이러한 '용맹'만을 부각시키던 미디어에 대해 참전 당사자들은 어떤 반응을 보였는지 구술 자료를 보자.

> 월남 있을 때는 아가씨들한테 인기 좋았지, 코티분도 보내 주고. 고향의 여자고등학교에 편지 보내서 한꺼번에 100통 받은 적도 있었어요. 그런데 귀국하니까 아가씨들이 도망 가. 월남 갔다 온 사람은 눈알이 빨갛다고 사람 백정이라고, [필자: 실제로 신문에 월남 사람을 칼로 찌르면서 고문하는 사진들이 실렸었거든요.] 아, 왜들 그래? 신문에서? 나중에 선볼 때는 월남 갔다 왔다는 거 속이구 했어요(조○○와 필자의 인터뷰).

참전 당사자는 미디어의 과장된 보도에 당혹해 했다. 참전 사실을 숨기고 결혼한 뒤 기형아를 낳고 나서야 자신이 고엽제 환자라는 것을 알게 된 조○○의 생애사는, '월남에서 돌아온 새카만 김상사'가 돈 많은 1등 신랑감이라는 유행가의 이면에 가려진 전쟁 피해자의 고통을 보여 준다. 언론은 전황만이 아니라 베트남 국민들의 한국 정부와 한국인에 대한 악감정을 보도하는 것 역시 통제했다(양홍모 외, 1968: 189-190). 그로 인해 국내에서는 한국 정부의 성급한 '국익' 위주의 정책이 빚은 베트남인과의 갈등을 이해할 수 없었다. 베트남인들은 파병과 함께 기술자를 파견한 한국 정부에 대해 심한 거부감을 표하며 "한국군이 피흘린 값에 대한 보답은 우리가 이미 다 한 줄로 안다. 1만여 명의(1966년 시점: 필자 첨가) 이른바 노동력이 여기 와 있지 않느냐?"(양홍모 외, 1968)고 반문하며 이들이 자신들과 일자리 경쟁을 벌이는 불도저 조작이나 하역 수송, 건설 노무자 같은 반숙련 노동자라는 점을 지적한다. 이들은 "(반숙련) 노동력을 우리나라에 더 머물게 함으로써 미국 사람들의 달러[9]를 벌어갈 생각은 말아야 한다"(양홍모 외, 1968: 190)고 한국 정부를 비난했다.

담론 영역에서 베트콩을 베트남 농민의 배외주의와 연결지어 사유한다는 것은 참전 담론을 단지 승전에 국한하지 않고 베트남 민족주의에 대해 열어놓고 사유한다는 것을 의미한다. 국내에 이러한 성찰적인 관점이 전무했던 것은 아니며 참전이 대세로 자리잡기 전인 1963년 전후와 1968년이 그 시기였다. 일찍이 기자 조세형은 베트남의 문제를 '내정 간섭'이라는 관점에서 볼 것을 주장하면서 베트남 참전이 베트남의 농민과 집권당, 그리고 집권당과 미국과의 관계를 검토해야 하는 '민주'의 문제라고 통찰력 있게 지적한 바 있다(조세형, 1963: 109). 1968년 무렵, 베트콩의 '구정 대공세' 이후에 미국 내의 철군 요구와 남한의 김신조의 청와대 습격 사건 등(박태균, 2005: 34), 국내의 안보 위협이 고조되고 참전의 명분이 약화되자, 정부의 참전 정책에 대한 비판, 희생자 가족의 불만이 가시화되었으며 베트남전쟁을 '민주, 민족'적 관점에서 이해하는 태도가 미약하나마 확산되었다. 베트콩에 대한 이미지가 '민족주의자'로 재해석된 것은 그 무렵이다. 정부는 이러한 변화에 상응하여 1966, 7년 무렵부터 파병으로 인한 '달러' 획득 효과를 강조하고 처우 개선을 약속했는데, 그것은 실제로 효과를 발휘하여 종래의 군대 '차출'보다 '지원병'이 더 많아지는 현상으로 나타났다(김우성, 2005).

분석을 정리하면, 남성 베트콩에 대한 재현 이미지는 참전 국군의 남성성과 역비례하는 관계에 놓여 있다 하겠다. 베트콩은 한국군의 남성성이 강화되면 약하고 사악한 모습으로, '자유의 수호자'라는 참전 명분이 도전받으면 배외적인 '민족주의자'로 재현되는 경향을 보였다. 분석을 통해 발견한 점은 재현 이미지의 유동이 성별에 따라 젠더화되어 있다는 점이

9 한국이 참전과 노동자 수출을 통해 군인·노동자가 받은 봉급과 현지 한국 기업의 사업 수익까지 합하면 10억 달러 이상의 외화를 벌어들였으며 이 돈은 2,3차 경제개발 5개년계획의 주요 재원이 되었다("피와 바꾼 달러, 가난 탈출의 종자돈으로," 『조선일보』 2008. 7. 4: 6면).

다. 베트남 여성은 전황과 무관하게 성적 대상인 '아오자이'로 일관되게 재현된 반면, 남성 베트콩은 전황과 참전 전략에 따라 변화함으로써, 미국의 참전 정책에 대한 국내의 인식과 재현이 연동되어 있다는 점을 보여준다.

4. 맺음말

참전기 미디어의 보도는 국시國是인 '반공'에 충실했다. 정부 지침에 따라 무오류의 강한 한국군이라는 이미지가 유통되었고, 그와 동시에 성적 지배의 대상으로서 베트남 여성, 그리고 왜소한 베트콩 남성이라는 이미지가 만들어졌다. 한국 중심적인 이러한 재현은 베트남의 여성을 전쟁의 피해자라기보다는 성애화된 지배의 대상으로 재현된 남성 중심적인 것이었다. 그러나 이러한 재현의 주체인 한국 남성성은 미국이라는 냉전의 실질적 중심에 의해 흔들리는 불안한 것이었다. 이 '주체'는 자신의 시야 속에서 한국의 기지촌 여성의 존재는 지워버림과 동시에 전장의 전시 성매매를 둘러싸고 미군 병사와 '남성성'을 겨루어야 하는 딜레마에 처한 존재, 곧 '허위적' 주체였기 때문이다.

전시 베트콩에 대한 미디어의 재현은 한국과 베트남의 여성을 '분절적'으로 재현한 것과 달리, 전황과 전략이라는 요인에 의해 변화하는 양상을 보였다. 참전 초기에는 '6 · 25의 빨치산'과 동일시되다가 1968년을 전후하여 전쟁에 대한 회의가 확산될 무렵에는 민족주의적 성향을 지닌 농민으로 재현되는 양상을 드러냈다.

이상의 젠더화된 이미지 재현은 한국 정부의 보도 지침과 긴밀한 관련을 지녔다. 참전 시기 한국 정부는 '월남 파병에 영향을 줄 내용을 제한하'라는 지침을 내려 '사실'의 보도보다는 전승戰勝을 강조하여 '기적을 낳은 맹호부대' 이미지를 부각시키도록 했는데, 이 글에서는 이러한 정부의 지침과 함께, 미디어의 전장 재현에 영향을 미친 잠재적 요인으로 '한국전쟁의 부정적 유산'을 주목했다. 한국의 냉전 세대들이 지닌 이른바 '빨갱이는 우리가 잘 안다'는 보편적 심리와 6 · 25 참전 장교의 베트남 참전 사실이, 참전 시기에 평화를 위한 참전이라기보다는 전승만을 목적으로 한 맹목적 용맹 과시와 그 재현에 영향을 미쳤다고 본 것이다. 바로 이러한 '반공'의 틀을 벗어날 수 없는 이데올로기적 한계가 베트남전을 대하는 미국과 한국 냉전 세대 간의 태도의 차이를 야기했다. 한국의 참전자들은 반전 운동을 전개한 미국과 달리, 고엽제라는 국가 폭력의 피해자임에도 '반전'을 주장하지 못하고 '반공'의 테두리 안에서 '용맹한 희생'만을 부각시켜야 했다.

한국, 베트남과 달리 주전국 미국에서의 성담론은 미국의 베트남전 전략의 변화에 따라 변화했다. 1966년, 미국에서 벌어진 '사이공 창가 논쟁'에서 온건파는 미국이 달러를 살포함으로써 베트남 여성이 계속 군인에게 성을 팔게 될 경우 반미 감정이 악화된다는 우려를 표했다. 반면 강경파는 성매매는 개인의 선택일 뿐이므로 관여할 필요가 없다고 반박했으나 양자는 모두 즉각 철군을 통한 성 침탈 중지를 주장하지는 않았다. 온건파의 주장이 제기된 시점은 1966년, 미국의 대對베트남 전략이 기존의 '섬멸 전략'으로부터 '평정 전략'으로 선회한 시점이다. 미국이 전략을 수정하게 된 계기는 베트남전이 '무기전'이 아니라 '심리전'이라는 미국인의 자각에 있었는데, 온건파의 주장 역시 심리전이 전쟁을 수행하는 데 중요하다는 맥락을 강조한 점에서는 일치했다. 이러한 맥락을 고려할 때, 온건파의 주장은 심리전의 중요성을 강조한 미국 내 위기감의 산물이지 결코 베트남 여성의 인권을 위한 자성이 아니었다고 하겠다.

이와같이 한국과 미국의 전장 베트남 여성에 대한 재현은 공통적으로 '성 침탈' 자체를 비판하지 않고 '국익'의 이름으로 행해진 남성 중심적인 것이었다. 단지 그 재현의 방식만이 다를 뿐, 주전국 미국에서는 '전략'에 따라, 미국의 '약한' 동맹국인 한국에서는 베트남인의 성별에 따라 상이한 재현 방식을 드러냈다. 미국과 베트남 사이에서 '원정'과 '용병' 정체성 사이에서 균열을 겪어야 했던 한국 남성성은 참전의 명분이 강화되거나 약화됨에 따라 '적'으로서의 베트콩이 '민족주의자'로까지 해석되는 진폭을 보였다. 반면, 베트남 여성은 미군에 대한 한국군의 남성성을 확보하는 기제, 곧 '성적 지배'의 대상으로 재현됨으로써 양자는 모두 한국 남성성이라는 '허위적 주체'의 주체 욕구를 투사하는 대상으로 기능했다 하겠다.

참고 문헌

강준만(2004), 『한국현대사 산책 1960』, 서울: 인물과사상.

구상(1997), 『造化 속에서』, 서울: 미래사.

권명아(2005), "태평양전쟁기 남방 종족지와 제국의 판타지," 상허학회, 『상허학보』, 14: 327-361.

김귀옥(2008), 『전쟁의 기억 냉전의 구술』, 서울: 선인.

김우성(2005), 『베트남 참전 시기 한국의 전쟁 선전과 보도』, 서울대학교 대학원 석사학위 논문.

레이 황(2009), 『장제스蔣介石 일기를 읽다』, 구범진 옮김, 서울: 푸른역사.

문, 카트리나 H. S.(2002), 『동맹 속의 섹스』, 이정주 옮김, 서울: 삼인.

박진임(2008), "베트남 여성이 다시 쓰는 베트남전쟁: 미국 작가들의 베트남전쟁 소설과의 비교를 통한 르 리 헤이슬립의『하늘과 땅이 바뀌었을 때』연구," 한국미국사학회,『미국사연구』, 28 : 207-239.

박태균(2005),『한국전쟁』, 서울: 책과함께.

_____(2007), "한국군의 베트남전 참전," 역사문제연구소,『역사비평』, 80 : 288-311.

심재훈(1967), "베트남전쟁의 보도: 한 한국 특파원의 반성," 한국언론진흥재단,『신문과 방송』, 24 : 24-27.

야마모토 쯔요시(1984), "1 · 2차 경제개발계획과 고도성장의 문제점," 김성환 · 김정원 · 김세진 · 허버트 P. 빅스 · 山本剛士 · 寺尾五郎 · 한일관계연구회 엮음,『1960년대』, 서울: 거름.

오고시 아이코(2009),『근대 일본의 젠더 이데올로기』, 전성곤 옮김, 서울: 소명.

윤인진(2008),『코리안 디아스포라』, 서울: 고려대학교출판부.

윤충로(2007), "베트남 참전군인의 집합적 정체성 형성과 지배 이데올로기의 재생산," 한국산업사회학회,『경제와 사회』, 76 : 196-221.

응웬 레 투(2005),『황석영 문학에 나타난 베트남전쟁』, 성균관대학교 대학원 석사학위 논문.

정근식(2008), "검열에서 선전으로: 일제하 조건에서의 베트남 담론의 추이," 한국사회사학회,『사회와 역사』, 80 : 71-107.

조심선희(2006), "섹슈얼리티," 여성문화이론연구소,『여/성 이론』, 14 : 227-240.

진, 하워드(2001),『미국민중저항사 2』, 조선혜 옮김, 서울: 일월서각.

최원식(1988), "민족문학과 반미문학,"『창작과비평』, 62 : 77-93, 서울: 창작과비평사.

_____(1997), "한국 소설에 나타난 베트남전쟁,"『생산적 대화를 위하여: 최원

식평론집』, 서울: 창작과비평사.

최원식 · 임홍배(2003), 『황석영 문학의 세계』, 서울: 창작과비평사.

황석영(2003), 『무기의 그늘』, 서울: 창작과비평사.

후루타 모토오古田之夫(2008), 『베트남의 세계사: 중화세계에서 동남아시아 세계로』, 박홍영 옮김, 청주: 개신.

文錫熞(1970), "越南戰爭特別需求對亞洲各國之經濟影響," 行政院外匯貿易審議委員會, 『國際貿易月刊』, 15(5): 20.

王文豊(2008), "試論美國新聞媒介對約翰遜政府越南政策的影響," 濟南大學, 『濟南大學學報(社會科學版)』, 18(4).

王子冲 編著(1968), 『越南戰爭』, 臺北: 紅豆書局,

Enloe, Cynthia(1991), "A Feminist Perspective on Foreign Military Bases," in Joseph Gerson & Bruce Richard(eds.), *The Sun Never Sets: Confronting the Networks of Foreign U.S. Military Bases*, Boston: South End Press.

Hall, Stuart(1981) "The Determination of News Photographs," in S. Cohen & J. Young(eds.), *The Manufacture of News: Social Problems, Deviance and the Mass Media*, London: Constable.

Heyslip, Le Ly(1986), *When the Heaven and the Earth Exchanged*, London & Sydney and Auckland: Pan Books.

잡지 및 신문 기사 자료

김정승, "고국故國의 아가씨들에게," 『여원』, 1966년 5월호.

노종호, "미군 주둔지역의 생활 점묘," 『사상계』, 1965년 10월호.

민영빈, "내가 본 월남혁명," 『사상계』, 1963년 12월호.

송건호, “동남아 여성의 이모저모,” 『여원』, 1966년 3월호.
양흥모 · 이석열 · 조순환 · 심재훈 · 이도형 · 장두성, “월남과 한국문제 : 특파원 들의 증언 · 전쟁과 평화,” 『사상계』, 1968년 1월호.
여원 편집부, “국군이 파견된 월남전,” 『여원』, 1965년 12월호.
윤명중, “월남의 여인,” 『여원』, 1965년 7월호.
윤종주, “베트공은 아무데도 없다. 그러나 어디에나 있다,” 『세대』, 1965년 3월호.
이철범, “역사와 함께 기록된 능선의 비극 : 6 · 25 전쟁문학의 지적도,” 『세대』, 1964년 6월호.
이추림, “전화 속의 월남 여성들,” 『여원』, 1966년 12월호.
조세형, “베트남 사태와 미국의 입장 : 공산 위협하의 수원受援국에 대한 수원授援국의 개입 한도,” 『사상계』, 1963년 10월호.
지상건, “달빛 속에서,” 『여원』, 1966년 12월호.

“월남전선 25시,” 『조선일보』, 1965년 1월 28일자, 3면.
“주월 미군가족 오늘 철수 개시,” 『조선일보』, 1965년 2월 9일자, 1면.
“만물상,” 『조선일보』, 1965년 6월 12일자, 2면.
“월남정상회담에서 제시된 平定 계획,” 『조선일보』, 1966년 2월 11일자, 2면.
“사이공 바에 보복 미병들 출입금지 조처,” 『조선일보』, 1966년 3월 2일자, 3면.
“전 동남아 중립화를 제의-미- 중공군 철수 전제로,” 『조선일보』, 1966년 3월 3일자, 1면.
“월남에 비친 코리어 코리언,” 『조선일보』, 1966년 3월 15일자, 3면.
“本國女子 데려오라- 越南女議員들 外軍에 요구,” 『조선일보』, 1966년 4월 22일자, 2면.

글로벌 시대의 장소와 예술 실천:
동두천 작업을 중심으로*

김영옥

한국 미술계는 1990년대 이래 양적으로나 질적으로나 주목할 만한 변화와 성장을 경험했다. 경제와 정치, 그리고 사회 분야에서 다양한 변화를 추동시킨 지구화는 예술의 경우 대규모 국제 미술제나 국공립, 또는 사립 미술관들의 건립을 촉진시켰고 갤러리와 옥션, 그리고 아트 페어를 정기적으로 방문하는 컬렉터들을 탄생시켰다. 1995년 〈광주 비엔날레〉가 설립된 이래로 2000년 〈미디어 시티 서울〉이, 2002년 〈부산 비엔날레〉가 출범했으며, 1995년 〈베니스 비엔날레〉에는 '상설 한국관'이 건립되었다. 이와 함께 90년대 후반부터 작가나 이론가들 중심으로 '루프'나 '풀', '프로젝트 스페이스 사루비아 다방', '섬' 등 대안 공간이 설립되고, 레지던시와 진흥기금의 확장이 눈에 띄는가 하면, 국제 교류 또한 활발하다. 2000년에는 '인사미술공간'처럼 제도권이 지원하는 대안 공간까지

* 이 글은 『여성학논집』 제27집 1호(2010)에 게재된 논문 "지구화 시대 개입으로서의 예술 실천과 장소의 문제: 동두천 작업을 중심으로"를 수정 · 보완한 것이다.

생길 정도로 미술의 세계화는 적극적으로 추진되었다. 미술계의 이러한 변화 과정을 바라보는 시선은 단일하지 않다. 한국의 미술계가 이제 국제 미술계에서 어떤 '동시대성'을 획득했다고 보는 긍정적인 시선이 있는가 하면(정헌이, 2007: 10), 현재 한국의 문화 정책을 특징짓는 '문화 민주주의적 예술효용론과 문화입국론', 그리고 그와 병행하여 '패턴화하고 요식화한 문화기획 담론들'은 오히려 "무용성과 무위와 침묵 그리고 비평과 전복으로서의 예술은 점차 눈을 씻고도 찾아보기 어려운 상황"이 되도록 만든다는 비관적인 해석도 있다(성완경, 2007: 36). 예술 생산과 유통 과정의 사회경제적 · 정치적 차원은 점점 지워버리면서 산업 차원에서 평등과 효율성, 국제적 수준을 강조하는 것은 궁극적으로 문화예술의 존재 의미를 위협할 수 있기 때문이다.

그러나 미술계의 이러한 변화는 비단 한국 사회에만 해당되는 것은 아닐 것이다. 지구화는 각 지역에서 지구적 차원과 지역적 차원이 공존하게 만들었으며, 이것은 특히 문화예술의 경우 지역의 경험과 사유를 바탕으로 국제적으로 발언하고 대화할 수 있는, 혹은 대화해야만 하는 어떤 가능성과 당위성을 동시에 촉발시켰다. 넓게는 지구적 맥락 속에서 열리는 수많은 비엔날레, 그리고 좁게는 도시 발전전략으로 도모되는 공공미술 프로젝트들은 국내외적으로 내세울 만한 도시를 향한 국가 혹은 도시 지역의 욕망을 가리킨다(Stallabrass, 2004; Montgomery, 2007). 오늘날 국제화된 문화 환경 속에서 점점 강조되는 문화 다원주의는 한편으로는 지역 정체성을 중요한 문화 교류의 지표로 삼는가 하면, 지역 정체성 자체를 표준화된 국제적 관점에 끼워 맞추라고 강요함으로써 모든 지역을 동질적인 공간으로 변형시키는 결과를 낳기도 한다(Morgan, 2000). 이러한 현상은 뉴욕을 비롯한 전 지구적 미술 교류의 중심지에서 작동하는 시장 논리에서는 말할 것도 없거니와 지역의 특수한 역사성에 기초해 건립한 비엔날레들에서도 예외 없이 발견된다. 이와 관련해 광주, 이스탄불, 요하네스버그, 중국의 도시 등 후기외상적post-traumatic 혹은 후기독재적 post-dictatorial 특성을 지닌 지역에서 개최되는 비엔날레들에서조차 이러한 현상들이 점차 지배적으로 되는 것에 대해서는 우려의 목소리가 높다. 동시대 공간의 이러한 탈역사화를 두고 오쿠이 엔위저Okwui Enwezor는 2007년 이스탄불 비엔날레에서 다음과 같은 질문을 던지고 있다. "동시대 공간은 모든 역사적 조우의 장소를 변형하라는 끊임없는 요구에 단련이 되었는가? 죄책감과 속죄를 구하는 용서의 우둔한 집단화를 향한 양가兩價 감정 속에서 역사와 무관하게 되었는가? 이로 인해 집단적 책임의식이 터무니없이 퇴색되어 역사적 고찰이 불가능한 상태가 되었는가? 의식하지 못한 채 역사적 기억의 강탈을 위한 장소가 되어버렸는가?" (Enwezor, 2007: 387-388, Kortun, 2007: 90에서 재인용) 비엔날레의 경우 이것은 물론 지구적 맥락의 도입을 통해 특정한 역사적 장소에 대한 비판적 관점을 획득하고자 하는 초기의 욕구에 의한 것이었을 수 있다. 그러나 문제는 역사적 장소의 재점검이 이루어지기 전에 거대한 자본의 논리에 의한 상업화가 먼저 일어난다는 사실에 있다. 결과는 기억의 결핍과 그에 따른 '장소의 복사'다(Kortun, 2007: 89).

미술계와 미술 시장이 위치하고 있는 이러한 전 지구적 맥락과 국내의 변화를 보면서 성완경은 미술의 제도와 사회정치적 · 문화적 맥락을 한데 아우르는 '개념주의적 조망'을 제안한다.

> 여기서 무엇보다 핵심이 되는 것은 한국 사회에서 근대화의 특수한 조건을 올바로 보는 일이다. 한국 사회라고 하는 장소적 · 시간적 구체성과 지역성의 문맥 속에서 근대화의 속도와 균열, 그 충돌과 모순, 차이와 다양성의 지점들을 드러내고 문맥화하는 것이 필요하다. 이 같은 문맥화의 충실도가

한국 미술의 지역성과 세계 문화의 보편성과의 연결 그리고 한국 미술의 새로운 정체성에 대한 모색의 과제에 있어서 가장 핵심 사안이 될 것이라고 본다(성완경, 2007 : 43).

현재 우리가 만나는 제도로서의 미술 세계는 한국 사회의 근대화 과정에 대한 천착 없이는 제대로 이해될 수 없다는 것이 그의 논점이다. 미술 세계라는 제도의 안과 밖에 동시에 위치해서 그 제도화 과정 자체 역시 성찰적 조망의 대상이 되게 하자는 그의 제안은 예술의 실천과 평가 체계, 유통 과정을 구체적인 역사적 맥락 속에서 파악함으로써 미학 체계 자체를 새롭게 구성하고자 노력해 온 페미니스트들에게는 낯설지 않은 것이다. 그러나 당위성이 실천을 담보하지는 않는다. 한국 사회에서 이러한 시도들의 역사는 짧으며, 특히 그 역사적 맥락에서 젠더가 얼마나 중요한 요소인가를 논의하는 일은 여전히, 반어적으로 말하자면, 일종의 게토화된 '다문화적 다양성'의 부가 항목으로 남아 있다. 1999년부터 2005년까지 총 3회에 걸쳐 여성문화예술기획이 주관한 〈여성미술제〉는 이러한 현실적 한계에 도전하며 지구/지역의 역동적 관계를 여성 주체의 위치에서 재구성하고자 한 시도였다.[1]

이 글에서는 이러한 맥락 속에서 포스트식민[2] 분단 한국의 정치경제, 사회문화가 가장 특징적으로 새겨져 있는 '동두천'과 관련된 두 개의 아

1 페미니스트 문화예술기획자들과 작업자들, 평론가들이 모여 구상한 여성미술제는 3년에 한 번씩 열리는 것으로 기획되었다. 그동안 제1회 여성미술제 〈팥쥐들의 행진〉(1999), 제2회 여성미술제 〈동아시아 여성과 역사〉(2002), 제3회 여성미술제 〈판타스틱 아시아 – 숨겨진 경계, 새로운 관계〉(2005)가 개최되었다. 그러나 안타깝게도 2005년 이후 여성미술제는 더 이상 이어지지 않고 있다.

2 Post-colonial에서 post는 후기와 탈脫의 양가적 의미를 띤다. 대개의 경우 post-colonial에서는 이 두 가지 의미가 서로 긴장된 상태에서 공존한다. 따라서 이 연구에서는 '포스트식민'이라는 용어를 주로 사용하면서, 해체와 극복의 의미가 강조되는 맥락에서는 탈식민이라는 용어를 병행해서 사용한다.

트 프로젝트를 살펴보고자 한다. 이 두 개의 프로젝트는 '지역적 맥락에 기반을 둔 예술 실천'의 한 예로서 한국 "근대화의 속도와 균열, 그 충돌과 모순, 차이와 다양성의 지점들을 드러내고 문맥화"하는 좋은 예가 되고 있다. 또한 이 두 개의 프로젝트와 더불어 우리는 한국의 근대화 과정이 민족주의적 국가주의와 가부장제 그리고 포스트/식민 (군사)문화, 젠더 등 다양한 요소들의 상호 교차적intersectional 침투 속에서 이루어졌음을 심미적으로 성찰할 계기를 갖게 된다. 동두천은 해방 이후부터 현재에 이르기까지 한국이라는 국민국가 내부에 존재하는 지구적 외부로서 다문화의 면모를 띠어 왔다. 특히 현재 지구화와 더불어 구 러시아 지역과 필리핀 등지에서 이곳의 클럽으로 유입되어 온 여성들은 동두천의 역사를 더욱 다중적/다문화적으로 전개시키면서 포스트식민/여성주의적 관점의 심화를 요구한다. 이 연구는 이러한 동두천 지역을 미학적으로 탐색하는 두 개의 작업을 통해 지구화 시대 사라지는 지역의 역사성을 지켜낸다는 것이 무엇인지, 역사적 기억으로서 예술 실천은 당대 어떤 모습으로 가능한지, 여전히 식민화된 민족 정체성이 강하게 작동하는 지역 내부에 들어와 있는 지구적 외부를 탈식민의 관점에서 사유하는 것은 어떻게 가능한지 등을 성찰할 것이다. 그리고 이러한 성찰을 시도하면서 이 연구는 젠더와 기억, 그리고 재현의 방식을 질문하는 여성주의적 문화정치학의 입장을 견지한다.

이를 위해 이 연구는 우선 1960년대 이래 본격적으로 진행되어 온 한국 현대 미술의 역사적 흐름을 간단히 살핀 다음 '동두천'이라는 지역의 정치경제적 · 사회문화적 맥락을 섹슈얼리티를 중심으로 점검한 뒤, 두 개의 아트 프로젝트를 구체적으로 분석할 것이다.

1. 한국 현대 미술의 흐름

성완경(1999)은 세계 미술과의 관련 속에서 한국 미술의 흐름을 살펴볼 때 가장 의미 있는 지점으로 다음의 세 시기를 언급한다.[3]

첫째, 1960년대 말에서 70년대 초의 아방가르드적 실험 미술의 시기

둘째, 1980년대 민중 미술의 등장과 반反모더니즘의 기류

셋째, 1980년대 말에서 90년대 초의 포스트모더니즘 논쟁의 시기

1960년대 말에서 70년대 초는 아방가르드적 실험 미술이 활발했던 시기로서 행위 예술적, 개념 미술적 성격이 강한 많은 예술 시도가 있었다. 이러한 시도들은 그러나 모노크롬 류類의 백색 미학이 헤게모니를 구축하게 되면서 거의 흔적 없이 사라지게 된다. 예를 들어 이우환이 그 중심에서 있는 백색 미학은 서구의 후기 미니멀리즘적 개념 미술이 일본을 거쳐 한국에 수입된 상태에서 또다시 한국적 서정성이라는 형식주의 미학으로 절충된 결과 탄생한 것이다(성완경, 2007). 서구화가 곧 근대화였던 한국에서 현대 미술은 서구의 그림 즉 '서양화'의 도입과 번역으로 시작되었다. 식민 근대의 공간에서 일본을 경유해 도입된 한국 화단의 '서양화'는 서구 모더니즘의 전범을 따라 형식적 성찰의 면모를 강조하는 한편, 식민 이전 시기의 '한국화'인 수묵화와 문인화의 전통에서 '일본화'와 구별되는 '한국적 회화 양식'의 본질을 발견하고자 한다. 한국 사대부 문인화의 전통과 서구 추상표현주의를 혼합해 만들어낸 이러한 백색 회화는 미술 진영에서 일었던 일종의 탈식민 노력의 결과였다. 즉 가장 전통적인 것으로 간주된 문인화와 가장 현대적인 것으로 간주된 추상화가 만나 한국식 추상화의 양식을 빚어낸 것이다. 한국식 추상화의 바탕에 깔려 있는

3 세 시기에 대해 이어지는 논의는 성완경의 글을 참조하면서 전개시킨 것이다.

민족주의와 서구 지향성, 그리고 가부장성은 당시 출현했던 다양한 행위 예술적이고 개념 미술적인 시도들만 사라지게 만든 게 아니라, 천경자처럼 다양한 색채로 다양한 형상을 표현하는 여성 미술 역시 전혀 주목받지 못하게 만들었다(신지영, 2008). 한국이라는 지역의 생활문화사적 · 예술사적 맥락에 대한 성숙한 토론 없이 식민의 상징 권력 체계 속에서 이식된 서구 미술의 이념과 (가부장적 계층 구조를 반영하는 사대부) 문인화 전통의 이러한 접합은 이후 한국 화단에서 생산과 유통, 수용을 포함하는 각각의 예술적 실천이 '포스트식민 한국'이라는 시공간에 제대로 자리매김될 수 있는 상징 질서 체계의 맥락이 부재하는, 혹은 존재하더라도 매우 미약하게만 존재하는 상황을 낳았다. 그리고 이것은 특히 미술 교육의 현장에서 더욱 심각하게 드러난다(강성원, 2004; 정현이, 2004). 이와 같은 한국 화단의 미학적 · 정치적 맥락 속에서 여성들은 '여성으로서 여성의 경험을 여성의 언어로' 표현한다는 의식을 갖기 힘들었으며, 여성적 주체의 표현 양식을 담고 있는 작품들 또한 그에 합당한 평가나 이해를 받기 힘들었다.

미술계의 이처럼 부조리한 환경은 1980년대에 태동하고 전개되었던 민중 미술의 모더니즘 이해에서도 매우 징후적으로 드러난다. 민중 미술은 서구 모더니즘의 편향된 이해를 비판하면서 예술의 지역적인, 다시 말해 문화정치적이고 역사적인 맥락을 중시했다. 구체적인 지역성에 천착함으로써 예술의 자기 정체성을 질문하는 한편 소통으로서의 미술 기능을 회복하고자 노력했다는 점에서 민중미술운동은 탈식민적 근대성의 면모를 강하게 보여 주었다. 그러나 민중미술운동이 스스로를 반모더니즘 운동으로, 즉 모더니즘의 대립으로 간주했다는 점에서도 잘 나타나듯이 민중미술운동은 미술과 현실 사이의 관계를 지나치게 비변증법적인 것으로 이해했다. 직접 화법으로 제시된 현실 발언은 사회 변혁운동과 미술운동 사이의 차이점을 지워버림으로써 미술 행위의 자율성과 존재론 자체를 뒤흔들게 된 것이다.

서구에서 심미적 근대성은 근대화의 기획과 그 실행 과정에 내재해 있는 모순과 갈등을 첨예하게 드러내면서 모더니즘 내부에서 강력한 비판적 시각을 유지했다. 무엇보다도 형식 실험을 통해 미학 체계뿐 아니라 사회 전반을 주조하는 이데올로기적 제약과 규범의 틀을 반성적으로 비판 · 해체함으로써 모더니즘을 넘어서는 관점을 확보할 수 있었다. 모더니즘 내부의 강력한 모더니즘 비판이었던 것이다. 그러나 위에서도 언급했듯이 1960년대 말에서 70년대 초 한국 미술계에서 일었던 다양한 아방가르드적 실험 미술 행위들은 자생적이지 않은, 다시 말해 한국의 포스트식민 근대성의 맥락 내에서 그 맥락의 구체적 현상들을 비판적으로 성찰하고 표현해내기보다는 외재적 형식 논리에 따르는 경향이 강했다. 이런 상황에서 지역의 역사적 현실을 문화정치학의 핵심으로 간주하는 민중미술운동은 심미적 근대성과 왜곡된 근대화를 손쉽게 동일시하게 되었다. 식민 경험을 존재론적 구성 요소로 가질 수밖에 없는 한국 현대 미술이 탈식민 관점과 심미적 근대성을 동시에 확보하기 위해서는 지역의 역사적 현실에서 출발하는 민중 미술과, 형식적 실험을 예술의 핵심으로 생각하는 아방가르드 미술이 서로 생산적인 대화를 나누며 상대방을 자신의 진정한 타자로 발견 또는 인정하는 과정을 거쳤어야 했다. 그러나 냉전 시기 분단 국가로서 당시 한국을 지배했던 독재적 정치 환경 속에서 미술계는 역사적 현실과 미학적 형식 논리의 관계를 두고 지속적으로 치열한 논쟁을 벌이는 데까지 나아가지 못했다. 역사에 대한 고민을 자체 검열 없이 표현하는 것 자체가 쉽지 않았던 그와 같은 상황에서 민중 미술은 고독한, 그럼으로써 결과적으로 고립된 길을 가게 되었다. 역사적 현실이 지워진 (것처럼 보이는) 아방가르드적 실험 미술을 현실 외면 내지는 식민화된 예술 이론의 유행으로 치부하고 자신을 고립시킴으로써, (자기 정체성을 진지하게 질문한다는 의미에서) 가장 근대적이고 (식민의 경험을 표현 예술의 원초적 · 구성적 맥락으로 간주한다는 의미에서) 포스트식민적일 수 있었던 민중 미술은 역설적으로 반反모더니즘의 길을 가게 된 것이다. 결국 민중미술운동은 자기 변신의 계기를 마련하지 못한 채 1994년 국립현대미술관에서 열렸던 전시회 〈민중미술 15년 : 1980~1994〉 이후 역동적인 미술계의 장에서 사라지게 된다.

1980년대 말 이후 90년대는 넓게 포스트모더니즘 시기로 간주된다. 80년대에 나타났던 의제들을 점검하는 한편, 후기 자본주의 사회의 변화된 문화 지형에 대한 논쟁이 활발했던 이 시기에는 이른바 모더니즘 진영이나 민중 미술 진영 모두 미술의 논의를 문화 이론이나 문화 비평, 혹은 문화 과학의 영역으로 확장시켰다. 그러나 1990년대 이후의 미술 생산, 전시, 유통은 앞에서도 언급했듯이 전 지구적으로 다양한 나라들에서 설립되기 시작한 비엔날레들을 매개로 급격한 세계화를 경험하고 있으며, 이것은 비엔날레 설립 초기의 의도와는 상관없이 미술계가 거의 총체적인 산업화/상업화의 길을 가도록 유도하고 있다. 비평의 증발 내지는 소멸을 가속화시키는 결과 또한 낳고 있는 이러한 현상은 특히 예술 실천과 심미적 경험의 사회적 층위에 대한 진지한 고민으로 우리를 이끈다.

이와 관련해 주목할 것은 1990년대 이후 민중 미술에 대한 여성주의적 반성과 포스트모더니즘 논의 속에서 활발해지기 시작한 '여성(주의) 미술'에 대한 관심이다. 여성(주의) 미술은 기존의 가부장제 사회에서 추동되었던 제도적 · 전통적 · 민족주의적 예술/규범을 새로운 시각으로 거슬러 읽으며 생산과 수용 양 측면에서 흥미로운 차이와 '사이'의 공간을 만들어내고 있다. 이것은 1970년대 후반부터 한국 사회에 진지하게 뿌리내리기 시작한 여성주의 의식화운동과도 상관되는 것으로서, 그러한 일반적인 사회정치적 맥락 속에서 점차 여성들의 경험, 여성들의 해석 방식, 여성들의 미적 감각 등이 동등한 미적 가치로서 경쟁하는 수준을 넘어 미학 체계 자체를 이데올로기 비판적으로 질문하는 문화정치학의 토대가 마련된 것이다(김영옥, 2008). 실제로 포스트식민 시공간에서 구성된 한국인의 정체성에 대한 비판적 탐색과 여성의 눈으로 세계를 본다는 것의 정치적 · 미학적 함의를 날카롭게 질문하는 움직임은 상호 보완적인 두 갈래 성찰의 길이다. 이 두 갈래 길이 만나 생산적인 대화를 나누게 하는 것이야말로 지역성에 입각한 미학 이론과 실천의 과제일 것이다. 다음에 살피게 될 두 개의 동두천 작업은 이러한 과제에 기꺼이 응답하고 있는 두 개의 예술 실천이다.

2. 지역정체성과 예술 실천: '동두천' 프로젝트를 중심으로

'동두천'이라는 지역/장소, 그리고 매춘의 세계화

동두천은 서울에서 북쪽으로 약 30km 지점에 위치해 있으며 총 면적은 95.68km²로 이 중 68%인 65.3km²가 임야다. 주변이 산으로 둘러싸여 있고 남북으로 신천이라는 하천이 흐르고 있다. 2007년 현재 인구가 8만 8천 명인 중소 도시다. 식민지 시기 일제에 의해 도시의 기본 골격인 도로와 철로가 깔렸고, 미군 주둔 이후에는 미군 기지를 중심으로 공간이 배치되었다. 일제가 만든 기본 골격 중에 동두천을 남북으로 가로지르는 경원선과 3번 국도가 지금까지 남아 있다. 현재 경원선과 3번 국도는 동두천으로 진입하는 주요 교통 노선이지만, 본래는 산림과 광물 자원의 수탈, 그리고 군사 물자와 병력을 수송하기 위해 건설되었던 것이다. 경원선이 지나가는 동두천역은 미군이 동두천에 주둔하게 된 가장 큰 이유였다. 미군기지 중에 특히 규모가 큰 육군 기지들은 대개 비무장 지대 가까이에 위치하게 되는데, 그 중에서도 동두천은 용산에서 출발하는 경원선을 이용할 수 있는 곳이기 때문에 군수 물자 운반에 용이했다. 미군기지 바로 북쪽에 있는 소요산이 북으로부터의 폭격을 막아 주는 방패막이 되어 줄 수 있으리라는 것 또한 주둔 기지로서의 선택에 영향을 끼쳤다(김병섭, 2008: 22-24). 동두천은 한국전쟁 중에 그리고 1955년 이래 한국에 항구적으로 주둔하게 된 미군기지 주위에 형성된 기지촌 중 가장 규모가 크고 가장 악명 높은 곳이었다. 한국전쟁이 끝난 이후 이곳에는 4개의 보병 사단이 주둔했고, 1960년대 중반의 '황금기' 동안에는 약 7천 명의 성매매 여성이 일했다(김엘림, 1990: 89). 60년대 초반 한국의 총 수출액이 4천만 달러 안팎일 때, 1967년 한 해에만 26개의 미군 전용 클럽이 40만 달러에 이르는 외화를 벌어들일 정도로 동두천은 물자와 섹스, 자본이 풍요롭게 넘치던 곳이었다. (이때 동두천은 보산동을 의미한다.) 미8군의 한 정보 장교에 따르면 1960년대 미군은 남한 GNP의 25%에 해당하는 달러를 기여했다(문, 2002: 76).

1980년대 한국 경제가 성장하고 주한 미군의 정책도 달라짐에 따라 동두천(보산동)이 점차 쇠락하게 되자 한국인 여성들 또한 줄기 시작했다. 1990년대에 들어서 상대적으로 미군기지에 덜 예속되었던 생연동이 동두천의 중심으로 자리잡게 되고, 2003년에는 도시 남부 지행동 · 송내동에 10,656세대 규모의 주택단지가 건설되면서 신시가지를 형성하게 된다. 이와 함께 구시가지, 즉 보산동은 더욱 침체된다. 21세기 들어서 미군기지 일부가 반환되었으나 환경을 복구하지 않은 상태에서 반환되었기 때문에 적극적인 개발을 기대하기에는 역부족이다. 최근에는 구시가지 침체를 빌미로 상패동과 인접 지역인 양주시 은현면의 개발 붐이 일고 있지만 이것 역시 지역 사회 활성화보다는 건설 자본과 지역 토호들의 이익으로 끝날 확률이 높다. 이러한 상황 속에서 현재 동두천 구시가지 보산동에서 주로 거주하는 사람들은 필리핀이나 구 러시아 지역에서 온 여성들과 이주 노동자들, 그리고 그들의 2세들이다. 신자유주의 경제 논리에 따른 지구적 차원에서 진행되는 지역 불균등 발전의 결과 한국 성노동자들보다 더 취약한 위치에 있는 이들이 구시가지로 모여들게 된 것이다. 처음부터 한국인과 미국인, 다시 말해 포주/업주 및 지역민, 기지촌 여성, 미군이 함께 만들어 낸 다인종 · 다문화 지역이었던 동두천은 이제 더욱 첨예한 양상으로 한국 여성들의 '국내 이주'와 외국인 여성들의 '국제 이주'를 동시에 보여 주는, 더욱 중첩된 계층의 차이를 신체로 드러내는 장소가 되었다. 필리핀이나 구 러시아 지역에서 온 여성들이 동두천의 '기지촌 여성'으로 일하고 있는 현 상황은 '매춘의 세계화'에 대한 진지한 고민을 낳는 한편, 초국적 자본을 토대로 한 지구적 자본주의와 식민국가 없는 식민주의의 확산이 가져온 새로운 식민성coloniality을 환기시킨다(이나영, 2008).

존재하지 않은, 혹은 '풍문'으로만 존재해 온 기지촌/여성들: 기지촌/여성의 재현과 수사학

1968년 김승옥은 동두천이 당시의 한국 경제와 사회 · 정치를 상징할 뿐만 아니라 '한국 전체가 동두천이 되어버렸다'고 인식하게 됨에 따라 '동두천'이란 제목의 장편 소설을 시작했다가 포기한 바 있다. 미군기지를 토대로 자그마한 농촌 마을에서 도시로 번창해 가는 동두천의 변화 과정을 추적함으로써 한국 사회 전체의 구조와 문제점들을 보여 주고자 했던 것이다. 연재를 시작했던 그는 그러나 '주민들과의 접촉이 충분치 않고 미군 관련 자료에도 접근하기 힘들어' 결국 포기한다(김승옥, 1995: 14). 실제로 그가 언급했던 어려움 외에도 기지촌과 그곳 주민들, 특히 성매매 여성들에 대한 사회적 낙인과 비난, 배제는 1980년대 후반까지 기지촌/여성들을 철저히 보이지 않고 들리지 않는 장소/존재로 남아 있게 만들었다. 국가 건설과 국가 안보, 그리고 경제 발전을 위해 한국 정부와 한국 사회가 한국 여성에 대한 미군의 성적 지배를 암묵적으로 또는 드러내놓고 용인했다는 사실 역시 드러나지 않았다. 기지촌 여성들은 한미 관계에 대해 포스트식민 남성 주체들이 만들어내는 거대 서사들 속에서 주권의 침탈과 민족의 겁탈에 관한 수사학으로 등장했으며, 이로써 기지촌 삶을 채우고 있는 역사, 경험, 만남, 다층적 형식의 착취와 계략 등은 생략되고(Hughes, 2008: 261), 여성들 또한 유령적으로 즉 '풍문'으로만 존재하게 되었다. 예를 들어 70년대 기지촌 여성의 섹슈얼리티는 외화벌이의 주요 자원과 국가 경제 성장의 발판이었다. 그러자 "'기생충'과 같은 종별적 존재"(『경향신문』, 1955. 11. 25)였던 기지촌 여성들은 '민간 외교관'(문, 2002: 155), 즉 몸을 바쳐 외화를 벌어들임으로써 경제 건설에 이바지하는 '애국자'(김연자, 2005: 123)가 된다.

일제의 식민 지배와 전쟁이라는 이중의 정체성 위협을 겪은 당시 한국 사회는 강한 순혈민족주의와 초남성성hyper-masculinity의 가부장제 면모를 띠고 있었다. '양놈'에게 성을 파는 여성에게는 가장 낮고 천한 사회적 지위가 부여되었다. 이들에게 기지촌은 생계를 위한 마지막 장소일 뿐만 아니라 "자기를 추방하는 장소"로 여겨졌다(문, 2002: 21-22). 기지촌과 기지촌 여성은 국가 건설에 필연적인 '외부', 즉 항상 '예외적 상황'(아감벤, 2008)으로 존재하는 '섬'이었다. 1983년 일정 기간 동두천에 머물면서 현장 연구를 한 강석경은 기지촌 여성들에 대한 두 편의 단편 소설, 「낮과 꿈」 그리고 「밤과 요람」을 썼는데, 「낮과 꿈」에서 1인칭 서술자로 등장하는 기지촌 여성 '선희/써니'는 기지촌에 대해 이렇게 말한다.

> 생각하건대 기지촌이란 한국과 미국 사이에 떠 있는 섬과도 같다. 뭍도 아니고 바다도 아닌 섬. 섬이 섬일 뿐이듯 이곳 여자들은 양갈보일 뿐이다. 미군들의 일시적인 '하니'이면서 조국에서도 외면당하고 있으므로 그 이름으로만 불린다. 미군이 '의무가 아닌 권리'로서 주둔하므로 기지촌이란 섬은 순수한 한국이 아니다. ……뿌리가 없는 섬이므로 여기 사는 여자들도 뿌리를 내리지 못한다. 여자들이 기둥서방을 두거나 미국행을 열망하는 것은 섬의 허망됨을 잘 알고 있기 때문이다(강석경, 1983: 25).

기지촌 생활과 기지촌 성매매는 또한 너무나 신체적으로 연결되어 있어 성을 팔지 않아도 이곳에 거주하는 여성들은 한국 남성들 중에서 마땅한 결혼 상대를 얻기 힘들었다. 더 나아가 기지촌에 거주한 적이 없어도, 기지촌과 전혀 상관없는 삶을 살았던 경우에도 '미군의 아내'가 된다는 것은 '몸을 파는 여자', '망가진 여자' 이미지에 포획되는 것을 의미했다. '군인의 아내'로 미국에 이민 간 한국 여성들의 구술사는 이들이 이민 생활 내내, 한국에서의 구체적인 삶과 무관하게, '기지촌의 그림자'를 떨쳐내지 못했음을 증언한다(여지연, 2007: 139). 마찬가지로 기지촌 지역경제에 기대어 사는 다른 주민들에게도 '기지촌의 그림자'는 떼어낼 수 없는 실존적 낙인이었다. "기지촌은 일테면 보호구역이다. 바깥 세상에서 살아갈 힘이 읎는 사람들이 모여들어서 가까스루 살아가는 곳이다. 여기서 돈 좀 모아서 바깥 세상으루 나간 사람들은 거진 다 거기서 견뎌내지 못허구 다시 여기루 돌아온다"(복거일, 1994: 85).[4] 이렇게 '보호구역'에 추방당한 한국 남성은 그러나 포스트식민/신식민의 지배 체제 속에서 더 심각하게 남성성을 훼손당한 그만큼 더 강화된 남성성을 폭력적으로 주장한다. 「낮과 꿈」에서 '미라'는 '찌꺼기를 주었기 때문'에 기둥서방에게 "연탄집게로 거길 찔"려 살해당한다.

> "미군하고 실컷 놀다가 섹스도 찌꺼기로 주었다, 미군들 입던 옷이며 달러를 잘 주었지만 그것도 찌꺼기다, 그년은 양놈 찌꺼기만 내게 갖다 주었다, 이랬대."
>
> "나쁜 새끼, 기둥서방인 주제에 힘없는 여자 기둥 뽑으려 했어. 찌꺼기 먹은 게 어디 저 하나야? 대한민국 전체가 남의 나라 찌꺼기 먹고 살았는데."
>
> "죄는 밉지만 자존심은 있네"(강석경, 1983: 21).

위 인용문에서도 잘 드러나듯이 기지촌 여성은 젠더를 매개로 한 식민주의와 민족주의의 암묵적 동조 관계 속에서 식민 지배자와 피식민지 남성이 지배 권력을 행사하는 장이었다(김은실, 2004). 기지촌 여성을 가운데 두고 식민 지배자 남성과 피식민지 남성이 서로 거울 이미지로 마주보며 관계적으로 그들의 정체성을 생산하고 유지시켰던 것이다(이나영, 2008: 79). 이러한 재현 방식은 1980년대 중 · 후반과 90년대 초 특히 광주항쟁을 계기로 촉발된 반제민족주의, 반독재 민주화운동의 흐름 속에서 기지촌/여성들이 적극적으로 호명되기 시작할 때에도 달라지지 않았다. '통일과 미군 철수'를 외치는 민족주의 구호 뒤에서 기지촌 여성들의 필요나 욕구는 사라지고 '민족의 혼'(전우섭, 2002: 3)만 남았다. 특히 1992년에 있었던 '윤금이 사건'은 '양공주'가 제국에 의해 주권을 침탈당한 조국의 기표가 되는 데 결정적인 영향을 끼쳤다. 25년 동안 기지촌

4 복거일은 작가 후기에서 "이 글을 기지촌에서 힘든 삶을 마감하신 부모님 영전에 바친다"고 쓰고 있다(복거일, 1994: 367).

에서 성매매 여성으로 일했던 활동가 김연자는 윤금이의 죽음이 '반미 운동하는 사람들에게 이용당하는 것'을 매우 불편하게 여겼다(김연자, 2005: 253). 1995년 미국에서 순회 강연을 할 때도 그녀는 자신이 말하고자 하는 것과 주최 측이 듣고자 하는 것이 일치하지 않음을 확인하게 된다. "희망 없는 삶, 단 한 번도 제 욕심껏 시도해 본다거나, 이뤄본 경험이 없는 사람들, 그게 바로 우리들이었다. 그래서 나는 그 현실을 이기고 버텨온 그 삶의 희망을 얘기하고 싶었다. …… 하지만 주최 측은 내가 미군을 상대로 매춘을 하며 고통스러웠던 까닭, 자살하고 싶었던 경험 같은 것을 위주로 말해 주기를 바랐고, 군사 정책을 중심으로 얘기가 진행되기를 원했다"(김연자, 2005: 273). 김연자의 말은 '기지촌 여성'의 재현이 안고 있는 정치적 문제점들을 압축적으로 드러내고 있다. 여기에서 간략하게 소개한 것처럼 기지촌 여성의 재현은 늘 그들을 지우면서, 그들을 '이곳/안'을 안전하게 구성하기 위한 '저곳/바깥'으로 설정해 놓고, 혹은 설정하는 수행적 과정 자체로 이루어졌다. 그리고 이제까지 자신의 경험을 자신의 목소리로 들려 준 기지촌 여성은 거의 존재하지 않았다. 그만큼 그들의 경험과 존재는 추상적으로 남아 있다. 그래서 기지촌 여성의 재현은 그만큼 더 어렵고 그만큼 더 미학과 윤리학의 관계를 질문하게 한다. 다음에 다룰 두 개의 아트 작업, 김동령의 〈아메리칸 앨리American Alley〉(2008)와 정은영의 〈The Narrow Sorrow〉(2008)는 바로 이 난제에서 출발한다.

지역/장소 그리고 액티비즘으로서 아트

김동령의 〈아메리칸 앨리American Alley〉와 정은영의 〈The Narrow Sorrow〉는 동두천 지역의 밀착 연구, 혹은 '동두천 지역 만나기/알아가기'를 작업 과정에 포함시키고 있다는 점에서 지역(문화)운동으로서의 예술 작업이라는 성격을 강하게 띤다. 동두천 지역에서 진행된 이 두 개의 작업은 여성주의에 입각해 작업하는 아티스트와 활동가의 중첩되는 정체성, 개입으로서 예술 실천과 침입의 경계 설정, 기존의 가부장적 미학 이데올로기의 상투성을 해체하면서 새롭고 낯선 보기나 듣기를 가능케 하는 여성주의적 미학의 가능성에 대한 형식 연구 등에 대해 살펴볼 수 있는 계기를 제공한다.[5]

'기지촌은 있다': 지구화 시대 '동두천'과 김동령의 〈아메리칸 앨리〉[6]

2008년 3월 28일부터 4월 13일까지 대안 공간 '풀'에서 전시된 김동령의 〈아메리칸 앨리〉(2008)는 동두천에서 단체 활동가로서 겪은 그녀의 다중적이고 균열적인 경험과 아티스트로서의 작업 의지가 만나 탄생시킨 무수한 사진들과 동영상 이미지들을 바탕으로 하고 있다. 이 전시에서 관람객들은 자신이 머물고 있는 공간을 소개하거나, 왜 한국까지 와 클럽에서 일하게 되었는지, 사람들의 부정적인 시선과 편견에 대해 자신들은 어떻게 생각하는지 등을 이야기하는 이주 여성들을 만나게 된다. 한 여성은 동두천 클럽을 탈출해 일산 근처에 있는 공장에서 일할 수 있게 되었지만 그곳에서 한 남성 이주 노동자에게 성폭행당하면서 다시 동두천으로 되돌아온 이야기를 들려 주기도 한다. (이 여성은 미등록 상태라

5 그동안 동두천과 관련한 아트 작업은 2007년 경기문화재단 시각예술 활성화사업 '공간 재생 프로젝트'로 수행되었던 '동두천 레지던시 프로젝트'가 유일했다. 역사적 · 사회적 성찰을 통해 '동두천'이라는 공간을 재생시키고자 시도한 이 프로젝트에서 그러나 정작 '동두천'이라고 하는 기표의 의미를 주도적으로 구성해 온 '기지촌 여성들'은 별로 부각되지 않는다. 프로젝트는 건설 자본과 지역 토호들의 이익으로 흐르고 있는 동두천 지역 개발에 대항해 지역 공동체를 구성하는 데에 초점을 맞추고 있다.

6 김동령의 이미지 작업은 현재 남아 있는 기지촌 중 가장 전통적인 모습을 간직하고 있는 의정부의 '뺏벌'과 동두천의 '아메리칸 앨리'에서 일하고 있는 이주 여성들의 이야기를 담고 있다.

서 그 남성을 고발할 수 없었다.) 비디오 작업은 '엔터테이너'로 일하는 이 여성들의 목소리를 직접 들을 수 있도록 편집한 것들과, 사진과 짧은 동영상을 일종의 영상 에세이로 재구성한 것으로 나뉜다. 〈이상한 나라의 앨리스〉라는 제목의 후자는 '토끼굴에 빠져든 앨리스'라는 기본틀을 설정한 후 음악과 함께 다양한 이미지들을 보여 주는데, 이미지와 이미지 사이에 삽입된 짧은 문장들이 이야기의 전개를 돕는다. 앨리스가 이 이상한 나라에서 하는 '일'은 '남들을 즐겁게 해 주는 것'이다. 이곳에서 이미 50여 년을 보낸 한국인 앨리스 '할머니'는 지금 우즈베키스탄 여성, 혹은 필리핀 여성과 함께 산다. 이곳에서도 뜨개질이나 설거지 등 일상의 삶이 있다. 여성들은 빨래를 널고 요리를 하며 남루한 방일지라도 '사랑스럽게' 둘러본다. 머리에 토끼 장식을 달고 거울 앞에서 빨갛게 입술을 칠하곤 만족스레 웃는 할머니. 이제 자신에게 남은 시간이 얼마 남지 않았음을 깨달은 앨리스는 꿈속에서 토끼굴이 있던 곳을 찾아가지만 그녀가 발견할 수 있었던 것은 어떤 무명 여성의 무덤일 뿐이다. (이 무덤은 상패동 공동묘지에 있다.) 꿈에서 깨어난 그녀는 어디론가 나가버리고 다시는 돌아오지 않는다.

> 1999년에 베트남 여행을 갔는데 십대 소녀들이 성매매를 하고 있었어요. 같은 여성인데 나는 여행객이고 그 소녀들은 여행 온 사람들이나 외국인들을 상대로 성매매를 하고 있었죠. 돌아와서 영화학교를 다니면서도 그때의 묘한 느낌을 계속 떨치지 못하고 있었죠. 결국 동두천의 두레방이라는 단체에서 일을 하기 시작했어요.

김동령은[7] 〈아메리칸 앨리〉의 긴 작업 과정이 어떻게 시작되었는지를 이렇게 설명하고 있다. 베트남 여행에서 돌아와 몇 년 후에 찾아간 동두천에서 그녀가 마주친 여성들은 대부분 필리핀이나 우즈베키스탄 등 구러시아 지역에서 온 여성들이었다. 그러나 여성들의 국적이 달라도 그곳이 '기지촌'이라는 사실에는 변함이 없었다. "막상 기지촌에 와 보니 한국 여자는 없고, 러시아나 필리핀에서 온 여자들이 대부분이었어요. 한국에 있는 공간이지만…… 한국이 아닌 공간이랄까…… 한국에서 미군을 상대하는 외국인 여성들의 공간…… 하지만 여전히 '기지촌은 있다'는 걸 말하고 싶었어요." 그렇다면 '기지촌은 있다'는 이 사실을 어떻게 말할 수 있을 것인가, 어떤 방식으로 말해야 하는가. 그리고 '기지촌은 있다'는 사실은 무엇을 의미하는가.

이 질문을 안고 그녀는 3년 간 동두천의 여성단체 '두레방'에서 활동가로 일하며 그곳의 '언니들'과 소통 가능한 관계를 맺기 위해 노력했다. 그녀는 번역 일을 돕기도 했고 기지촌 여성에 대한 실태 조사에 참여했으며, 또한 위기 개입crisis intervention 내담자로 위기에 처한 기지촌 여성을 상담하기도 했다. 그녀는 일하러 나간 '언니들'의 방에서 '빈둥거리며' 시간을 보내기도 했고, 그녀들의 부탁으로 슈퍼에서 장을 보기도 했으며, 클럽에서 함께 '드링크'를 시켜 마시고 춤을 추기도 했다. 그녀는 또한 동거했던 미군과의 사이에서 낳은 아이를 빼앗기지 않으려고 동두천을 빠져나가는 필리핀 여성을 따라 필리핀과 한국을 오간 경험도 있다. 이러한 모든 일은 그녀에게 계층과 종족, 국적의 차이에도 불구하고 서로 크게 다르지 않은 고민을 하는 비슷한 연령대의 여성들이라는 인식을 공유하는 과정으로 이해되었다. 이러한 과정에서 그녀의 카메라 앞에 포즈를 취하고 때론 자신의 이야기를 들려 주는 '언니들'이 하나 둘 늘어나기 시작했다. "그들은 저와 고민하는 게 같았어요. 같은 20대라는 거죠. 저

7 김동령의 지역 활동 경험에 대한 이야기는 2008년 3월 그녀와 가진 두 번의 인터뷰와 4월에 대안 공간 '풀'에서 있었던 대담을 기초로 해서 재구성한 것이다.

도 그때는 20대였거든요. 사실 관계 형성이 작업의 대부분을 차지했어요. 그들이 저를 의심과 경계의 눈으로 보는 게 사실이었지만 현장 단체에서 상담일 같은 걸 하다 보니 제가 고민을 들어 줄 수 있었고, 그들에게 실질적인 도움을 주니까 그들도 조금씩 마음을 열게 된 것 같아요."

여기서 잊지 말아야 할 것은 그러나 포즈를 취하고 자신의 이야기를 들려 주는 것이 일종의 거래 내지는 '교환'의 대상임을 이 여성들이 잘 알고 있었다는 사실이다. 이 '교환'의 내용에는 물론 비슷한 연령대의 여성으로서 고민을 나누며 쌓아온 친밀성이나 신뢰, 우정 등 감정과 관련된 것도 포함된다. 그러나 '카메라'를 통해 교환이 이루어지는 상황, 즉 김동령이 친숙한 단체 활동가에서 아티스트로 변신하는 그 상황은 계층과 국적, 신분 등 숨겨져 있던 차이들이 날카롭게 표면 위로 떠오르는 매우 갈등적이고 분열적인 상황이다. 동두천에서 '위기 개입'의 활동가이면서 동시에 '카메라를 든' '여성'으로 움직인다는 것은 김동령 자신에게뿐 아니라 기지촌 이주 여성들에게도 완전히 봉합되지 않는 정체성의 파편들로 남아 있을 수밖에 없다.

처음 동두천에 갔을 때 그녀는 한낮에도 느껴지는 미군들의 시선 때문에 자신이 여성으로서 안전하지 않음을 알았다. 그래서 일부러 "두꺼운 책을 들고 카메라를 메고 기자인 양" 걸었다. '나는 여기서 일하는 여자가 아닙니다'라는 메시지를 전달해야 했던 것이다. '카메라'를 통해 일단 그녀는 자신과 '그곳에서 일하는 여성' 간의 경계를 만드는 시도를 하지만, 그러나 또한 '카메라 없이' 그곳에서 일하는 여성들을 다른 의미에서, 즉 동시대를 사는 비슷한 연령대의 '아시아 여성들'이라는 의미에서 몸으로 만나고자 노력함으로써 그 경계를 짓는 시도를 계속한다. 그렇기 때문에 카메라가 만들어내는 경계선은 또한 그녀가 하려는 일, 즉 '카메라로 찍는 일'의 내용이나 목표를 지속적으로 질문하고, 그 질문에 대한 그때마다의 답변들을 다시 부인하게 만드는 보이지 않는 어떤 심문관 같은 것이었다. 이러한 일련의 고민들과 실천들에서 분명하게 드러나는 것은 일반 영상 매체 활용 아티스트와는 다른 여성주의 아티스트로서 김동령의 위치와 작업 태도다. 남성 비디오 아티스트였다면 동두천이라는 기지촌의 여성들을 영상화하기 위해 두레방에서 활동가로 일하지 않았을 것이며, 혹시 예외적으로 그런 일이 일어났다고 해도, 그곳 클럽 여성들이 먹고 자는 사적 공간에 '동년배 여성으로서' 드나드는 일은 없었을 것이다. 남성들은 또한 '여성'이라는 성별 기호를 공유하지 않기 때문에 카메라 없이 동두천을 어슬렁거려도 '그곳에서 일하는 여성'으로 오인되지 않는다. 그만큼 차이가 분명하고 거리두기가 가능했을 것이며, 그만큼 '대상화'가 (긍정적이거나 부정적인 의미 양쪽에서) 자연스러웠을 것이다. 그러나 여성 미디어 작업자에게는 이러한 '거리두기'로서의 대상화가 매우 어려울 수밖에 없다. 동두천같이 '여성임'이 곧바로 섹슈얼리티와 관련되는, 그리고 역사적으로 가부장적 · 민족주의적 시선에 의해 규정되거나 낙인찍혀 온 장소에서 여성들 간의 차이를 만들어내는 일은 문화적으로도 정치적으로도 쉽지 않기 때문이다.

김동령의 작업에서도 (그리고 다음에 소개할 정은영의 작업에서도) 이 문제는 작업 전체를 관통하는 고민으로 남아 있다. 이것은 김동령이나 정은영의 작업이 여성주의 관점에서 재현의 문제, 계층의 문제, 미학 문법의 문제를 진지하게 현재 진행형으로 고민하고 성찰한다는 것을 의미한다. 김동령은 기지촌 여성과 관련해 늘 반복되던 상투적인 피해자 이미지를 벗어나 어떤 '낯선 느낌'을 전달하고 싶었다고 말한다.

> 사실 그곳에 있는 여성들은 돈을 벌기 위해 외국에서 이주한 것이지 처음부터 기지촌으로 오려던 건 아니거든요. …… 개인적인 욕망을 지닌 여성들

> 이에요. 모델이 되어 준 여성들 대부분이 정말 사진을 찍고 싶어했어요. 나중에 고향에 돌아갔을 때 자신의 한국 생활을 추억할 수 있는 예쁜 사진을 원했어요.……저 또한 개개인이 '욕망하는 주체'라고 생각하구요. 한 사람 한 사람 모두 기억하고 싶어서 개별적으로 촬영을 했지요(http://cafe.naver.com/mphotonet/136).

그러나 몸으로 남자들(의 몸과 인격과 자존심)을 즐겁게 해 주어야 하는 게 "이상한 나라"의 앨리스'들'이 해야 하는 일이다. 현재 동두천을 비롯해 한국의 여러 기지촌에서 '엔터테이너'로 일하고 있는 비한국인 여성들은 물론 이주 노동자다. 그러나 이들이 이주 노동자라는 사실 자체가, 이들이 일하는 장소가 '초국가적transnational 영토'의 성격이 강한 곳이라는 사실 자체가 이들이 하고 있는 '일'의 성격을 근본적으로 변화시키는 것은 아니다. 여성들은 지구화 시대에 여러 가지 이유에서 '몸의 오디세이'를 과감하게 시도한다. 그러나 이 여러 가지 이유는 지구적 차원에서 진행되고 있는 불균등 발전과 지구화가 가동시킨 소비 문화의 전 지구적 확산 속에서 소비를 향한 욕망에 포섭된 제3세계 국가들의 구조적 상황과 직 · 간접으로 연관된다. 외국 노동자들의 값싼 단기 순환 노동만을 요구하는 신자유주의 경제 논리와 그런 이주 노동의 가능성마저도 여성보다는 남성에게 더 수월하게 제공하는 가부장제 사회문화 풍토에서 '더 나은 삶'을 향해 국경을 넘을 때 이 여성들이 선택할 수 있는 장소와 방법은 제한되어 있다. 그렇기 때문에 '돈을 벌기 위해서'라는 이주 동기와 '기지촌에서 일하고 있다'는 현재적 상황은, 김동령이 말하듯이, 그렇게 상호 배타적이지 않다. 여성들이 경계를 넘을 때, 그러한 경계넘기는 많은 경우 몸/섹슈얼리티를 매개로 해서 이루어진다. 그것이 성노동자로서 이주이든, 결혼을 통한 이주이든, 원하지 않은 국가로부터의 탈출이든,[8]

(직업이나 취향, 연애나 태도와 관련된) 사회문화적 금기이든, 여성의 오디세이는 항상 몸의 오디세이로서 성격을 지닌다. 여성들이 떠남과 이동, 움직임을 스스로 선택하는 주체의 위치에 있다고 해도 그 선택은 전 지구적으로 작동하고 있는 가부장제와 자본주의의 지배를 받기 때문이다. 그리고 '몸을 팔아 돈을 버는 일'이 여전히 사회적 낙인과 비난에서 자유롭지 못한 것도 바로 이러한 구조적 조건 때문이다.

김동령의 이미지 작업이 보여 주는 '욕망하는 주체'로서 개별적 여성들은 욕망의 조건과 실현 가능성, 내용 등에서 다중적인 해석을 요구한다. 활동가와 내담자로서 서로 비슷한 고민을 나누는 비슷한 연령대의 여성들이지만 그러나 '카메라를 든' 한국 여성 김동령과 '카메라 앞에서 포즈를 취하는' 기지촌 이주 여성들 사이에는 있기도 하고 없기도 한 경계선이 가정되어야만 한다. 이 경계선이 있다고 주장하는 것도, 없다고 주장하는 것도 윤리적 심미성을 추구하는 미학 실천에는 불가능하다. 그래서 김동령의 작업 일지는 그녀 자신과 '언니들'(의 관계)에 대한 모순되고 분열적인 느낌과 생각들, 마찰과 충돌의 흔적들을 지우지 못한다. '그녀들은 거기에 없다'고 그녀는 말하기도 한다. 이 말은 '그녀들은 거기에 있/없/다'는 의미다. 김동령의 작업 중 특히 영상 에세이로 구성된 〈이상한 나라의 앨리스〉는 기지촌 이주/여성들의 이러한 이율배반적인 존재 양태가 배치되어 있는 사회적 · 정치적 장에 대한 일종의 알레고리이기도 하다. 즉 이 알레고리는 근대화와 함께 국가 안보와 국가 건설이 최우선이었던 1950년대부터 신자유주의 지구화가 아시아의 여성 이주를 부추기는 현 시점에 이르기까지 한국이라는 국민국가 내부에 존재하는 초국가적 영토로서 '동두천'이라는 장소를 알아야 이해할 수 있는 비유법

8 수년에 걸친 북한에서의 탈출 과정을 상세히 기록하고 있는 최진이의 『(국경을 세 번 건넌 여자) 최진이』는 이것을 매우 분명하게 보여 준다.

인 것이다. 김동령의 작업은 남한에 있는 '아메리칸 앨리'—이 '불편한 장소'—와 제대로 소통하라고 우리에게 전달된 메시지다. 그리고 그녀의 이러한 메시지는 국제적으로 접수되었다. 〈아메리칸 앨리〉는 2009년 야마가타 국제다큐멘터리영화제에서 '뉴 아시안 커런츠' 부문에서 상영되었으며, '오가와 신스케 상小川紳介賞'을 받았다. 동두천 역사를 구성해 온 국내·국제 이주/여성들의 삶이 이제 조금은 왜곡에서 자유로운 형태로 사람들에게 보이고 들리기 시작한다고 말할 수 있게 되었다.

애도, 기억의 한 방식: 정은영의 〈The Narrow Sorrow〉

정은영의 작업 〈The Narrow Sorrow〉(2008)는 인사미술공간과 미국 뉴 뮤지엄New Museum의 공동 지원 아래 4명의 작업자가 2년간 공동으로 진행한 〈동두천: 기억을 위한 보행, 상상을 위한 보행Dongducheon: A Walk to Remember, A Walk to Envision〉의 한 부분이다. 이 프로젝트는 서울과 뉴욕에서 작품 프레젠테이션 3회, 강연 3회, 현장에서의 토크와 토론, 지역 주민과의 참여형 워크숍, 서적, 논문, 필름, 관련 자료 아카이브 구성과 필름 상연회, 그리고 서울과 뉴욕에서의 전시 3회로 구성되었다. 프로젝트는 2007년 1부, 2008년 2부로 진행되었다. 아카이브 섹션에서 현장 답사, 현장 주민 인터뷰, 아카이브 연구, 작가 토론회 기록 영상을 상영했고, 또한 해외에서는 인사미술공간이 선정한 한국인 학자가 전시 기간 동안 자유 토론과 상영 시에 개방 토론 프로그램을 진행함으로써 해외 관객에게 적절한 맥락을 전달하고자 했다. 동두천 프로젝트는 지역 공동체와의 장기적인 상호 연대를 전제로 한 것으로서 작가들은 지역에 대한 경험과 지식이 깊어짐에 따라 작업의 형태와 방법론을 지속적으로 토론해 나갔다(김희진, 2008: 7-8).

'동두천'과 같이 문화적 특수성이 '두꺼운' 곳에서 지역 공동체와의 상호 연대는 어떤 방식으로 이루어질 수 있는가, 어떤 결과를 낳을 것인가—이것이 동두천 프로젝트 전 과정의 핵심적인 질문이었다. 일반적으로 정체성이 형성되는 지역site은 그것이 사회문화적 담론의 장이든 구체적인 장소place로서 지역이든지 간에 그 층이 너무 '두꺼울' 경우 문화적 전통이나 그에 기반을 둔 집단적 정체성을 강조함으로써 개인의 선택의 자유를 상당히 제한할 수 있다. 그런데 동두천은 한국 포스트식민 근대화의 과정을 관통하면서 '섬'처럼 고립되어 일종의 '예외적 외부'로 존재해 온 곳이다. 이 지역/장소의 집단적 정체성은 자체 내에서 시간과 더불어 형성된 문화적 관습이나 전통보다는 오히려 외부가 투영한 낙인의 시선, 부정적 경계짓기의 반복에 의해 강제된 측면이 강하다. 그래서 외지인이, 그것도 여성이 이 지역에 '들어가' 지역 공동체와 긴밀한 연대 관계를 맺는다는 것은 매우 어려운 일일 수밖에 없다. 유일하게 여성 작가로 〈동두천: 기억을 위한 보행, 상상을 위한 보행〉 프로젝트에 참여한 정은영은 동두천 작업이 무엇보다도 외지인으로서 자신의 위치성에 대한 끊임없는 성찰과 질문의 과정이었다고 말한다.[9] "기본적으로 예술을 한다는 것 자체가 액티비즘"이라는 관점을 지녔던 정은영은 동두천에서 수차례 '접촉'과 '관계 맺기'에서 실수와 실패를 경험하면서 '외지인으로서의 예의'라는 화두를 액티비즘의 중요한 구성적 형식으로 삼게 된다. 아무리 밀착한다고 해도 주민이 되거나 여성단체 활동가가 될 수 없는 상태에서 자신을 "철저하게 외부인"의 위치에 세우는 것, 그 사람들의 삶을 알아내고자 하는 일종의 "정보원" 같은 위치를 벗어나는 것이 이 작업이 요구하는 윤리적 · 심미적 태도라고 결정한 것이다. 그리고 외지인으로서 위치하는 그러한 "경계적인 자리"에서 그녀는 그곳 삶의 풍경이 좀 더 내밀하게 열리

9 다른 언급이 없는 한 이후로 인용되는 정은영의 발언은 2009년 4월 19일에 있었던 인터뷰에 기초한다.

기 시작하는 것을 경험했다.[10]

> 그곳에서는 모두의 확고한 목소리를 들을 수는 없었지만, 아주 작고 사소한 풍경들과 그 풍경을 만들어내는 삶의 구조들이 서서히 선명해졌다. 나는 그것들을 좀 더 정치精緻/政治하게 드러내는 것으로 동두천과 그곳의 사람들에 대한 이야기를 하기 시작했다. 아마도 이 프로젝트를 진행하는 동안 작가들에게 부여된 일은, 거시적 역사와 그 풍경을 스펙터클하게 재현해 내거나 '동두천'이라는 국민국가의 트라우마를 폭로하는 것이 아니라, 그 모든 외상을 희생자주의와 민족주의로 상쇄하려는 집단적 치유의 전략을 '거절'해야만 하는 또 다른 예술적 전략의 생산이었을 것이다(정은영, 2008).

이 경계의 위치에서 정은영은 "왜 기지촌 여성들은 사라지는 존재인가. 존재하지 않는 존재인가"를 집중적으로 질문했다. 이들은 그러나 존재하지 않는 존재로 그곳에 존재하고 있음을 "삶이 지속되고 있는 공간"을 느끼게 함으로써 전달하고 싶었다. 그래서 그녀의 손에 들린 비디오는 그 지역의 특정인이나 사물, 장소를 "찍는" 것이 아니라 그 지역의 거리를 거닐고 그곳의 소리를 채집하고 전체적인 느낌을 담는다. 그야말로 "비디오 보행"이다. 현재 동두천에서 일하고 있는 여성들이 대부분 필리핀이나 구 러시아 영토에서 온 이주 여성들이라는 사실 또한 그녀의 이러한 작업 방향에 영향을 주었다. 그녀는 이 이주 여성들의 동두천 삶을 (전 지구적 차원에서 행해지는 자본주의와 가부장제의 맥락 속에서) 1950년대부터 시작된 한국 기지촌 여성들의 동두천 삶과 연계시키는 한편, 이들의 이주

10 1974년에 집필된 조해일의 『아메리카』에서도 유사한 고민에 빠져 있는 외지인을 볼 수 있다. 그러나 이 남성 외지인에게서 민족 감정은 결코 떨쳐내 지지 않는 자신의 일부이다. 그래서 기지촌 여성은 이 남성 서술자의 수치심과 분노, 고통과 부끄러움, 그리고 무력감의 정서와 민족의 식민화된 현실을 환기시키는 표상이었다(조해일, 1974: 289).

동기에 깃든 희망의 현재성과 그것의 실현을 막는 제도적 · 상징적 제약들을 동시에 드러내는 방식을 추구했다.

미등록 기지촌 이주 여성이라는 동두천 클럽 여성들의 실존 양태는 이들의 일상적 삶이 다중적 식민성에 노출되게 만든다. 분명 '사람'으로 거주하고 일하며 삶을 살고 있지만 '미등록'이라고, '몸을 파는 일'을 하고 있다고 존재/성 자체를 지워버리는 '이 극단적인 장소'를 엄연히 삶이 꾸려지고 지속되는 곳으로 전달함으로써 그곳의 장소성을 만들어내는 사람들의 존재성을 부각시키는 미적 방식은 무엇인가. 앞에서도 상세히 기술했듯이 '동두천', 혹은 그곳 주민들에 대해 이른바 외부의 '일반인들'은 구조적으로 일종의 '눈이 먼' 상태에 빠져 있다. 이미 너무 오랜 시간 일관되게 반복된 기지촌/여성 재현이 가져온 극단성은 정은영에게 '보이지 않게 만듦으로써 비로소 느낄 수 있게 만들겠다'는 새로운 형식을 선택하게 만든다. 지역민의 존재를 '얼굴'이 아니라 '거리의 이미지'로만 드러내며, 이때 사라질 수 있는 현장성이나 장소성을 살리기 위해 (언어가 아닌) 소리를 강조하는 방식으로 그는 동두천이라는 지역/민의 가시화를 꾀한다.

> 그 도시의 사운드가 너무 엄연하다. 낮에는 정말 평화롭고 밤에는 도무지 알아들을 수 없는 사운드다. 길을 걷다보면 업주들과 고추를 닦고 슈퍼에 다니는 여성들을 볼 수 있다. 이전에 한국 언니들이 있을 때라면 그 목소리를 알아들을 수 있었겠지만 요즘은 대개 영어이고 성당의 미사도 타갈로그어로 드리고…… 그냥 영적인 느낌만 느낄 수 있다.…… 엄연한데 또 들을 수 없는 목소리인 것 같고.…… 엄연한데 모르겠는 소리…… 유령성이라고 할 수 있을…….

여기서 기지촌/이주/여성들의 목소리가 한국인과의 관계 속에서 '소리'의 존재성은 지닐 수 있지만 사회적 의사 소통으로서의 언어가 되기는 힘든 정황이 드러난다. 이 '존재하는 (목)소리'는 의미 이전, 혹은 의미 이후의 어딘가에 위치해 있다. 구체적인 '언니들'의 모습은 전혀 등장하지 않고 그녀들의 분명한 목소리도 들리지 않는 채 일정한 시간이 되면 자동적으로 바뀌는 동두천 장면들과 독해 불가한 '소리들'로만 이루어진 정은영의 이미지 작업은 기지촌/이주/여성들의 '불확실한 삶'에 대한 재현의 고민을 고스란히 드러낸다. 스토리나 논리는 다 없애고, 그녀들의 구체적인 얼굴도 모두 지워버리고 웅얼거림과 동두천의 여러 장소를 보여 주는 이미지들로만 이루어진 '슬프지만 아름다운' 애도의 의례로 가자고 결심하기까지 정은영이 동두천 지역을 배회하는 과정에서 그녀에게 점점 더 분명해진 것은 '언니들'의 (노동까지를 포함하는) 지역 삶과 그것에 대한 명명 사이의 간극은 볼/들을 수 있는 것의 부재와 과잉을 동시에 만들어낸다는 사실이었으며, 또한 더 근본적으로는, 전면적인 이해를 요구하는 레비나스식 '타자의 얼굴', 즉 타자의 얼굴에 깃든 '인간적인 것'은 재현 불가능하다는 인식이었다. 정은영의 고민에서 우리는 임마뉴엘 레비나스Emmanuel Levinas를 경유해 '불확실한 삶'을 사는 사람들의 재현과 그것의 윤리적 측면을 성찰하는 주디스 버틀러Judith Butler의 이론을 환기할 수 있다. 미국이 아프가니스탄을 침입할 때 갑자기 부르카가 벗겨진 상태로 카메라 앞에 드러난 젊은 여성들의 이미지를 예로 들면서 버틀러는 "이 이미지들이 덮어 가리고 탈실재화한 것이 어떤 고통과 애도의 장면인지를 물어야" 한다고 말한다.

> 이 모든 이미지들은 삶의 불확실함을 정지시키려는 것 같다.…… 레비나스가 보기에 인간적인 것은 얼굴에 의해 재현되지 않는다. 오히려 인간적인 것은 재현을 불가능하게 만드는 바로 그 이접disjunction을 통해 간접적으로

> 긍정된다. 이접은 불가능한 재현을 통해 전달된다. 그렇다면 재현이 인간적인 것을 전달하기 위해서라면 재현은 실패해야 할 뿐 아니라 자신의 실패를 보여 주어야 한다. 재현할 수 없는 것, 그럼에도 우리가 재현하려고 해야 하는 재현 불가능한 것이 존재한다. 바로 이런 역설이 우리가 부여하는 재현 안에 보유되어야 한다. 이런 의미에서 인간적인 것은 재현되는 것과 동일시되지 않으며 또 재현 불가능한 것과 동일시되지도 않는다. 오히려 그것은 모든 재현적인 실천의 성공을 제한하는 바의 그것이다. 얼굴은 재현의 이러한 실패 속에서 '삭제되는' 것이 아니라 바로 그 가능성 안에서 구성된다 (Butler, 2004: 196-198).

정은영의 작업은 바로 이러한 실패 속에서 가능성으로 구성된 기지촌 이주 여성들, 즉 이전의 기지촌 한국 여성들과 마찬가지로 여전히 '언니들'로 불리는 그녀들의 얼굴을 '느낄 수 있게' 도와 주는, 그곳까지만 나아가고 있다. 특히 상패동 야산에 묻혀 있는 기지촌 여성들의 이름 없는 무덤들은 정은영에게 "삶에서 죽음으로 가는 길이 모든 사람에게 같고 그 길에는 어떤 위계도 있지 않음"을 전달하고 싶다는 열망을 일깨웠다. 모든 사람의 삶에 깃든 이러한 존엄성과, 그러나 기지촌 여성이라는 기표를 과잉으로 채우고 있는 그러한 존엄성의 부정을 공존시키기 위해 그녀가 선택한 작업 형식은 결국 그녀의 작업을 미완으로 (혹은 실패로?) 남게 만든다. 그러나 이것이야말로 바로 정은영이 추구한 심미적 윤리감이 관람객들에게 전달되고 스며들게 도와 주는 아트 형식이다. '얼굴'을 보여 주지 않는 그녀의 작업을 매개로 관람객들은 타자의 존재성으로서 얼굴과 맺게 되는 새로운 관계성을 경험하게 되며, 그러한 관계성은 그들로 하여금 스스로 다른 주체로 변신하는 것을 돕는다. 타자를 향한 열림을 통해 비로소 개별적 존재의 존재성이 가능해짐을 강조하는 레비나스는 타자가 자신의 존재를 드러내는 얼굴은 신체적 얼굴을 넘어서는 것임을 역설한다.

> 얼굴은 위협 앞에 노출되어 있다. 마치 폭력을 저지르도록 우리를 끌어들이는 듯하다. 동시에 얼굴은 우리의 살인을 금지한다.…… 얼굴은 뜻이다. 상황 없는 뜻이다.…… 그러므로 얼굴은 '보이는 게' 아니라고 할 수 있다.…… 얼굴은 붙잡을 수 없는 것이며 당신을 저 너머로 인도한다.…… 얼굴과의 관계는 곧바로 윤리다(레비나스, 2005: 110-111).

한국 근대화의 역사 속에서 '양공주'라는 경멸과 폄하의 기표로 낙인찍혀 왔던 동두천 클럽 여성들과 지구화가 가져온 다양한 이주의 흐름 속에서 미등록 이주 여성으로 동두천에 '흘러 들어와' 클럽에서 노동하며 살고 있는 필리핀, 구 러시아 여성들의 '얼굴들'은 서로 겹치며 더욱더 심각한 '위협' 앞에 노출되어 있다. 레비나스의 윤리적 경고처럼 화면에 포착된 그녀들의 얼굴은 우리 관람객들을 폭력으로 유도하기 쉽다. 그들의 삶이 너무나 불확실하고 불안하기에, (상징적으로나 실제적으로나) 그들의 존재가 너무나 취약하기에 우리 관람객들은 쉽게 그들을 동정하면서 상대적으로 안전하고 강한 우리의 '자리'를 지키고자 무/의식적으로 주먹을 움켜쥘 수 있다. 그래서 정은영은 화면에서 그녀들의 얼굴을 지워버림으로써 우리에게 살인을 금지하는, 모든 폭력적이고 비윤리적인 느낌과 생각을 금지하는 그녀들의 얼굴을 '느끼게' 만든다. 정은영의 비디오가 전달하는 이미지와 소리에 자신을 침잠시키는 관람객은 얼굴과 윤리적 관계를 맺는 경험을 하게 된다. 상패동 무덤과 함께 들리는 연도煉禱의 소리에서 관람객들은, 주체란 다른 사람에 대한 책임을 떠맡으면서 형성되기 때문에 궁극적으로 다른 사람의 대리인, "인질"임을(레비나스, 2005:

129) 조금씩 느끼게 될 수도 있을 것이다. 뉴욕에서 전시회가 열릴 때 자신의 작업 앞에서 눈물을 보이며 공감하는 관람객의 수가 적지 않아서 정은영은 자신의 시도가 어느 정도 이해되었음을 확인할 수 있었다. 한국에서 전시회가 열릴 때에도 그녀의 작업에 대한 (특히 외국인) 관람객의 반응은 뉴욕 전시회를 찾았던 관람객들의 반응과 크게 다르지 않았다. 심미적 성찰성과 윤리적 감수성을 동시에 확보하는 예술 작업은 흔하지 않다. 여성주의 아티스트들은 성별의 차이에 대한 감수성에서 시작해 모든 차이에 존재하는 해석의 다양성이 타자/성에 대한 윤리적 감수성으로 수렴될 수 있는 방법을 모색해 왔다. 동두천의 클럽 여성들을 동두천의 지역성을 만들어 나가는 엄연한 존재로 드러내는 것, 그들을 둘러싸고 그동안 형성되어 온 왜곡된 재현의 역사를 거슬러 '재현 가능하게' 만드는 것은 여성주의 미학 실천에 중요한 도전이다. 이번 동두천 프로젝트에서 정은영이 선택한 미학적 형식은 그러한 고민을 고스란히 드러냈다는 점에서, 그리고 관람객들의 심미적이고 윤리적인 감수성을 일깨웠다는 점에서 주목할 만한 여성주의 미학 실천의 한 예라고 할 것이다.

3. 맺음말: 장소특정성에 기반을 둔 예술 실천과 '동두천 공동체'의 가능성

기술의 진보와 더불어 공간의 압축을 가져온 지구화는 본질적인 특정 문화 전통을 담지하고 있다고 간주된 지역 대신에 문화적 특성들을 보여주는 지역성을 논할 수 있는 가능성을 열어놓았다. 그러나 사이버 스페이스 등 추상적이고 가상적인 공간으로까지 확장된 지역 이해는 바로 그 장소에서 구체적인 삶을 살아온 사람들의 다양한 삶의 흔적들을 지우며, 그 장소와 연결되어 작동하는 그들의 심리적 구조를 무가치한 것으로 만들어 버릴 위험이 크다. 따라서 지역 연구를 기반으로 해서 예술 작업을 수행한다고 할 때, 특히 그것이 동두천처럼 이데올로기적으로 철저히 부정적인 정체성을 부여받고 있는 곳에 해당될 때, 그 작업의 고된 항해는 이미 약속된 것이나 마찬가지였을 것이다.

김동령과 정은영의 동두천 작업은 바로 이러한 고된 항해의 흔적과 그 결과다. 그럼에도 불구하고 궁극적으로 그들의 작업은 동두천이라는 구체적 장소에서 소속감과 동질성을 나누면서 삶을 살아나가는 어떤 공동체의 모습을 전달하고 있다. 한국이라는 국민국가 영토 내부에 '탈영토화된 초국가적 공간'으로 존재하는 대단히 이질적이고 고립된 동두천에서 미군을 상대로 서비스를 제공하는 이주 여성들은 이 장소에 대해 소속감과 동질성을 느끼기 힘들 것이다. 그러나 그렇다고 해서 완전한 소속감과 동질성을 보장하는 '올바른 장소'에 대한 심리적 애착attachment과 향수 어린 욕망(랠프, 2005)조차 전혀 존재하지 않는 것은 아니다. 돈을 벌기 위해 잠시 머문다고 하지만, 그것도 미등록 이주 여성으로서 성적 서비스를 제공하는 불확실한 삶을 살면서이지만, 이곳에서 여성들은 업주와 함께 고추를 닦으며 밥도 지어먹고 특정인과 각별한 관계도 맺으며 아이도 낳고 미사도 드린다. 이러한 양가성을 모두 포함하고(혹은 포함하고자 노력하고) 있는 김동령과 정은영의 작업은 정치적 · 종교적 연합이나 생산적 목표를 지향하는 지역 공동체의 현실을 넘어 '죽어가면서 부재에 이르는 타인 앞에서의 나의 현전'이라는 존재론적 조건에서 출발하는 공동체(블랑쇼, 2005: 23), 공동체의 불가능성 가운데 열리는 어떤 공동체의 모습을 심미적으로 상상하게 만든다. 이것은 특히 상패동 공동묘지의 이름 없는 무덤과 그 죽음에 대한 애도를 강조하는 이 두 작업이 정치적 발언이나 고발이 아니라 심미적 성찰성과 윤리적 감각의 일깨움으로 관람객에게 말을 거는 아트이기 때문에 가능하다.

한국의 근대화에 대한 성찰, 그리고 그와 연동되어 있는 한국/민의 정체성에 대한 탐구를 무엇보다 지역 현실의 역사 속에서 추구하는 것이 민중 미술의 목표였다면 지역특수성에 기반을 둔 아트 작업은 미완으로 남겨진, 또는 실패로 끝난 민중 미술의 계보를 잇는 것으로 해석될 수 있다. 또한 지구화와 더불어 다변화되고 가속화되는 이주의 흐름 속에서 '민중'의 범위를 국민국가 차원에서 혈연중심주의적 · 민족주의적으로 이해된 국민의 경계를 넘어서, 탈국가적post-national · 초국가적trans-national 차원에서 이주민을 포함한 공동 거주민으로 확장하는 것이야말로 시대와 함께 사고하는 민중 미술의 현재적 태도일 것이다. 또한 현실 인식과 정체성 탐구를 연계시키는 민중 미술은, 적어도 논리적으로 볼 때, 젠더 관점에서 사회의 관습과 상징 질서 체계를 재/해석하는 태도를 근본적으로 내포해야 한다. 지구화 시대에 지역특수성에 기반을 두며, 또한 공동체 구성에 관심을 두는 문화예술 실천은 민중 미술의 의미와 지향성을 당대 문화정치학의 환경에서 깊이 반성하고 현재적 상황에서 소통 가능한 형태로 새롭게 활성화시키는 시도로서 의미를 지닌다.

이렇게 볼 때 김동령과 정은영의 '동두천' 작업은 여러 가지 의미에서 미완으로 남겨진다. 동두천 '언니들'의 삶을 (공공의 방식을 벗어나) 윤리적으로 기억하고 '여성들 모두'의 웅얼거림으로 애도하는 구체적 장소가 될 수 있게 만드는 것과, 현재 그곳에서 일하며 살고 있는 이주 여성이 제대로 된 소속감을 느끼고 성원권membership을 누릴 수 있도록 만드는 것은 탈식민 · 탈국민국가적 특성을 공유하는 공동체의 상상과 무관하지 않기 때문이다. 또한 그러한 공동체의 상상과 현실화는 김동령이나 정은영이라는 개별 작업자의 일회적 작업 내부가 아니라 전시장을 떠난 관람객들의 이후 삶 속에서 계속 이어질 것이기 때문이다.

참고 문헌

강석경(1983), 『밤과 요람』, 서울: 민음사.

강성원(2004), 『시선의 정치: 한국 미술이론을 위하여』, 서울: 시지락.

강소연(2006), "1950년대 여성잡지에 표상된 미국문화와 여성 담론," 상허학회, 『상허학보』, 18: 107-136.

김병섭(2008), "동두천은 그리고 한국은 어디로 가는가?: 미군 주둔 도시의 어제와 오늘 그리고 미래," 한국문화예술위원회 인사미술공간, 『볼』, 9: 22-24.

김승옥(1995), 『김승옥소설전집 1』, 서울: 문학동네.

김엘림 · 권영자(1990), "윤락행위 등 방지법 개정을 위한 연구," 한국여성정책연구원, 『여성연구』, 26: 85-117.

김연숙(2003), "양공주가 재현하는 여성의 몸과 섹슈얼리티," 한국여성연구소, 『페미니즘연구』, 3: 121-156.

김연자(2005), 『아메리카타운 왕언니 죽기 오분 전까지 악을 쓰다』, 서울: 삼인.

김영옥(2007), "기억, 신체, 차이: 지구/지역 시대 여성주의 미학 실천," 이상화 외, 『지구화 시대의 현장 여성주의』, 서울: 이화여자대학교출판부.

김은실(2004), "지구화 시대 근대의 탈영토화된 공간으로서 이태원에 대한 민족지적 연구," 한국여성연구원 외, 『변화하는 여성문화 움직이는 지구촌』, 서울: 푸른사상.

김현숙(2006), "GI와 PX 문화를 통해 본 미국문화," 상허학회, 『상허학보』, 18: 137-162.

김희진(2008), "동두천, 비영토, 비국민," 한국문화예술위원회 인사미술공간, 『볼』, 9: 2-9.

랠프, 에드워드(2005), 『장소와 장소 상실』, 김덕현 · 김현주 · 심승희 옮김, 서울: 논형.

레비나스, 임마뉴엘(2005), 『윤리와 무한: 필립 네모와의 대화』, 양명수 옮김, 서울: 다산글방.

문, 캐서린(2008), "매매춘의 부활, 동맹 조약의 전복: 한국의 '반미주의'와 젠더 정치학," 한국문화예술위원회 인사미술공간, 『볼』, 9: 298-334.

복거일(1994), 『캠프 세네카의 기지촌』, 서울: 문학과지성사.

블랑쇼, 모리스(2005), 『밝힐 수 없는 공동체 / 마주한 공동체』, 박준상 옮김, 서울: 문학과지성사.

성완경(1999), 『민중미술, 모더니즘, 시각문화』, 서울: 열화당.

_____(2007), "맥락과 이슈: 한국 현대 미술의 열려진 출구를 위한 질문들," 쌈지스페이스 특별기획 국제 강연회 「변화와 이동: 세계 속 한국미술」 자료집: 32-44.

신지영(2006), "한국 현대미술의 모더니즘 담론과 추상미술의 성별 정치학," 한국여성학회, 『한국여성학』, 22(3): 263-293.

아감벤, 조르조(2008), 『호모 사케르』, 박진우 옮김, 서울: 새물결.

여지연(2007), 『기지촌의 그늘을 넘어: 미국으로 건너간 한국인 군인 아내들 이야기』, 임옥희 옮김, 서울: 삼인.

이나영(2008), "탈식민주의 페미니스트 읽기: 기지촌 성매매 여성과 성별화된 민족주의, 재현의 정치학," 한국여성학회, 『한국여성학』, 24(3): 77-109.

전우섭(2002), "민족의 혼 금이," 주한미군운동본부 「잊지 못할 이름, 윤금이: 고故 윤금이 씨 10주기」 자료집: 3-4.

정은영(2008), "동두천 프로젝트를 마치며," 한국문화예술위원회 인사미술공간, 『볼』, 9: 228-253.

정헌이(2004), "상상계로서의 미술사: 미술사 교육에 있어서 젠더의 문제," 한국미술사 교육학회 주최 제15회 전국학술대회「미술사와 교육」발표문.

_____(2007), "90년대 이후의 한국미술 : 비즈니스 모델의 도입인가 패러다임의 변화인가," 쌈지스페이스 특별기획 국제 강연회「변화와 이동 : 세계 속 한국미술」자료집 : 7-25.

조해일(1974),『아메리카』, 서울 : 책세상.

채오병(2007), "식민지 조선의 비서구 식민구조와 정체성," 한국사회사학회,『사회와 역사』, 76 : 99-333.

최진이(2005),『(국경을 세 번 건넌 여자) 최진이』, 파주 : 북하우스.

Butler, Judith(2004), *Precarious Life: The Powers of Mourning and Violence*, London & New York: Verso.

Enwezor, Okwui(2007), "Contemporary Art's civilizational Gap," in 10th Istanbul Biennial, Exhibition Catalog, *Not only Possible, but also Necessary. Optimism in the Age of Global War*: 387-388.

Hughes, Theodore(2008), " Dongducheon: Everyday Life, Violence, and the State of Exception,"「동두천 : 일상의 삶, 폭력, 그리고 예외 상태」, 한국문화예술위원회 인사미술공간,『볼』, 9 : 254-283.

Kortun, Vasif(2007), "Notes on the Biennial," 쌈지스페이스 특별기획 국제 강연회「변화와 이동 : 세계 속 한국미술」자료집 : 88-93.

Montgomery, John(2007), *The New Wealth of Cities: City Dynamics and 5th Wave*, Burlington & VT: Ashgat.

Morgan, Robert C.(2000), "Does Art still remain?: The "Globalized" Artist in the New Millennium," 광주비엔날레「The Kwangju Biennale 2000 Symposium」자료집 : 27-31.

Stallabrass, Julian(2004), *Art Incorporated: The Story of Contemporary Art*,

New York: Oxford University Press.

인터넷 자료

김동령(2009), “그곳에 있지만 또한 존재하지 않는 곳,” 「아메리칸 앨리」, http://cafe.naver.com/mphotonet/136

성적 · 인종적 타자와 공간 :
기지촌의 형성과 '양공주' 만들기*

이나영

식민지 통치와 미군정의 지배, 전쟁을 겪으면서 근대 한국 사회의 지리적 · 공간적 변화는 다양한 권력 구조와 어떤 연관성을 지니며 주체들과 관계 맺기를 할까? 특히 구획화된 장소들 간의 차이들은 구체적으로 젠더와 어떤 관계가 있는 것일까? 여성주의 지리학자 맥도웰(2010)은 장소는 고정된 것이 아니라 서로 경합을 벌이는 유동적이고 불확실한 것으로, 장소를 규정하는 것은 사회 공간적 실천이라고 주장한다. 그는 이러한 실천들이 권력과 배제의 사회적 관계를 통해 구성되고 유지되며 변화하는 복수의 경계를 가지고 있다고 지적하고, 따라서 장소는 경계를 규정하는 규칙들을 구성하는 권력 관계를 통해 만들어진다고 주장한다. 이 글은 린다 맥도웰Linda McDowell의 통찰력을 빌려 어떻게 특정한 장소가 권력 관계를 통해 구성되는지, 이때 장소들을 구획하는 경계들은 어떻게 만들

* 이 글은 『한국여성학』 제23권 4호(2007년)에 게재된 논문 "기지촌의 공고화 과정에 대한 연구(1950~60): 국가, 성별화된 민족주의, 여성의 저항"을 수정 · 보완한 것이다.

어지고 재생산되는지를 '기지촌' 구축 과정을 중심으로 살펴보고자 한다. 특히 저자가 주목하는 부분은 공간의 형태와 이미지, 공간적 규범이 구체적으로 '양공주'라는 여성의 몸과 섹슈얼리티와 어떻게 상호 구성적인 관계를 맺는가다. 이는 사회적이면 동시에 공간적이기도 한 경계들이 만들어지고 작동하는 방식에 대한 질문이기도 하다.

해방 직후, 존 하지John R. Hodge 장군이 이끄는 미 24사단이 인천에 상륙한 이래, 미군 주둔과 기지촌, '양공주'의 존재는 불가분의 관계로 여겨져 왔다.[1] 실질적인 미군기지의 위치와 숫자, 주둔군과 주둔지, 심지어 위안의 주체는 역사적으로 변화해 왔음에도 불구하고 '미군을 위안하는 여성들이 존재한다'는 '사실'은 변함없는 당위로 받아들여져 왔다.[2] 그러나 저자는 미군 주둔으로 인해 '어쩔 수 없이 존재해야 하는 것' 혹은 '필요악으로서 기지촌'에 대한 근본적인 의문에서 출발한다. 기지촌은 어떠한 과정을 통해 만들어진 것일까? 그렇게 만들어진 기지촌의 규제적 효과regulatory effects는 무엇일까? 따라서 '구성된 것으로서 기지촌'이라는 개념은 기지촌이 사회적 · 공간적 · 상징적으로 만들어진 것으로 대한민국의 근대사를 구성하는 다양한 힘의 역학 관계의 산물이라는 인식에 근거한다. 이는 헤게모니적 힘의 역동성에 의해 끊임없이 변화해 왔으며, 그 다면적 · 다층적 힘의 관계 속에서 만들어진 '양공주'라는 알레고리에 대한 분석과 해체를 동반한다. 왜냐하면 기지촌은 이질적이며 위계

1 1950년대와 60년대에는 주로 미군으로 대변되는 외국 군인을 상대로 성매매를 하는 여성들을 'UN 마담,' '양공주,' '양색시,' '양갈보,' '양부인,' '위안부' 등으로 불렀는데, 이는 모두 현재적 개념의 기지촌 여성들을 지칭하는 용어라 볼 수 있다. 이 글에서는 맥락에 따라 선택적으로 사용함을 밝혀 둔다.

2 대한민국에는 2005년 현재, 90개의 미군 관련 시설물, 41개의 기지, 38개의 통신시설, 11곳의 훈련장이 있으며 약 32,000여 명의 미군이 주둔하고 있으며, 현재 진행되고 있는 전략적 유연성strategic flexibility에 근거하여 기지와 군인의 숫자는 변동하고 있는데 2008년에는 24,500여 명의 미군이 주로 평택기지를 중심으로 재편될 예정이라고 한다. 이와 더불어 현재 90% 이상의 기지촌 여성들은 필리핀 여성들로 대체되었다(두레방, 2004).

적인 두 (남성) 문화와 주체들이 양공주의 몸을 매개로 만나며 충돌하는 지점site이자, 대한민국의 주권과 민족공동체에 관한 질문을 늘 동반하게 하는 장소place이기 때문이다. 그러한 공간 속의 양공주는 정치적으로는 국가 안보의 담보물이자 경제 성장의 발판이었지만, 전쟁과 가난, 포스트/식민성을 인지시켜 주는 대면하고 싶지 않은 집단적 과거이자 현실의 상징이며, 동시에 '미래'에 대한 희망을 내포하고 있는 모순적 기표다. 존재해야 하지만 존재할 수 없는, 그리하여 무의식의 한켠에 위치되어야만 하지만 가끔 출몰하고야 마는 이중적 식민성의 징후 같은 것이었다.

그러나 젠더와 섹슈얼리티, 계급, 민족주의와 식민주의의 다중적 · 교차적인 그물망에 놓여 있는 기지촌과 양공주에 대한 본격적인 학문적인 논의는 그동안 거의 부재해 왔다고 해도 과언이 아니다. 특히 구체적으로 어떠한 국가 정책이 기지촌과 양공주의 존재를 가능하게 했는지에 대한 연구는 거의 전무했다. 이는 기존의 민족주의 논의 자체가 가지는 몰성성 및 남성중심성과도 유관하다 하겠다. 그나마 반제국주의, 반미 운동의 물결 속에서 나온 몇몇 연구는 기지촌 문제를 효과적으로 공론화하는 데 기여했지만, 그 존재 자체를 미군 주둔과의 연결 고리 속에서만 파악하거나, 현대사의 '비극'이자 석화된 것에 대한 비판 이상을 뛰어넘지 못했다(오연호, 1989; 노근리, 2001; 주한미군운동본부, 1999; 다큐인포, 2004). 이에 근거한 기지촌이라는 공간에 대한 해체 전략은 결국 미군 철수로 귀결되며, 기지촌 건설과 유지 전략에 공모한 한국 정부와 남성 주체는 '미국과 미군의 문제'라는 언설 뒤로 숨게 된다. 따라서 여성의 몸의 상징적 · 실질적 분리의 문제, 이와 연관된 억압적 정체성 구성과 해체에 대해서는 제대로 질문되지 못했다.

이에 반해 여성주의자들은 군사주의와 한국의 가부장제의 연결 고리 안에서 여성의 인권과 재현의 문제, 성별화된 섹슈얼리티와 남성 중심적 민족주의에 대한 문제 제기 등의 차원에서 기지촌을 분석해 왔다(강소연, 2006; 김연숙, 2003; 김은하, 2003; 김현선, 2001; 2002; 최정무, 2001; 정유진, 1999; 정희진, 1999; 최성실, 2003; 이나영, 2007). 특히 1970년대 한미 간 동맹의 차원에서 시행된 기지촌 정화 사업을 분석한 문(Moon, 1997; 1998)의 연구와 전쟁과 여성이라는 대주제 하에 이루어진 이임하(2003; 2004a; 2004b; 2004c)의 연구 궤적은 탁월하다고 평가된다. 그들은 가부장 남성 중심 국가가 자신의 이익을 위해 여성의 섹슈얼리티를 어떻게 이용해 왔는지 구체적인 역사적 사실을 통해 논증하고 있다는 공통점을 지닌다. 그러나 시대적으로 한정된 두 연구의 특성상 역사적 연속성과 단절 속에 변화하면서 지속되어 온 '기지촌' 구성의 정치학이 선명하게 드러나지 않는 한계가 있다. 특히 시공간과 주체들의 사회적 실천들 간의 상호 작용을 통해 구성되고 재현되는 '기지촌'과 '양공주'에 주목한 기존 연구는 거의 부재한 실정이다.

이 글은 젠더와 섹슈얼리티, 계급과 인종이 교차하는intersectional 포스트/식민 공간으로서 기지촌에 주목하고자 한다. 저자가 포스트/식민이라 칭하는 이유는 대한민국 역사에서 공식적 종식 이후 여전히 지속되고 있는 식민지적 권력 관계를 인지하고, 경제적 · 정치적 층위를 넘어 문화적 차원에서 식민주의의 역사적 단절성과 연속성을 동시에 포착하고자 하기 때문이다. 구체적으로 기지촌 '공간'의 역사적 구성 과정을 1950년대를 중심으로 살펴봄으로써, 국민국가 건설 시기의 공간적 분할이 어떻게 젠더화, 인종화된 기획과 연결되어 특정한 정체성을 생산하는 기제가 되고 있는지 분석하고자 한다.

1. 젠더화된 민족, 성애화된 몸, 이중의 번역: '양공주'

특정한 행위(양식)와 이에 대한 도덕적 판단, 이를 통한 인간에 대한 범주화는 상호 구성적이다. 또한 범주화를 통한 상징적 구분은 실제 물리적 배제 및 공간적 분리와 불가분의 관계에 있다. 그러한 관계의 중핵에는 생물학적 본질론에 의존하는 '종별화' 전략이 놓여 있다. 성차별주의나 인종차별주의가 (재)생산되는 방식이 대표적인 예이며, 이데올로기로서 민족주의 또한 유사한 논리 구조를 지닌다.

전형적인 민족주의의 서사에서 남성들은 민족을 여성과 동일시하며, 자국 여성들을 소유물, 민족정체성 및 문화의 전수자로 여김과 동시에 타국 남성들의 폭력, 성적인 침해, 혹은 유혹에 취약한 몸으로 여긴다(Pettman, 1999: 5-6). 이는 타국 남성의 성적 침해에서 자국 여성을 보호하지 못한 남성은 결국 여성의 몸과 동일시되는 국가에 대한 권리를 상실한다는 남성들 간의 암묵적인 동의를 전제한다(Peterson, 1998: 44). 그러므로 타국 남성과 성적인 관계인 관계를 맺는 여성들은 민족과 젠더, 여성들 내부의 계층적 경계를 구획하는 집단 간 차이의 지표로서 사용되며, 그러한 경계를 유지하고 강화하기 위한 전략에서 배제와 통제의 대상이 되어왔다.

또한 젠더화된 민족주의에 대한 사고는 가부장 남성의 몸에 배태된 식민성에 대한 성찰과 분석을 요하는 작업이 된다. 식민화된(되었던) 국가의 주체는 늘 과거와 모순된 관계를 가진다. 식민지의 경험이 있는 주체들은 식민지 경험이라는 민족적 수치에 대한 분노와 부인이 과거와 전통에 대한 향수라는 모순과 역설적으로 만나게 된다. 그러므로 민족의 고유성과 도덕성, 전통을 상징한다고 여겨지는 여성은 그 존재 자체가 식민주의 경험의 생생한 증거이므로 분노의 대상이자 부인되어야 할 존재다. 동시에 여성은 민족국가의 미래를 담보하는 재생산자이자 민족의 전통과 도덕성을 은유하기 때문에 지켜져야 할 중요한 대상이라는 모순적 위치를 갖게 되는 것이다. 보호받아야 할 피해자 여성이라는 상징적 위치는 지켜야 할 조국과 등치되면서 이를 지켜 주는 강한 전사 남성의 존재성을 확인해 주는 전제이자, 민족주의를 동원하는 기제가 되기도 한다. 그러므로 민족주의 언설에서 중요한 부분은 '순결한' '도덕적인' '정숙한' 여성, 그리하여 집단적 민족의 정체성을 담지했다고 여겨지는 여성과 그렇지 못한 여성의 이분법적 구분이다. 민족의 발전을 위해 희생하는 순결한 딸과 어머니는 민족 자체의 과거나 현재를 기표하며 미래를 담보하는 존재로 민족공동체의 수호자로 호명된다. 반면, 성적으로 타락한 여성은 민족의 아들들에게 보호받을 자격이 없으므로 그들의 존재는 민족 성원에서 제외된다. 특히 외국 남성 혹은 적에게 '더렵혀졌다'고 여겨지는 '양공주'는 민족성 자체를 손상시켰을 뿐만 아니라, '혼혈'을 배태한다는 점에서 민족의 미래를 위협한다. 민족과 국가라는 상징적 경계를 흐리는 이들은 '위험한' 여성으로 호명되어, 집단적 배제와 응징의 대상이 된다. 동시에 적의 침입과 수탈에서 자국 여성을 보호하지 못한 나약한 민족 남성성을 증거하는 상징이므로, 드러내서는 안 될 민족의 수치가 된다.

그러나 아이러니하게도 민족을 상징하는 여성을 얼마나 잘 지킬 수 있는지의 여부가 또한 남성성을 가늠하는 척도가 되기 때문에(Wenk, 2000: 68-69), 민족주의는 손상된 남성성의 자존심을 회복하기 위해 자국 여성에 대한 타국(적)의 전유에 저항하고 이에 대한 소유권을 재주장하게 된다(Enloe, 1990: 44). 강렬한 저항과 항의는 나약하게 여성화된 민족(국가)의 이미지 자체, 예를 들어 수탈의 대상이 된, 정복당한 국가의 주권을 회복하는 것이며, 민족 주체의 남성성을 강화시킬 정당성을 제공해 주는 과정이다. 자국 여성에 대한 타민족의 수탈 정도를 심하게 드러낼수록 타국(가해국)의 도덕성과 정당성은 더욱더 손상을 입으며, 이에 따라 민족주의자들의 존재 근거 또한 강화된다. 따라서 수탈당한 여성의 몸 이미지는 민족주의자들이 타국가, 식민주의, 제국주의에 저항하는 기표로 이용되거나 다른 국가를 침범하고 지배하기 위한 주요 거점으로 이용되어 왔다. 그리하여 윤금이 사건의 예에서 보듯이,[3] 한 번도 민족공동체에 속해 보지 못한 더러운 '양갈보'는 민족의 처녀로 되살아나며, '기지촌'은 제국주의자에 의해 빼앗긴 민족 주권의 상징이자, 되찾아야 할 민족의 '고향'으로 (재)위치지어지기도 한다.

그러나 '양공주'들은 미국과 한국 어디에도 속하지 못하는 경계인의 정체성을 구성함으로써 역설적으로 국가와 민족의 경계를 넘나든다. 아래의 신문 기사를 통해 우리는 한국 여성들의 태도가 어떻게 미군에게 인지되어 '양공주'라는 기표가 만들어지고, 어떠한 방식으로 이것이 다시 한국 국민을 통해 재구성되어 왔는지를 짐작할 수 있다.

> 사상 가장 치열했던 제2차 대전을 갓 겪은 '지. 아이'였을 망정 구미 사람을 처음 대하고 또는 기질을 처음 대하는 한국 여성들의 도의심 앞에서는 횡포를 할 수가 없었다. 전후, 한 미군 '클럽'의 파티에서였다. 한 한국 여성과 춤을 추던 한 장교가 그 무뚝뚝하고 수줍음에 느껴진 것이 있었음인지, "오! '프린세스'!"라고 탄성을 올렸다. 이 말이 미군 사이의 통용어가 되었고 이 말이 캠프에서 새어나오자 양洋자가 붙어 '양공주'란 새말이 탄생하게 됐다

3 '윤금이 사건'은 1992년 10월 28일, 동두천에서 발생한 미군에 의한 기지촌 여성 살해 사건이다. 사건의 참혹성과 SOFA의 독소 조항 때문에 용의자 케네스 마클 이병이 특별한 조사 없이 미군 측에 신병이 인도되자 이에 분노한 50여 개 시민단체는 '공대위'를 결성하고, 11월 7일 미 2사단 앞에서 2,000여 명의 시민이 항의 시위를 시작했는데 이는 곧 10만 범국민 서명운동으로 확대되었다. 이 사건은 기지촌 여성의 존재를 세상에 알리는 축매제가 되었지만, 한편으로 젠더와 민족이 어떠한 관계 맺기를 하고 있는지 극명하게 드러낸 사례라 할 것이다.

고 전해지고 있다(『조선일보』, 1962. 8. 15).

즉, 상상적 존재로서 '기지촌' 여성은 식민지의 남성 주체들이 비굴할 수밖에 없었던 절대 타자인 미국 앞에서도 굽히지 않는 "도의심"을 지닌 존재로, 실재계의 '양갈보'라는 존재가 표상하는 식민지의 처참한 현실을 망각하게 한다. 이는 식민화된 주체의 정체성을 형성하는 기제인 현실에 대한 무의식적 · 의식적 부인negation이나 망각이 현실에 대한 인식과 모순적으로 교차하는 지점에서 '양공주'가 구성된다는 점을 보여 준다. 프란츠 파농Frantz Fanon에 의하면 부인과 인정의 모순된 결합은 식민지 지배 자체를 완전히 부정하지도 동화되지도 못하는 피지배자 남성의 분열된 정신의 발현이자 이를 정당화하는 기제다(Fanon, 1967: 37-38). 그러므로 '양공주'라는 기표는 스스로 식민지 지배자임을 교묘한 방식으로 피하고 싶어하는 미국과 이를 인정하지도 거부하지도 못하는 한국 가부장 민족주의의 이중주가 만들어 낸 '기억의 정치학', '재현의 정치학'의 결과물이자, 역설적 모순을 드러내는 '위반의 정치학'을 구성한다. 결국 '양공주'라는 언표는 동서양 국가 간 남성 주체들의 인식론적 틀의 경계를 횡단하면서 정체성이 이중, 삼중으로 번역되는 방식을 폭로하고 있다.

따라서 외국인과 '몸을 섞는' 기지촌의 여성들은 다양한 물적 · 상징적 경계의 안과 밖에서 가부장 민족국가의 지배 전략에 유용되기도 하지만 식민 지배자/피식민지자, 민족 주체/타자 간의 경계를 재구성하거나 위태롭게 하며, 경계를 위반하기도 한다. '양공주'의 몸은 그야말로 젠더와 민족, 계급적 · 인종적 경계가 관통하는 장이자, 경계를 재구성하는 장소가 되는 것이다. 이러한 점에서 다양한 "사회적 실천들과 장소/젠더에 대해 사고하고 재현하는 방식은 서로 연관되어 있으며 상호 구성적"이라는 맥도웰(2010: 31)의 지적은 타당하다.

이상과 같은 문제 의식에 따라 저자는 '양공주'의 몸이 어떻게 권력 관계가 각축하는 장이 되며, 인종적 · 성적 공간을 구분하는 표지가 되는지 다음 절에서 구체적으로 살펴보고자 한다. 특히 한국전쟁과 국민국가 건설 시기를 중심으로 기지촌이 형성되는 초기 과정에 분석의 초점을 맞추고자 한다. 저자가 주목하는 지점은 식민지와 전쟁, 절대적 가난이라는 토양 위에 외국 군인을 상대로 하는 성매매가 산술적으로 증가했다는 단순한 역사적 사실이 아니라, 누구의 이해 관계에 근거하여 무슨 목적으로 어떻게 여성의 몸이 동원되는지, 이에 따라 어떻게 특정한 정체성이 생산되는 몸-장소가 되는지에 대한 것이다. 이는 기지촌 구축의 효과에 대한 질문이자 젠더화된 포스트/식민 공간에 대한 근본적인 문제 제기이기도 하다.

2. 한국전쟁 : 위험한 '타자들'의 등장

일제 식민지와 미군정 시기를 거쳐 한국전쟁은 '양공주'라는 낯선 몸들을 생산해 내는 주요한 토양을 제공했다. 전쟁 발발 직후부터 한국전에 투입된 외국 군인은 1951년 약 20만 명에서 1953년에는 32만 5천 명으로 증가했다. 이에 따라, UN군을 이끄는 미국의 입장에서는 전투에 지친 병사들을 위무하는 일이 전투력 유지를 위한 필수적 과제로 부각되었다. 이는 "섹스는 군인이 되기 위한 필수적" 과정이며, 전시에 타국 여성들을 대상으로 한 "성적인 탐험"은 불가피한 것이라는 가부장적 근대 군대 문화와 연관된다(Brant, 1985).

절대적 생존의 시기에 무엇이든 돈이 되는 것은 팔아야 한다는 현실과, 여성의 몸은 거래의 대상이 되며 병사들의 사기 진작과 전투력 유지를 성적 욕구의 해결과 연관시키는 젠더 이데올로기가 맞물려 전시 성매매는 급속도록 확대되었다. 실제로 신오성(1989: 58)에 의하면, 당시 서울 지역에만 '윤락녀'가 약 65,000여 명에 이르렀다고 하는데, 이는 미군정 당시인 1948년 실시한 조사 수치보다 대략 5만여 명이 증가한 것이었다.

이러한 새로운 '현상'에 대해 한국에서는 자국 여성의 정조 관리라는 차원에서 '젊은' 외국 병사들의 성욕 관리가 주요한 문제로 떠올랐다. 이에 따라 한국 정부는 특정 장소에 위안소를 설치하고 등록제를 실시하여 성매매 여성들에게 강제적으로 성병 검진을 받게 했으며, 허가받은 업자와 성매매 여성들로부터 일정한 세금을 징수하는 등, 해방 이후 폐지한 공창 제도를 실질적으로 부활하게 된다. 특히 병사들의 성적 욕구 해소를 통한 군의 사기 진작 차원에서 군 위안소가 설치되었는데, 이임하(2004b: 130)에 의하면, 1950년 여름, 부산 위안소의 설치에 이어 마산에 연합군 위안소 5개소가 설치되었으며, 1951년 부산에만 위안소 74개소와 UN군 전용 댄스홀 5개소가 허가되었다고 한다.

그런데 주목할 점은 같은 해 10월 12일, 국무회의 의결에 따라 "갑종, 을종 등 요정 카페" 등이 폐쇄되고 "접대부 규제" 등 행정 조처가 공식적으로 취해졌다는 사실이다(대한연감, 1952: 396). 이는 다음의 두 가지 측면에서 해석해 볼 수 있다. 우선 성매매 여성들에 대한 통제를 원활화하기 위한 위선적 국가 정책의 일면일 수 있다. 단속, 규제, 폐쇄, 폐지 등의 조처는 역사적으로 사회에 위협이 되는 '위험한' 여성들에 대한 국가의 담론적 통제 전략이었다. '근절'이라는 행정적 실천 양식이 애초부터 결여되었을 뿐만 아니라, 좀 더 원활한 통제를 결과했다는 점, 성매매에 관한 실질적 국가 규제 대 선언적 근절이라는 이중 양식의 전형을 보여 준다는 점에서 당시 행정 조처 또한 여성에 대한 담론적 통제의 연장선상에서 해석해 볼 수 있겠다.

둘째, 가부장적 이해 관계와 국가 기구의 정책 양식 간의 충돌로 인해 의도하지 않은 모순이 발생했을 가능성이다. 즉, 전시 여성의 섹슈얼리티를 통제하고자 하는 가부장적 고민이 정책에 반영되었으나 결국 국가의 실질적인 이익 앞에 그 실효성을 상실하게 되었다고 추측해 볼 수 있다. 전시 상태에서 한국 정부의 행정 집행 무능력과 국가를 대변하는 실질적인 권력의 소재지를 고려해 볼 때, 한국적 가부장 이데올로기가 국가 정책에 일관되게 적용, 실행되기 힘들었을 가능성 또한 배제할 수 없다.

문제는 성매매가 실질적으로 급증했다는 사실과 이것이 성병 증가의 주원인으로 인식되었다는 점이다. 이로 인한 병사들의 사기 저하 및 전투력의 손실 초래가 또한 심각한 문제로 떠올랐다. 1952년 조사된 '접객부' 54,600명 중 약 50%가 성병에 감염되어 있을 정도로 실제 성병의 만연은 심각한 수준이었다(대한연감, 1952: 396). 한국 여성들의 성병 감염률은 참전 군인들의 성병 감염률과 직접적인 연관을 가지는데, 한국전이 한창이던 1952년 당시, 극동군 소속 미군 중 25%가 성병에 감염되어 있었다고 한다(그림 1).

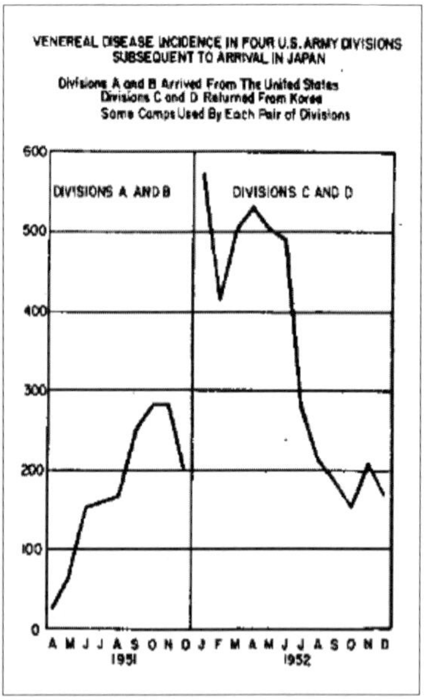

〈그림 1〉 한국전 당시 미군의 성병 감염률(1951~52년)
출처: McNinch, 1954.

급증하는 성병 감염률에 당황한 연합군 측은 1952년 6월, 일본에서 연합군태평양지역사령부Allied Forces Pacific Are a Command 주최 성병 관련 대책 회의를 개최한다. 이 회의에 참석한 군지휘관들

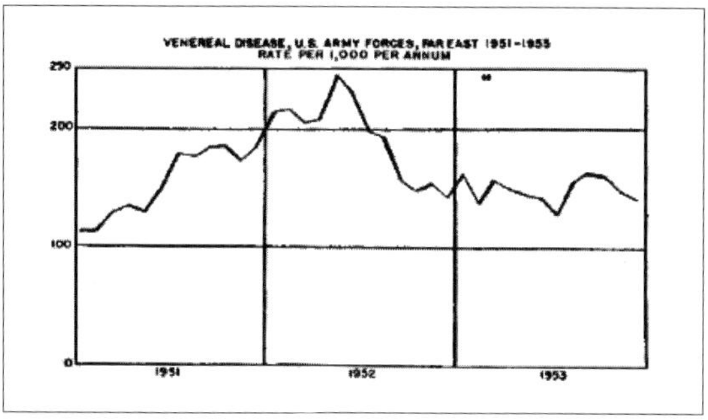

〈그림 2〉 미극동군 소속 군인들의 성병 감염률(1951~55년)
출처: 미극동군 사령부.

은 효과적인 통제로 일본의 성병 증가 추세가 눈에 띄게 줄고 있는 반면, 한국에서의 성병 통제는 상당한 애로점이 있을 뿐 아니라 감염 시 "민간 처치의 기회마저 제한적"이라고 지적했다(McNinch, 1954: 154). 성매매의 만연과 성병에 관한 민간 처치 시설의 부족으로, 미국에서 극동군에 막 도착한 미군에 비해 한국전 참전 후 돌아온 미군의 성병 감염률은 많게는 3배에 이르렀다고 보고되었다(그림 2).

연합군을 대표하는 미군 측의 불만은 곧바로 한국 정부에 대한 압력으로 이어져 보건부에서는 성병 관리에 대한 특별 대책을 발표하고 보건부 예산 중 성병 관리사업의 예산 배당을 증가했다(이임하, 2004a: 240). 모든 성매매 여성은 의무적으로 건강 진단을 받고 건강증명서를 소지하게끔 되었으며, 검진 시 성병 감염이 의심되면 증명서는 즉각 회수되고 성병이 완치될 때까지 증명서를 돌려받지 못했다(신오성, 1989: 59). 부산, 서울, 대구, 수원, 마산, 군산 등지를 중심으로 성병진료소가 설치되었고 '접객부' 및 일반 질병 환자에 대한 무료 진료도 실시된다(대한연감, 1952: 396). 서울 지역에는 국립성병원 외 5개소의 성병 치료기관과 경찰서, 주위 병원들과 유관되거나 독립된 성병치료소가 있었다고 한다. 미군 측은 성병 검진과 진료를 담당했던 경찰에 페니실린을 지원하여 보균자 치료에 사용토록 했으며(이임하, 2004a: 239), 한국민간구호계획Civil Relief in Korea: CRIK에서도 성병 치료를 위한 의약품을 무료로 제공했다고 한다(신오성, 1989: 59).

한 가지 특이한 사항은 전시 유엔군(미군)과 접촉하는 여성들은 성병 이외에 국가 안보 차원에서도 관리되었다는 점이다.

> 서울지방계엄사무소에서는…… 각 기관장을 소집하여 일선 지구인 서울시내에 거주하고 있는 '유엔'군을 상대로 하는 매춘부 철수에 대한 군수회의가 개최되었는데 이것은 모 기관의 지시에 의한 것이라 하며 동 회의석상 서울시민증이 없는…… 자는 무조건 한수 이남으로 철수시키기로 되었다고 한다. 그런데 이들에 대한 철수령은 풍기상 불미하다기보다도 방첩, 방범에 기인한다는 것이다(『조선일보』, 1952. 7. 16).

위의 기사에 나타난 바와 같이 외국군을 상대로 하는 '갈보'들은 '풍기문란'과 성병 만연의 주범일 뿐만 아니라(『영남일보』, 1952; 이임하, 2004a: 239), 주요한 군사 기밀을 빼낼 우려가 있는 간첩으로 의심받았다. 그리하여 군수회의의 결과에 따라 '양갈보 철수령'이 내려지기도 했다. 그러나 실제로 철수령에 해당되는 '양갈보'는 외국 군인을 상대하는 성매매 여성들의 일부에 불과했던 것으로 보인다. 당시 한 신문은 미군(유엔군)을 상대하는 여성들을 네 부류로 나누고 있는데, 첫째, 고급 장교를 상대로 파티 장소에서 사교적인 교제를 하며 성매매도 하는 고급 인텔리 계층의 여성, 둘째, 외국 군인과 동거하는 여성, 셋째, 포주를 두고 성매매를 하는 여성, 마지막으로, 최전선 지구에서 기회 여부에 따라 성매매를 하는 여성이다(『서울신문』, 1952. 7. 26; 이임하, 2004b: 117).

이 밖에도 1940년 후반 이후 외국 군부대에 조달되는 여성들은 두 가지 범주가 더 있었다.

첫 번째 그룹은 일제 식민지 시기 동안 상하이上海와 만주 등지에서 '댄서'로 일하다 서울로 돌아와 충무로의 사교장에서 일하던 '대륙파' 여성이었다(『조선일보』, 1962. 8. 15). 양공주 1기생, 혹은 '해방 양공주'라 불리는 이들은(『조선일보』, 1962. 8. 15), 미군들 사이에서는 '상하이 걸'이라 불리기도 했는데 국제적 감각과 세련됨, 위생 관념 등으로 인해 미군들의 선호 대상이었다고 한다. 이들 여성은 한 달에 한 번 검진을 받았기 때문에, "성병으로부터 상대적으로 자유롭다"고 믿어졌다(Letter from Orlando Ward, Major General, U.S. Army Commanding to Lieutenant General John R. Hodge, 21 May 1948).

두 번째 그룹은 가정부, 커피 걸, 타자수, 미용사, 세탁업자 등으로 미군 내에서 일하던 한국 여성들로 이뤄졌다. 이들 여성은 미국 병사들의 에스코트로 미군기지 내에 있는 사병 클럽의 댄스 파티에 다녔다. 역시 일반 성매매 여성들보다 상대적으로 깨끗하다고 믿어졌기에 미군들이 선호했다. 따라서 공식적 통제 대상으로 지목된 '양갈보'는 실질적으로 다양한 형태로 존재했던 '양공주'의 범주를 포괄하지 못하는, 상징적인 존재 그 이상도 이하도 아니었던 것이다. 다만 정기적인 관리의 유무와 통제 가능성의 정도가 상징적으로 이들을 구분하는 잣대로 작용했다.

이처럼 한국전쟁은 국가 권력이 어떻게 타국가의 이익과 결합하여 여성들의 몸과 섹슈얼리티를 활용하는지, 이때 포섭과 배제, 일관성과 비일관성의 논리가 어떻게 혼재하여 작동하는지 보여 준다. 특히 여성의 섹슈얼리티 활용 방안 중 하나로 부활된 국가 규제 공창제의 모순적인 특징—공식적인 규제와 비공식적인 허용 혹은 지원—을 고스란히 드러내 준다. 이로써 외국 군인을 상대로 성매매하는 여성들은 전시 전투력 유지의 일

환으로 동원된 성적 위안의 대상이자 성병 통제의 대상이며, 국민 보건과 안보에 위협적인 존재로 호명되고 다양한 방식으로 분류되기 시작했다. 그러나 개념적 · 물적으로 포섭되지 못하는 '다양한 양공주들'의 존재는 역설적으로 가부장적 '경계'와 이에 기반한 정책의 작위성과 취약성을 드러내기도 했다. 다시 말해 여성의 몸을 가로지르는 다양한 경계들은 기실 외국인(타자)과 만나는 여성들(타자의 타자)이라는 '위험한 몸'에 체현된 한국의 역사적 상황에 다름 아니며, 이로써 범주화는 불가능성을 스스로 폭로한 채 역사적 잔재로 남게 된다.

3. 경계에 대한 공포와 성적 · 인종적 타자의 형성

한국전쟁은 전 산업의 초토화, 전 국토의 피폐화와 더불어 대미 의존의 절대화, 미군 주둔의 (반)영구화를 초래했고, 이로 인한 미군 상대 성매매의 급증은 불가피한 것처럼 보였다. 실제로 전쟁이 끝나자 외국 군인을 상대로 하는 양공주의 수가 서울 지역에만 약 20,000명에 이르게 되었다고 하는데(『조선일보』, 1953. 7. 27), 『한국일보』는 1955년 전체 110,642명 중 미군 상대 성매매 여성이 50%가 넘는 61,833명에 이른다고 보도한 바 있다(『한국일보』, 1956. 4. 29). 이임하(2004a: 136-137)는 공식 · 비공식 보도 자료와 통계 자료를 종합하여 1950년대 당시 성매매 여성 수가 적어도 15만 명 이상이었으며, 이 중 미군 상대 성매매 여성은 약 50%를 차지한다고 주장한 바 있다. 그러한 수치는 실제로 수많은 '평범한' 여성이 각자의 교육적 · 가정적 배경과 무관하게 '위안부', 'UN 마담', '양공주', '양갈보' 등으로 불리며 생계가 힘든 가족 부양과 스스로의 생존을 위해 미군을 상대로 돈을 벌어야 했다는 역사적 사실을 증명한다.[4]

이러한 상황에서 여성들을 순결/불결한 여성으로 나누고, 이를 다시 사적이고 안전한 공간과 공적이며 불순한 공간에 분할 배치하기란 애초부터 불가능한 것이었다. 따라서 '양공주'들은 생활고에 허덕이다 못해 '필연적'으로 '밤거리'에 내몰린 '유엔 사모님'으로 재현되거나(『조선일보』, 1953. 7. 27), 몸을 팔아서라도 가족을 먹여 살린 불쌍한 누이나 딸로 동정과 연민의 대상으로 위치지어져야 했다. 한국 국민에게 당시 양공주는 "전쟁이 가져다 준 미국의 부스럼, 지 아이GI들이 가는 곳마다 무책임하게 뿌려놓은 씨가 세월을 따라 응달에서 피어나고 있는" 포스트/식민국가의 "슬픈 현실"(『조선일보』, 1965. 12. 2) 그 자체였기 때문에, 취약한 남성-국가의 자기정당화를 위한 수사적 전략은 불가피해 보였다.

그러나 전쟁 이후, '몸을 파는 여자들'에 대한 한국 정부의 주된 관심사는 집단화를 통한 분리와 경계짓기에 관한 것이었다. 당시에는 미군을 상대하는 여성들과 일반 한국인을 상대로 하는 사창私娼이 엄격하게 분리되어 있지 않았으므로 국가에 의한 일괄 통제가 사실상 어려웠다. 이에 성적 대상을 통제하는 것, 성적 대상에 따라 인간을 범주화하는 것이 근대 국가 건설의 시급한 과제로 부상했다. 정부는 일차적으로 '풍기 문란'과 더불어 저급 퇴폐 미국 문화의 유입 통로로 양공주를 지목하면서 분리의 정당성을 마련한다. 이는 한국 정부가 '전통'의 환기를 통해 전후 재건과 근대 국가 형성의 틀을 마련하고자 했던 사실과도 연관된다.

당시 이승만 정권은 재건 윤리의 고안 과정에서 전통론을 부각시켰는데 '전통혼傳通婚'이 존재하는 국가와 민족, 가족을 강조함으로써 개인의 자유보다는 집단의 가치를 중시하는 방식으로 근대성을 형성하고자 했던 것이다. 전통론의 상당 부분은 미국식 자본주의 소비 문화, 개인주의, 성

4 당시 실시된 한 조사에 의하면, 대상자 2,197명의 성매매 여성 중 152명이 고졸 학력을 가지고 있었고, 23명은 (전문)대졸의 학력 소지자라고 한다(『조선일보』, 1953. 7. 27).

문화 등을 사회병리화하고, 이에 대한 대안으로 (조선의) 전통적 '미풍양속美風良俗'을 강조하는 방식으로 구성되었다(김은경, 2006). 그리하여 '야한' 서구식 옷차림과 진한 색조 화장, 엉터리 영어, 미제 물건으로 대변되는 양공주의 문화는 양갓집 여성에 전염되어서 안 되는 미국식 '저급 문화'로 경계의 대상으로 지목된다(정성근, 1967; 강소연, 2005). 정성근(1967: 73)은 '윤락 여성'들 중 과반수가 '일반 가정 출신'이라고 밝히고, "사치스러운 서구[미국]의 물질 문명에 현혹되어 윤리관 및 도덕관을 저버린 결과"라고 분석한 바 있다. 이는 역설적으로 미국 (문화) 전반에 대한 한국민의 양가적 감정—부러움과 두려움, 열등감의 대상—이 어떻게 미군에게 '몸 파는' 성적 타자들에게 투사되었는지 보여 주는 단면이기도 하다. 전후 한국에 미국은 피폐한 현실의 결여된 부분을 채우고자 하는 욕망을 투사하는 대상이자 이상적 준거 틀로서 기능해 왔으며(주은우, 2003: 256-267), 그러한 큰 타자와의 관계성 속에서 형성되던 대한민국이라는 주체는 큰 타자의 욕망의 대상이 되는 자민족 여성의 몸 앞에서 분열되는 것이다. 그리하여 국가는 이중적 욕망의 대상에 '퇴폐 문화'라는 또 다른 상징을 부과함으로써 이들을 물리적으로 분리, 배제하여 분열된 민족정체성을 봉합하고자 하는 문화적 · 정서적 정당성의 발판을 마련하고자 한다.

그러나 '양공주'가 상징하는 문화적 · 정서적 이질감의 강조가 절대적 존재성에 대한 공격으로 반드시 연결되지는 않기 때문에 저급 문화의 상징, 더러운 매춘녀, 위안부 이상의 기표가 필요했다. 이에 외국 군인과 성적 관계를 맺는 여성은 민족정체성 유지의 근간을 흔드는 인종적 타자로 부각되기 시작한다. "천지개벽의 변화가 있더라도 한국 사람의 피 속에 소화될 리는 없을"(『여성계』, 1955년 12월호: 96; 이임하, 2004: 229 재인용), "외국 군인들과 정을 통해서 색다른 자식을 낳는"(『한국일보』,

1954. 8. 9)이라는 표현에서 드러나듯이, 양공주는 "순결한 민족성의 불순화"(『부산일보』, 1950. 11. 3)를 초래하고 그들의 '혼혈아' 자식은 "부계 혈통을 기반으로 하는 단일 민족의 자존심에 상처를 입히는"(김은경, 2006: 19) 인종적 타자로 재현된다. 문제는 외국 군인과 "정을 통하는" 여성들이 아니라, 이들 간 관계가 결과할 '혼혈' 아동을 통해 더러워질 가부장의 '순수 혈통'이요, 흔들릴 민족의 정통성이자, 이로 인해 어두워질 민족의 미래다. 민족주의 가부장은 그들의 존재를 민족의 수치이자 민족의 범주를 위협하는 존재로 형상화하기 시작했던 것이다. 양공주에 대한 한국 남성들의 비난과 멸시는 기실 양공주의 경제력에 기생해야 하는 남성 주체의 자기비하감과 모멸감의 발로였다(김연숙, 2003). 그러므로 식민지 주체의 이중성은 결국 자기 부정과 부인에 빠져 스스로 내파되는 속성을 지니지만, 그 물리적 결과는 여성들이 떠안아야 했다.

한민족의 '순혈'을 흐리는 '양갈보'들이 일반인과 섞여 산다는 것에 대한 불안과 공포는 일반 한국민들 사이에 증폭되어 갔고, 결국 한국 정부는 '양공주'들을 종별화하고 특정 지역에 구획화하고자 한다. 1955년 12월 15일, 서울시 경찰국은 서울시내에 흩어져 있는 사창 근절에 대한 대책위원회를 열고 같은 해 12월과 1956년 1월 두 차례에 걸친 대대적인 '양공주 소탕령'을 내렸다(『조선일보』, 1955. 12. 16). 정부는 단속과 소탕령이라는 위협을 통해 양공주들의 존재를 '위험한 섹슈얼리티'를 구현하고 있는 더러운 존재라 천명하고 '제거'의 대상으로 공식화했다. 이후에도 몇 차례에 걸쳐 시행된 양갈보 소탕령과 함께, 보건사회부에서 실시한 여성 노동자들에 대한 성병 검사는 그 실효성 여부를 떠나, 전후 혼란한 사회 속에서 어떻게 여성들의 섹슈얼리티가 재구성되며 통제의 대상이 되는지를 보여 준다. 여성 노동자들은 자신들을 대상으로 하는 성병 검사는 인권 유린이라 반발하며 검사 거부의 명분으로 자신들이 접대부가 아님을 내세우고 있다(이임하, 2004a). 이는 국가에 의한 강제적 성병 검진이 '접대부'와 구분되고 싶은, 구분되어야만 하는 '일반 여성'들에게 어떠한 공포 심리를 자극하여 여성들 스스로 범주화 체계에 순응하게 되는지를 잘 보여 준다. 여성들 간의 분리 전략은 전시와 전후라는 불안정한 사회 체제 속에서 대거 노동 현장에 들어간 여성들이 가부장의 권한을 침해할지도 모른다는 전반적인 사회 불안감 또한 반영되어 있었다. 당대 지배 이데올로그들은 전시 남성 부재의 상황에서 '집 밖으로 나갔던' 여성들을 전후 재건의 과정에서 통제되어야 할 '위험한 섹슈얼리티'로 호명함으로써 유교적 가족 질서를 복원하고자 했던 것이다(김은경, 2006: 39-40).

'직업 여성' 전반을 가족의 경계 유지에 위협적인 존재로 호명함으로써 여성을 규율하고자 하는 가부장의 전략은 민족국가의 건설과도 관련된다. 예컨대 전후 국민국가 건설 과정에서 국가nation-state는 가족과 국가 가부장의 권위에 도전하지 않는 순응하는 여성, '깨끗한' 피를 이어받은 민족을 재생산할 수 있는 여성 대 국민, 민족의 경계에 잠재적인 위협이 될지도 모르는 여성, 더 나아가 경계를 위반하여 민족 구성원에서 제외시켜야 할 여성이라는 구도로 섹슈얼리티를 재구성하고 전자에 시민권을 부여함으로써 가족과 민족, 국가라는 경계선을 안전하게 확보, 유지, 재생산해야 했다. 이로써 외국 군인을 상대로 하는 여성과 한국 사람을 상대로 하는 매춘 여성, 매춘 여성과 양갓집 규수, 이른바 '직업 여성(성매매 여성)'과 '진짜 직업 여성'이 세심하게 대비되고 구분되어 전자는 점차 특정 부류로 종별화되어 갔으며, 거주지 또한 특정 지역으로 한정되어 주변화되어 갔다.

경계에 대한 국가 권력의 불안감은 외국인을 상대로 성매매를 하는 여성들에 대한 획일적인 통제 방식에 대한 관심으로 이어졌다. 그리하여 서울시내 도처에 퍼져 있는 사창과 양공주들을 일정 지역에 집결, 통제하고자 했던 한국 정부의 관심과 미군의 효율적인 전투력 향상을 위한 안전한 섹스와 성병 방지 대책을 고심하던 미국 측의 이익이 잘 맞아떨어져 양국 간 협의가 시작되었다. 그러한 협상의 이면에는 미군과 한국민의 섞임에 따른 빈번한 충돌에 대한 우려도 있었다. 특히 1957년에는 미군 관련 사상 사건이 많이 발생했는데, 1월에는 미군이 '함부로 총질'을 하여 민간인 소녀가 절명하는 사건이 발생하여 한국 국민의 격렬한 항의는 물론이고 일본과 북한까지 성명서를 내고 항의하는 사태로 확대되었으며, 4월에는 흑인 병사가 파주에서 강간 살인한 사건, 11월에는 포천에서 미군과 싸우던 한 '위안부'가 절명하는 사건이 잇달아 발생했다. 따라서 미군과 양공주를 '일반' 한국 국민으로부터 격리하는 일은 양국 간 시급한 과제로 떠올랐던 것이다.

성적 · 인종적 경계를 분명히 하고자 하던 양 국가는 성병 예방을 위해 성병대책위원회를 조직하고, 1957년 제4차 회의에서 성매매 여성을 일정 지역, 즉 유엔군, 국군 주둔지 및 서울, 부산, 대구 등에 집결시킬 것을 논의한다. 당시 위원회에 참석한 미 경제조정관실OEC 측 관계자는 이 문제를 한국 정부가 결정해 달라고 제의하고, 한국 정부와의 최종 협의 결과에 따라 미8군에서는 서울에 접객업소 10개소, 인천에 댄스 홀 12개소, 부산에 댄스 홀 2개소 등을 지정 설치했다(이임하, 2004a: 232-233). 이에 따라 1957년 보건사회부 산하 성병진료소 89개소 중 절반에 가까운 43개소가 미군기지가 집중되어 있는 서울, 부산, 대구, 파주, 양주, 평택 등 6개 지역에 위치하게 된다(이임하, 2004a: 241). 기생, 작부, 여급, 댄서, 하녀 등과 함께 정기적인 성병 검진의 대상이었던 '양공주'라는 범주는 이제 국가 기구에 의해 공식적으로 '위안부'와 '미군 동거녀' 두 가지로 분류되어(보건사회부, 1958), 다른 (한국 남성을 대상으로 하는)

성매매 여성들과 구분되고 공간적으로 분리되어 조직적으로 통제되기 시작했다. 이로써 전쟁 시기 성적 위안과 성병 통제의 대상이자 국민 보건과 안보에 위협적이던 여성의 몸은 국민국가 건설 과정에서 차츰 성적 · 인종적 타자로 종별화되면서 공간적 구획화의 거점이 된다.

4. '기지촌' 만들기 : 경관의 권력 탄생

1950년대 초반까지만 해도 주한 미군들은 5일간의 휴가 기간 중 일본으로 날아가 성매매 업소를 전전하곤 했다(McNinch, 1954). 이는 미군정 당시부터 '불결한' 한국 여성들과의 성적 · 인종적 접촉이 야기할 부정적 결과에 대한 미군 당국의 우려가 반영된 조치이기도 했다. 우려되는 부정적 결과란 예를 들어, 첫째, 위생 관념이 불결한 동양의 여성들과의 성적 접촉이 성병 감염의 원인이 되어 전투력 손실을 야기할 것이라는 점과, 둘째, 타민족 여성과의 성적 관계가 결국 민족(미국)의 가부장 핵가족 구성에 악영향을 미칠지도 모른다는 것이다. 이에 따라 주한 미군을 대상으로 한 교육 지침서에 한국의 성매매 여성들을 '전투력'을 떨어뜨리는 '척결되어야 할 적'으로 명시되기도 했다(이나영, 2007).

외화벌이가 아쉬운 한국 정부로서는 미군을 상대할 수 있는 '깨끗한 한국 여성의 몸'을 보증하는 일이 시급했다. 이에 정부는 미군 부대 주변의 댄스 홀과 바 등을 내국인 출입 금지 구역으로 지정하고 미군 헌병대에 구역 통제권을 부여함으로써, 미군이 한국 국민의 간섭을 받지 않는 안전한 곳에서 성적 위안을 받도록 배려하기 시작했다. 또한 미군의 일본행 성매매 수요를 좀 더 효과적으로 국내로 돌리기 위한 방안 중 하나로, 위안부들을 상대로 한 계몽 강연회를 개최했다. 각 지역의 경찰 간부들이 직접 개입하여 조직하고 관리, 실행하는 형태였는데, 주요 내용은 성병 예방 교육 및 미군을 대하는 올바른 태도의 고양과 관련된 것이었다. 한편으로는 포주들이 '창녀'들을 등록시키고 미군 지휘부와의 직접 교섭을 위해 '위안부자치대'를 조직하는 등(이임하, 2004a: 233-234; 『한국일보』, 1957. 5. 2), 자율적인 통제 시스템 또한 구축되기 시작했다.

이처럼 한국 정부의 일련의 정책으로 인해 '양공주'에 대한 격리, 효율적 감시 체계가 가능해지고 성병진료소가 미군기지 주변으로 집중하게 되자, 상대적으로 자국 병사들의 '안전'이 확보되었다고 판단한 미군 당국은 1957년 미군의 외출과 외박을 허용한다(김재수, 1980: 274). 미군의 외박 허용은 같은 해 일본에 성매매방지법이 제정된 사실과도 무관하지 않다. 당시 일본 법안이 비록 성매매 여성에 대한 처벌 규정을 명확히 하지는 않았지만, '불특정한 사람과 금품이나 보상을 매개로 가지는 성관계'를 법적으로 금지하고, 노상 알선 및 유인 행위 등을 처벌한다고 명시하고 있어(Kiyosue, 2000: 343), 주한 미군들의 방일 동기를 약화시켰음에 분명하다.

이상과 같이 미군의 여가와 휴식rest & recreation(or recuperation)을 위한 안전한 공간 구성의 토대가 형성되자 '기지촌'은 이제 상징적 · 실질적으로 급격하게 번창하게 된다. 김재수는 기지촌을 "정책적 · 전략적 · 군사적 필요성에 의해 주둔하는 병영을 중심으로 그 주변에 발달되며 서비스업 중심의 생활권을 형성하는 군사 취락"이라 정의한다(김재수, 1980: 277). 해방 전에는 일본군 주둔지였던 신용산, 나남, 진해 등지에 일종의 기지촌이 발달했는데, 부산의 하이야리아 텍사스, 경기도의 운천, 파주의 용주골, 평택의 쑥고개, 문산, 의정부와 동두천 등은 한국전 이후 미군 주둔으로 성장한 대표적 기지촌이다(김재수, 1980) 예를 들어, 의정부는 전전 당시 그 지역의 주요 산업이었던 비단 제작에 종사하는 인구

1만 명의 작은 마을이었다고 한다(Moon, 1997). 동두천 또한 인구 1만 여 명의 조그만 농촌 마을이었으나, 1952년 2월, 미 제7보병사단의 주둔을 시초로, 같은 해 4월 제25사단, 다시 5월에 제7사단을 거쳐 제2사단의 주둔으로 인해 전형적인 기지촌으로 자리매김하게 되었다. 이로 인해 1955년에는 인구가 두 배 이상 늘어 21,377명에 이르렀으며 훗날 '리틀 시카고'라고까지 불리게 되었다(김재수, 1980: 275-277).

이들 소규모 촌락들은 전후 농업 등 생산 관련 산업이 몰락하고 미군기지가 들어오면서 소비 중심적 산업으로 경제 구조가 재편되었으며, 특히 성매매를 기반으로 한 서비스업과 상업의 기형적인 발달을 공통된 특징으로 한다. 무엇보다 큰 두드러진 특징은 미군기지 안에서 일하는 수많은 정규직 근로자와 이른바 하우스 보이와 세탁, 청소를 전담하는 일용직 여성 노동자 등 임시직 근로자들은 물론이고, 미군 상대 전용 홀, 미군 상대 세탁소, 이발소, 미장원, 쓰레기 장사, 양복점, 약국 등 기지촌 주변의 대다수 한국인이 전적으로 미군에 생계를 의존한다는 점이다. 실질적으로 미군 부대 매점을 통한 외래품의 유출, 이와 연관된 암시장의 형성이라는 'PX 경제'는 양공주의 섹슈얼리티를 통해 얻는 수익과 더불어 지역 경제, 더 나아가 국가 경제의 상당 부분을 차지하게 된다.

이상과 같은 사실은 전후 국가 건설 과정에서 '기지촌'이라는 공간적 구획화는 한국 정부의 주요한 외화벌이 도구가 되었음을 의미한다. 미군들이 안심하고 상대할 수 있는 여성들의 거주 지역을 제한함으로 인해 얻는 막대한 경제적 이익을 체감하기 시작한 대한민국 정부는 이후 본격적인 외화벌이의 기제로 기지촌을 구축하여 체계적으로 관리하기 시작한다. 이는 '자유민주주의 국가' 대한민국에 여전히 존재하는 식민주의 공간적 재현 양상의 한 단면을 보여 준다.

기억해야 할 점은 그러한 포스트/식민지 공간적 효과가 새로운 경관의 권력을 탄생시켰다는 점이다. 제임스 던컨James Duncan은 경관이 특정의 가치가 자연스러운 것으로 보이도록, 즉 누군가의 의견이 아니라 자명한 진실처럼 보이도록 도와 주기 때문에 중요하다고 주장한 바 있다. 그러나 경관은 비정치적인 것이 아니라 특정한 가치가 코드화되어 있다(샤프, 2011: 103-104). 한국의 기지촌은 미군이라는 존재의 위압감, 문화적 이질감, 달러 가치의 막강함, 이로 인해 야기되는 박탈감과 열등감, 그러나 '어쩔 수 없음'으로 인한 절망감이 타자에 대한 멸시와 배제로 투사되는 공간이다. '미군과 같이 걸어가는 한국 여성', '이방적 문화와 언어'가 구성하는 기지촌의 경관은 안보가 위협받고 경제가 파탄난 약소국의 국민이라면 '자연스럽게' 받아들여야만 하는 '현실'처럼 보인다. 동시에 기지촌은 이미 국가 간, 인종 간, 성별 간 이데올로기가 다층적으로 배치되고 강제되어야만 존재하는 공간이자, 특정 주체들의 권력이 이미 승인된 공간이다. 따라서 기지촌을 배경으로 하는 경관의 권력은 다름 아닌, 미국의 상징적 지위를 보증하는 것이다.

그러나 기지촌의 '정상적'이지 않은 이러한 상황은 "정상성이라는 속임수camouflage of normalcy"(Enloe, 2000: 66)로 가려져 왔다. 다시 말해 미군의 휴식과 오락을 위한 공간으로서 기지촌은 한미 양국 간의 위계적 관계 속에 건설되었지만 실질적인 경제적 이익을 얻는 지역 주민들은 '일상의 승인daily acceptance'(Enloe, 2000: 67)이 없다면 유지되기 어려웠을 것이다. 부동산 업자, 지역 공무원과 경찰, 클럽 주인들, 상인들, 그리고 클럽의 포주들, 여성들의 가족들은 모두 그들의 일상 속에서 미군의 존재를 '주어진 것', '정상적인 것'으로 받아들일 수밖에 없었다. 그러나 봉합된 정상성의 허구는 때때로 '비정상적인 여성들'에 대한 혐오가 물리적인 폭력으로 드러날 때 폭로된다. 무엇보다 구획화된 공간에 쫓겨난 성적 · 인종적 타자들과 이들이 재현하는 '더러움'은 이에 대비되는 다른 도시 공간들과 주체들의 권력을 상대적으로 구성하는 기제가 된다. 대한민국 사람들의 마음속에 떠오르는 '상(像)'으로서의 '기지촌'이 현현하는 가장 큰 특징은 '더럽고 불순한', 그래서 나의 일상과 거리를 두어야 하는 '양색시'들의 몸, 그 자체였기 때문이다. 기지촌에 대비되어 새롭게 구성되는 도시 공간들은 이제 '오염된, 더러운, 불순한' 타자들을 '고립된 섬'으로 추방한 채 새로운 국민국가의 도덕적인 시민 정체성을 담지하는 장이 되어야 했다. 따라서 경관의 권력은 결국 '기지촌'에 대비되는 근대 국민국가의 '새로운 도시'들, '양공주'에 대비되는 '순결한 한민족'이 상대적으로 누려야 할 당위적 권리가 된다.

5. 맺음말

이 글에서는 포스트/식민지적 한국의 맥락에서 여성의 몸을 매개하는 권력 관계의 사회적 · 지리적 · 공간적 효과에 대해 살펴보고자 했다. 구체적으로는 어떻게 성애화되고 인종화된 여성의 몸이 국가 간 권력 관계가 작동하고 새겨지는 공간이 되며, 공간적 효과를 통해 다시 특정한 몸 정체성이 생산되는지를 '기지촌'과 '양공주' 구성 과정을 통해 살펴보고자 했다.

한국전쟁 이후 절대적 가난과 미군 주둔이라는 한반도의 물리적 상황은 당시 몸만이 유일한 교환 가치로 지녔던 여성들로 하여금 이를 살 수 있는 권력을 가진 남성(미군)에게 섹슈얼리티를 제공하게 했다. 그러나 미군의 이해와 결부된 한국 정부의 제도적 · 조직적 개입이 없었다면 기지촌의 형성은 불가능했을 것이다. 특히, 산업적 기반이 전무한 전후 한국 사회에서 정부는 국가 건설의 '자원'으로서 여성의 몸에 주목하게 되고 그들을 관리할 좀 더 효율적인 제도적 기반 마련에 고심한다. 이는 전후 민족적, 성별, 문화적 경계 구축에 대한 사회적 불안감과 근대 국가 건설의 필요성이 결합되어 고립화된 장소로서 기지촌의 건설을 낳았다.

기지촌의 구축을 통해 미국은 외부적으로 노출되지 않는 안전하고 고립된 지역에서 미군들의 성적 욕구를 해결하고, 민주주의와 자유의 수호자라는 이미지를 유지할 수 있었으며, 한국 정부는 국가 경제와 안보를 담보하면서 한국 사회 전반의 가부장적 이데올로기와 기형적 경제 발전이 연결된 기지촌의 문제를 미군의 문제로 고립화시키고, 기지촌과 양공주를 지역화 · 개인화 · 종별화하는 데 성공했던 것이다. 낙인과 배제의 방식을 통해 '양공주'라는 정체성을 생산하고 기지촌이라는 물리적 · 상징적 장소에 위치시킴으로써 여성들을 분리하는 방식은 가부장적 가족과 민족의 경계를 유지하면서 실질적인 경제적 이익을 지키고자 함이었다. 결론적으로 한국이나 한국 국민은 미군 주둔의 피해자이기는커녕 구획화되고 '안전한' 그러나 기실 '불순한' 장소에 '위험한' 여성들을 가둠으로써 민족 간, 여성들 간의 경계를 새롭게 구성했을 뿐만 아니라, 미군의 충실한 조력자로 기지촌 경제에서 나오는 혜택을 공유해 왔다. 이에 양공주는 '민족'이라는 범주를 확인하고 (재)구성하는 데 도구적으로 사용되어 왔지만, 역설적으로 이러한 과정은 물리적 · 공간적 구획화가 어떻게 도덕적 규범화와 맞물려 인간에 대한 상징적 범주화가 가능했는지를 잘 보여 준다.

그럼에도 불구하고 '양공주'들은 결코 고정될 수 없는 기표로 경계를 넘나들어 왔다. 그들의 몸이 체현하고 있는 혼종적인 옷차림과 태도, 말투, 행동을 통해, 순혈주의, 민족주의, 가족, 섹슈얼리티에 관한 가부장적 이데올로기를 혼란시킬 뿐만 아니라 양색시, 위안부, 양갈보, 양부인 등 끊임없이 유동하는 기표로써 가부장적 민족의 경계를 위협하는 경계 위반적 주체로서 기능했다. 탈식민주의 여성학자 우마 나라얀Uma Narayan이 지적했듯이 '서구, 비서구'라는 이분법은 사실 서구와 제3세계 엘리트 남성들의 공모에 의해 수행되는 정치적 · 경제적 어젠다를 효과적으로 숨기는 정치적 수사일 뿐이다(Narayan, 1999: 93). 그러한 남성들 간의 공모를 현현하는 몸으로서 '양공주'는 국가와 민족의 이익이라는 수사가 어떤 방식으로 젠더 이데올로기와 상호 작용하여 여성의 몸-장소가 (재)구성되는지를 보여 주며, 경계들의 생산과 공간적 분할이 결코 정체성의 구성과 무관하지 않음을 증명한다. 무엇보다 '기지촌'과 '양공주'는 과거의 역사적 유물이 아니라, 억압된 무의식의 공간 밖으로 가끔씩 출몰하는 포스트/식민국가의 징후적인 존재로 우리들 곁을 떠돈다는 점에서 현재적이다. 탈/재/후기 식민주의라는 역동적 회로를 통해 구성되어 대한민국에 여전히 존재하는 공간들은 그러한 점에서 의미심장한 문제 의식을 우리에게 던져 준다.

참고 문헌

강소연(2006), "1950년대 여성잡지에 표상된 미국문화와 여성 담론," 상허학회, 『상허학보』, 18 : 107-136.

김기주(1980), "기지촌에 관한 사회지리학적 연구 : 동두천을 중심으로," 국토지리학회, 『지리학연구』, 5 : 274-294.

김연숙(2003), "양공주가 재현하는 여성의 몸과 섹슈얼리티," 『페미니즘 연구』, 서울 : 동녘.

김은경(2006), "한국전쟁 후 재건 윤리로서 '전통론'과 여성," 숙명여자대학교 아시아여성연구소, 『아시아여성연구』, 45(2) : 7-48.

김은하(2003), “탈식민화된 신성한 사명과 양공주의 섹슈얼리티,” 한국여성문학학회, 『여성문학연구』, 10 : 158-179.
김현선(2001), “주한미군과 여성 인권,” 「2001년 제주도 인권학술회의」 발표문.
_____(2002), “미군 기지촌의 국가 간 인신매매와 성매매의 실태,” 「미군 기지촌 성매매 실태와 성적 인신매매 근절을 위한 원탁토론회」 자료집.
노근리에서 매향리까지 발간위원회(2001), 『주한미군문제해결운동사 : 노근리에서 매향리까지』, 서울 : 깊은자유.
다큐인포(2004), 『부끄러운 미군문화 답사기』, 서울 : 북이즈.
대한연감사(1952), 『대한연감』.
_____(1953), 『대한연감』.
두레방(2001), 『두레방이야기 : 두레방 15년 기념 자료집』, 서울 : 두레방.
맥도웰, 린다(2010), 『젠더, 정체성, 장소 : 페미니스트 지리학의 이해』, 여성과공간연구회 옮김, 서울 : 한울.
법제처(1952), 『미군정법령집, 1945-1948』, 서울 : 법제처.
복거일(1994), 『캠프 세네카의 기지촌』, 서울 : 문학과지성사.
샤프, 조앤(2011), 『포스트식민주의의 지리』, 박경환 · 이영민 옮김, 서울 : 여이연.
성문출판사 편집부(1999), 『한국관광 50년 비사』, 서울 : 한국여행신문사.
손정목(1988), “일제하의 매춘업 : 공창과 사창,” 서울시립대학교, 『도시행정연구』, 3 : 285-360.
신오성(1989), “한국전쟁 전후의 보건의료에 대한 연구 : 1945-1959, 한국전쟁기를 중심으로,” 서울대학교 대학원 석사학위 논문.
오연호(1989), 『식민지의 아들에게 : 발로 찾은 반미 교과서』, 서울 : 백산서당.
이나영(2007), “금지주의와 국가규제 성매매 제도의 착종에 관한 연구 : 남한의 미군정기 성매매 정책을 중심으로,” 한국사회사학회, 『사회와 역사』, 75 :

39-76.

이웅인(1965), "특수 윤락여성에 대한 실태조사 : 일선지구 주한미군 상대 윤락여성을 중심으로," 아시아여성연구소, 『아시아여성연구』, 4 : 193-207.

이임하(2003), "한국전쟁과 여성노동의 확대," 고려사학회, 『한국사학보』, 14 : 251-278.

____(2004a), 『한국전쟁과 젠더 : 여성, 전쟁을 넘어 일어서다』, 서울 : 서해문집.

____(2004b), "한국전쟁과 여성성의 동원," 역사학연구소, 『역사연구』, 14 : 107-148.

____(2004c), "미군의 동아시아 주둔과 섹슈얼리티," 『동아시아와 근대 : 여성의 발견』, 서울 : 청어람미디어.

정성근(1967), "우리나라 윤락여성의 현황과 그 대책," 단국대학교, 『법학논총』, 8 : 65-87.

정유진(1999a), "양색시의 인권?," 대한기독교서회 편, 『기독교 사상』, 10월 : 145-152.

____(1999b), "'민족'의 이름으로 순결해진 딸들? : 주한미군 범죄와 여성," 생각의나무, 『당대비평』, 11 : 219-245.

정희진(1999), "죽어야 사는 여성들의 인권 : 한국기지촌 여성운동사, 1986-98," 한국여성의 전화 지음, 『한국여성인권운동사』, 서울 : 한울.

조희연(2007), 『박정희와 개발독재 시대 : 5 · 16에서 10 · 26까지』, 서울 : 역사비평사.

주은우(2003), "미국, 그 (큰)타자의 응시," 『문학동네』, 36 : 252-278.

주한미군범죄근절운동본부(1999), 『끝나지 않은 아픔의 역사』, 서울 : 개마서원.

최성실(2003), "박완서의 『나목』 다시 읽기 : 구성주의를 넘어서," 한국여성문학회 심포지엄 자료집.

최정무(2001), "한국의 민족주의와 성(차)별 구조," 일레인 김 · 최정무 편, 『위험한 여성 : 젠더와 한국의 민족주의』, 박은미 옮김, 서울 : 삼인.

Brandt, Allan M.(1985), *No Magic Bullet: A Social History of Venereal Disease in the United States Since 1880*, New York: Oxford University Press.

Enloe, Cynthia(1990), *Bananas, Beaches, and Bases: Making Feminist Sense of International Politics*, Berkeley & CA: University of California Press.

_____(2000), *Maneuvers: International Politics of Militarizing Women's Lives*, Berkeley & CA: University of California Press.

Fanon, Frantz(1967), *Black Skin, White Masks*, New York: Grove Press.

Grewal, Inderpal(1998), "On the New Global Feminism and the Family of Nations: Dilemmas of Transnational Feminist Practice," in Ella(ed.), *A Transnational Age and Shohat*, Cambridge & MA: The MIT Press.

Kiyosue, Aisa(2000), " Post-war Feminist Perspectives on Sex Work/Sex Workers in Japan," *Inter-Asia Cultural Studies*, 1(2): 343-347.

" Letter from Orlando Ward, Major General, U.S. Army Commanding to Lieutenant General John R. Hodge," 21 May 1948.

McNinch, Joseph H.(1954), "Veneral Disease Problems, U. S. Army Forces, Far East 1950-53," Presented 27 April 1954, to the Course on Recent Advances in Medicine and Surgery, Army Medical Service Graduate School, Walter Reed Army Medical Center, Washington, D.C.

Moon, Katharine H.S.(1997), *Sex Among Allies: Military Prostitution in U.S. - Korea Relations*, New York: Columbia University Press.

_____(1998), "Prostitute Bodies and Gendered States," in Elaine H. Kim & Choi Chungmoo(eds.), *Dangerous Women*, New York & London: Routledge.

Narayan, Uma(1999), " Essence of Culture and a Sense of History: A feminist Critique of Cultural Essentialism," Uma Narayan & Sandra Harding(eds.), *Decentering the Center*, Bloomington & IN: Indiana University Press.

Peterson, V. Spike(1998), "Gendered Nationalism: Reproducing 'Us' versus 'Them'," in Lois A. Lorentzen & Jennifer Turpin(eds.), *The Women and War Reader*, NY: New York University Press.

Pettman, Jan Jindy(1999), "Globalization and the Gendered Politics of Citizenship," in Nira Yuval-Davis & Pnina Werbner(eds.), *Women, Citizenship and Difference*, New York: Zed Books.

Wenk, Silke(2000), "Gendered Representations of the Nation's Past and Future," in Ida Blom, Karen Hagemann & Catherine Hall(eds.), *Gendered Nations*, New York: Berg.

식민지 도시 공간과 친밀성의 상품화*

서지영

1. 근대 도시 노동과 친밀성의 거래

『삼천리』(1936. 4)에 실린 소설가 송영의 "솜틀거리에서 나온 소식"이라는 글은 1930년대 경성에서 보통학교를 다니지 못한 미혼 여성들을 위해 운영되던 야학이 와해되고 있음을 토로하는 내용을 담고 있다. 송영은 이러한 현상이 '서울 안'의 '나이 찬 처녀들', '무식한 처녀들'이 과자 공장, 비누 공장, 전매 공장으로 여공이 되거나, '돈 더 받는 맛에 밤에 자고 있는 진고개집들 'オマニ(오마니 : 내지인 가정의 식모)'가 되고, 또 기생이 되기 위해 '권반'(권번)을 다니거나 '카페 걸'이 되거나, 만주의 창기娼妓로 팔려가기 때문이라고 기술한다(안승현, 1995: 344-350). 위 글은 식민지 당대 공식 교육의 수혜를 받지 못한 기층 계급의 여성들이

* 이 글은 『페미니즘연구』 제11권 1호(2011년)에 게재된 논문 "식민지 도시공간과 친밀성의 상품화"를 수정 · 보완한 것이다.

생활고로 인해 야학의 기회를 활용하지 못하고 도시 노동자로 전이하는 당대의 사정을 보여 준다.

1932년대까지 조선에서 여성의 불취학률은 92%에 달했는데,[1] 극소수의 신여성들을 제외한 대부분의 여성은 근대의 소용돌이 밖에서 전통적 생활 양식을 고수하며 가사 노동에 종사했다. 특히, 농촌 지역의 가정은 취약한 식민지 경제라는 굴레에서 벗어나지 못한 채 만성적인 부채로 인해서 극심한 빈곤에 시달리게 된다. 1930년대 조선 농가의 절반인 총 1,253,285호가 춘궁 농가였는데, 여성을 포함한 많은 농촌 인구가 농촌을 이탈하여 국내 도시 지역이나 일본, 만주, 시베리아 등 국외로 일자리를 찾아 떠나는 이농 현상이 증가했다(유숙란, 2004: 81-90). 1930년 당시 조선의 여성 인구(9,682,545명) 중 약 4%가 도시로 이동하여 노동에 종사한 것으로 파악된다.[2]

지방에서 서울로 일자리를 얻기 위해 올라온 여성들은 공장 직공이 되는 경우를 제외하면, 대부분은 '내지인' 또는 조선 가정의 '가사 사용인'('식모')이 되거나, 카페, 요리점과 같은 유흥 공간에서 자신의 몸을 노동의 자산으로 삼게 된다. 이는 기층 계급 여성들의 몸이 가정 안팎의 친밀성의 영역에 배치되어 상품으로 거래되는 지점을 문제 제기하며,[3] 동시에 가족 또는 사적인 관계 안에서 수행되었던 수유, 양육, 가사 노동, 정서

1 조선총독부의 여성 교육정책이 본격적으로 전환하는 것은 1930년대 농촌진흥운동 개시 이후인데, 2차 계획이 실시되고, 조선 개조, 조선인 가정 동화의 수단으로 여성 교육의 필요성이 강조된다. 농촌여성강습소를 설치하여 중견 부인을 양성하고 일반 농촌 여성을 대상으로 한 계몽 활동을 하며 관제 강습회(야학)를 설치하여 식자 교육을 실시했으며, 1937년 이후 여성을 대상으로 하는 황민화皇民化 정책이 본격적으로 시작된다. 여성의 취학은 1933년 이후부터 조금씩 진행되어 불취학률이 1942년에는 66.0%까지 낮아지지만(남성은 34.0%) 식민지 말기에 이르러도 여성은 3명 중 2명이 불취학의 상태에 놓여 있었다(김부자, 2009: 263-293).

2 『조선총독부통계연보』를 통해 1930년 당시 여성 취업자 비율을 조사한 김경일의 연구(2004: 283)와 『조선국세조사보고』를 바탕으로 1930년 도시 지역의 여성 유업자(상업, 교통업, 공무자유업, 가사 사용인)의 분포를 검토한 강이수의 연구(2005: 93-96)를 참조하여 1930년대 도시 여성 노동 인구를 산정했다.

적 · 성애적 교류가 기층 계급 여성들을 통해 자본주의적 노동의 형식으로 수행되었음을 말한다.

19세기 이후 산업 자본주의의 발전과 가족 구도의 변동 속에서, 가정 내 관계, 돌봄, 사랑, 결혼 등 친밀성의 영역이 경제적 행위와 혼합되고 상품으로 거래되어 온 것은 전 지구적인 현상이었다고 할 수 있다(이재경, 2011: 232). 친밀성의 영역과 시장의 영역을 분리된 것으로 인지해 온 전통적 관점의 사회 분석가들은 이러한 현상을 인간 관계의 결속을 훼손시키는 도덕적 타락으로 간주해 왔다. 하지만 친밀함의 상품화는 화폐를 매개로 하는 새로운 종류의 사회적 유대를 만들어내고, 친밀함과 노동을 둘러싼 새로운 의미적 조합과 협상 과정을 양산하게 된다.[4]

식민지의 조건 속에서 자본주의적 시스템이 제대로 뿌리내리지 못했던 근대 초기 한국에서도 친밀성의 변동으로 인한 공적 · 사적 관계의 재편이 징후적으로 확인된다. 도시 유흥 산업에 흡수된 여급과 더불어, 식모

3 '친밀한 것the intimate'에 대한 정의에 대해 앤 스톨러Ann Laura Stoler는 『아메리칸 헤리티지 사전 *The American Heritage Dictionary*』을 참조하여 '친숙한 것the familiar', '본질적인 것the essential', 그리고 '성에 기반한 관계들'을 기술하는 표지로 요약한 바 있다(Stoler, 2002: 9). 산업 사회에서 친밀함의 경제적 거래에 주목한 비비아나 젤라이저Viviana A. Zellizer는 『옥스퍼드 영어사전』에 근거하여 1. a. 개인적으로 친밀한 상태, 친밀한 우정 혹은 아는 사이, 친근한 교제, 친근한 관계, b. 성적인 교제의 완곡한 어구, c. 관찰, 지식 혹은 그와 같은 것에 대한 친근함. 2. 친밀한 혹은 가까운 관계 혹은 연대로 분류했다(젤라이저, 2009: 32–33). 이러한 정의들은 친밀성이라는 어휘의 폭넓은 의미층을 보여 준다. 이 글에서 사용하는 '친밀성'은 우정, 연애, 성, 결혼, 육아, 가사 노동 등 일반적으로 사적 영역(공간, 맥락)에서 이루어지는 관계, 연대, 노동 행위를 지칭한다.

4 젤라이저는 친밀함과 경제 활동을 분리시키고 상호간의 관계를 적대적인 것으로 인식하는 전통적 관점과 경제적 합리성에 기반하여 친밀성과 경제 활동의 교차를 '별것 아닌' 것으로 인식하는 경제적 실용주의, 친밀한 관계가 그들이 수반하는 경제적 관계가 무엇인가에 관계없이 뚜렷한 신념 혹은 이데올로기적 각본과 관련한 표현으로 보는 문화적 환원주의자 등의 관점을 넘어서, '연관된 삶'의 관점에서 친밀함과 경제 행위를 바라볼 것을 제안한다. 즉 그는 시장 그 자체가 결속을 유지하는 인간 관계를 약화시킨다는 광범위한 가정에 도전하며, 시장 거래와 인간적인 관계 간의 상호 작용에 대한 전통적인 관점에 대안을 제공하고자 하는데, 연관된 삶에 대한 분석은 친밀한 관계의 폭넓은 영역에 걸쳐, 인격적인 돌봄의 규정 그리고 가정 생활의 복잡성, 사람들이 사회적 유대, 그것의 경계, 그리고 상업적인 매개물과 생산, 소비, 분배의 거래와 그것들의 적절한 매칭 사이에서 광범위한 구별을 만들어내고, 집행하고, 재협상함으로써 경제적 활동과 친밀함을 혼합하고 있다는 것을 보여 준다고 주장한다(젤라이저, 2009: 41–64).

와 유모 또한 주로 대도시 중산층 이상의 가정에서 고용했던 여성들이었으며, 이들은 모두 근대 도시 공간이 양산한 새로운 여성 노동군이라 할 수 있다. 이 글은 1920~30년대 신문 · 잡지와 소설을 주요 자료로 하여, 근대 연애와 결혼, 가사 노동, 모성 등 다양한 층위의 친밀성 영역들이 경제적으로 거래되는 지점을 분석하고, 여성의 몸을 매개로 친밀성을 상품화하는 노동에 대한 역사적 고찰을 통해 식민지 시기, 친밀성과 자본, 여성의 몸 사이에 작동하는 사회역사적 의미들을 탐색하고자 한다.

2. 연애(결혼)의 물질성과 상품화: '여급'

개조와 대중 계몽의 시대였던 1920년대, 조선 사회를 관통했던 '자유 연애 결혼'은 급진적인 근대 사상을 기반으로 하고 있었다. 엘렌 케이Ellen K. S. Key, 구리야가와 하쿠손廚川白村의 연애론 등 일본을 경유하여 조선으로 유입된 근대적 연애 담론은 연애와 결혼을 필연적인 과정으로 결합시키는 낭만적 사랑의 시나리오, 육체와 정신의 조화 속에서 추구되는 영육 일치의 연애론, 연애에 절대적 가치를 부여하는 연애지상주의, 개인의 자아 실현의 장으로서 평등한 연애 등의 개념들을 확산시키게 된다. 그런데, 근대적 자유 연애 결혼은 초기에 사회 계몽의 도구로서 당대 조선 지식인들의 관심과 지지를 받았지만, 실질적으로 연애가 현실 속에서 실험되는 과정에서 갖가지 괴리를 노출하면서 애초의 지향성은 굴절되거나 파기된다(서지영, 2008).

근대 초기 연애의 좌절 속에는 다면적인 갈등의 국면들이 확인된다. 그 가운데, 지식인 남성들에 의해 가장 강력하게 문제 제기된 것 중의 하나가 물욕으로 인해 연애 결혼의 신성한 가치를 배반하는 여성들의 타락이었다. 염상섭의 「제야除夜」(1922. 1)는 동경 유학을 하고 온 신여성 최정인이 자유분방한 연애의 결과 임신을 하게 되는데, 이를 속이고 다른 남자와 결혼한 이후 사실이 탄로나자 그녀의 방탕한 과거를 용서해 주는 남편에 죄책감을 느껴 자살하는 이야기를 담고 있다. 그런데, 1920년대 신여성의 자유 연애가 여성의 방종으로 귀결되는 서사 이면에는 여성 정조의 상품화가 비판의 초점이 되고 있다.

> 정조, 그것은 무엇을 의미하느냐? 남자가 여자에게 생활 보장을 조건으로 하고 강요하는 소유욕의 만족이냐, 그러치 안흐면 소위 교양잇다는 자가 고상한 취미성을 만족시키랴는 욕구냐? 여자가 판과 분값으로 지불하는 거래상 일 형식이냐? 정숙한 수절가라는 찬사와 프라이드를 스스로 향락하랴는 역시 일종의 기묘한 취미인가. 넘어도 인간성을 학대하는 무지한 행위이다. 그러나 여자가 "남자는 물질로 여자의 정조를 요구하니, 나는 정조를 유동자본으로 삼아 쾌락을 무역貿易하겟다" 하거나 또 "물질과 정조의 교환 가치는 현수懸殊하니 남자에게 정조 관념이 업슬 때에. 나는 그 잉여 가치로 쾌락을 구입하야 평형을 어드랴 한다"고 하면, 일一에는 적응하고, 일一에는 불합리할 까닭이 업슬 것이다. 더구나 누가 정조를 지키지 안는다 하는가. A와의 정교情交가 계속할 때에는, A에게 대하야 정조 있는 정부가 될 것이요, B와의 부부 관계가 지속할 동안은 또한 B에 대하야 정숙한 처만 되면 고만이 안이냐.…… 그것은 자발적이다. 강제바든 노예 도덕에서는 구할 수 업는 것이다. 여하간 정조는 상품은 안이다. 취미도 안이다. 자유 의사에 일임一任할 개성의 발로인 미덕이다.…… 그러나 나는 팔앗습니다. 훌륭한 상품이엇습니다. 생활의 수단은 고사하고 학자금까지를 이 수단으로 어드랴 하얏습니다(염상섭, 1987b: 75-77).

위 작품에서 염상섭은 근대 자유 연애 결혼이 야기한 새로운 정조론과 당대 신여성들의 연애 풍조를 문제삼는다. 즉, 당대 영육 일치의 연애론은 남녀 간의 육체적 · 정신적 결합을 추구했으며 이는 필연적으로 여성들의 정조 상실을 가져오게 되었는데, 염상섭은 정조를 '상품'도 '도덕 취미'도 아닌 '자유 의사에 일임할 개성의 발로'로 인정한다면, 여성의 정조 상실은 연애의 형식 논리 속에서 전혀 '불합리할 까닭'이 없는 것이라 기술한다. 하지만, 문면에 흐르는 염상섭의 시선은 냉소적이다. 정조 관념이 없는 남성과의 연애 관계에서 여성들이 자신의 정조를 물질에 대한 교환 가치로 활용하는 경우나, 연애가 있는 곳에서 정조가 성립된다는 신정조론의 경우 모두, 여성들의 성적 방종을 정당화하는 것에 불과하다는 인식이 염상섭의 서술 이면에 자리하고 있기 때문이다. 위 작품에서 염상섭은 여성들이 정조를 물질과 교환하거나 그것의 잉여 가치로서의 쾌락을 향유하는 지점을 집요하게 심문한다. 「제야除夜」에서 신여성 최정인은 '생활 보장'을 위해, '학자금'을 얻기 위해 정조를 팔았다고 고백하고 난 뒤 스스로 목숨을 끊는다. 연애라는 명목으로 정조를 상품화한 여성은 죽음으로써 스스로를 단죄하기에 이른다.[5]

염상섭이 재현하는 신여성의 성적 타락은 원천적으로 여성들의 자본에의 굴복과 연계되는데, 신여성의 타락을 여성들의 음탕한 기질로 본질화하는 그의 젠더화된 시선 속에는 식민지 자본주의에 오염되는 조선의 현실에 대한 비판이 겹쳐 있다. 그런데, 이 글에서 주목하는 바는 신여성의 정조 상품화에 대한 염상섭의 분노 속에 연애나 결혼과 같은 전통적인 친

5 "몸을 파는 것은, 오히려 용서할 수 잇겟지요. 그러나 정신까지 파는 것은 어떠케 하겟습니까. 동정의 고뇌와 성욕의 압박으로 정조를 깨털엿다는 것도 용사容赦한다면 할 수 업지 안켓지요. 천품의 불량성과 음탕한 기질로, 창부적 불륜한 행위를 하얏다는 것도 용사한다면 할 수 잇겟지요. 그러나 거긔에 이해의 타산까지 하고, 남자의 재산에 눈독을 드리고 유괴誘拐하얏다는 데에 이르러서는 사람의 부류에도 참례參例 못할 절망적 최후가 안입니까"(염상섭, 1987b: 77).

밀성의 영역이 경제적 기제에 포섭되는 점에 대한 강력한 반감이 교차하고 있다는 점이다. 그의 장편 소설 『너희들은 무엇을 어덧느냐』(『동아일보』, 1923. 8. 27~1924. 2. 5) 또한, 당대 김원주, 나혜석 등의 신여성 문사들을 모델로 하면서, 근대적 연애 결혼 이면에 작동하는 경제적 원리를 냉소적으로 기술하고 있다.[6]

> 돈과 사랑이라는 두 가지를 어떠케 조화를 식히어서 해결할가 하는 문제를 생각하기에는 아즉 어리고 자긔힘에 겨운 일이다. 땃뜻한 품도 행복스럽지만 따뜻한 주머니도 반가운 것이다. 어떠한 때는 피아노 소리가 미직은한 키쓰나 느슨한 포옹을 더 뜩업고 더 힘잇게 할지도 모른다. "사랑이란 두 가지가 잇다 하얏지!" "돈으로 살 수가 업는 사랑과 돈에 파라 먹을 수 잇는 사랑이 잇다 하엿지. 령靈이라는 옷에 육肉을 싼 사랑은 돈으로 살 수 업지만 령을 육의 껍질로 싼 사랑은 돈만 가진 작자가 나스면 어느 때든지 뎜뎜히 뎜여서 팔 수 잇는 것이라고 하얏겟다. 하지만 기생이나 갈보가 안인 다음에야 돈에 눈이 어두어서 사랑을 하고 몸을 내던질 년이 어데 잇드람!" 경애는 기생과 갈보나 돈에 사랑을 뎜여 판다는 결론에 만족할 수밧게 업섯다.…… 그러나 밥을 굼고 맛붓들고 안저서도 뜨거운 키쓰를 할 수 잇고 굿세인 포옹을 할 수 잇슬가?(염상섭, 1987a: 197-198).

신성한 근대 연애 결혼 이데올로기 속에 친밀성과 화폐가 교차하는 지점을 예리하게 포착했던 염상섭은 "'요새 졸업장 시세가 어떻단 말야요.' 녯적에는 혼서지 한 장으로 계집을 사고 팔고 하얏지만 지금 세상에는 녀학

6 "덕순이의 형님두 만세 이후로 급작실히 퍽 변한 모양입듸다. 게다가 글짜나 쓰는 사람들하구 추축을 하고 잡지니 문학이니 하게 되니까 딴 세상 가튼 생각이 나는게지. 그건 고사하고 '엘런 케이'니 '입센'이니 '노라'니 하는 자유 사상의 맛을 보게 되니까 모든 것을 자긔의 처디에만 비교해 보고 한층 더 마음이 움즉이지 안켓소"(염상섭, 1987a: 190).

교 졸업 증서 한 장으로 사내를 사고 팔려가고 하게 되엇다 한다"(213)라고 하여 신여성들의 학력이 결혼 시장에서 상품 가치로 전락하고 있음을 지적한다. 1930년대 사회주의 지식인 남성들은 계급적 관점에서 근대 자유 연애와 결혼 이면의 경제적 거래를 좀 더 맹렬하게 공격한다. 호연당인이 쓴 「현대 여성의 정조 손료損料」(『신여성』, 1933. 2)라는 글은 여성들의 해방은 지극히 관념적인 것이며, 결혼은 궁극적으로 여성들의 정조를 '밥' 한 그릇에 불과한 것으로 만들었다는 극단적인 주장을 하기에 이른다.

> 지식적으로 깨달은 여자들이 깃발을 날리며 용감하게 부르짖었다. 운동은 어느 정도까지 성과를 보았다. 즉 관념상으로는 여자는 해방이 되었다. 그러나 여자를 구속한 제도는 그대로 있다. 해방되었다는 인텔리 여성. 그들은 처녀성을 곱게 지키다가, 그것을 남자에게 맡기어버린다.…… 남자는 처녀의 정조의 사용권을 전당잡고, 그 대신 '밥 한 그릇'을 보장하여 준다. 해방된 인텔리 여성들은 결혼이라는 미명 아래에서 정조의 손료로 식료를 잡는다. 엄숙하게 신전에서 부부의 맹세를 만든다. 그러나 그곳에서 나온 여자는 성 문제의 해결보담은 직업 문제가 먼저 해방된 것이다. 오늘날의 여자는 여자의 노예로의 복귀를 의미하는 것임은 모르는가(『신여성』, 1933. 2: 34-35).

독일의 사회주의 사상가 아우구스트 페르디난트 베벨August Ferdinand Bebel(1840~1913)의 『부인론』을 근거로 해서 필자는 "해방된 인텔리 여성들은 결혼이라는 미명 아래에서 정조의 손료로 식료를 잡는다"고 선언한다. 나아가, 결혼 속의 현대 여성들 전반을 정조를 상품화하여 매매하는 '노예'와 동일시하는데, 여기에는 신여성들의 결혼을 부르주아 계층의 타락 내지 모순으로 간주하는 사회주의자들의 계급적 시선이 주도적으로 작동하고 있음을 확인할 수 있다. 위 염상섭과 호연당인의 글은 모두 근대 자유 연애와 결혼 이면에서 여성의 성이 상품으로 거래되는 지점을 문제삼으면서 이를 부르주아 계급, '신여성' 집단의 훼손된 정체성으로 수렴시키고 있다. 당대 지식인 남성들의 글들은 연애와 결혼 안의 물질성의 문제를 특정 '계급'의 '여성'들의 도덕적 훼손으로 귀결시키는 한계를 보인다. 그런데, 이들의 글은 신성한 근대 결혼 이데올로기 이면에 작동하는 사회경제적 조건들, 여성의 정조와 가부장적 결혼 제도 사이의 암묵적 계약, 여성들의 결혼을 통한 현실과의 협상 등 친밀성을 둘러싼 다양한 층위의 문제들을 제기하고 있다. 이는 근대 시기 '연애 결혼'이라는 기호를 통해 새롭게 구성된 친밀성의 관계에 물질이 개입하는 방식을 원천적으로 질문하게 한다.

근대 초기, 감정, 연애, 성 등의 친밀성의 거래는 결혼이나 가정의 영역 밖의 도시 유흥 공간에서 이미 체계화된 산업의 형태로 진행되고 있었다. 이는 식민지 당대 요리점이나 카페와 같은 유흥 산업이나 공창公娼과 같은 성산업의 번성을 통해 도모되었다. 가부장제의 오랜 역사가 보여 주듯이, 결혼 밖의 공적 공간에서 이루어진 친밀성의 경제적 교환은 한국의 경우에도 전근대 시기부터 있어 왔다. 조선 시대의 경우, 궁중 연회에서 악가무樂歌舞를 연행하는 여악女樂의 역할을 수행했던 기생은 공식적으로 관에 소속된 전문 예인집단의 일원으로 자리했지만, 관비官婢라는 신분적 조건 속에서 지배층 남성들의 풍류 공간에 동원되어 기예와 섹슈얼리티를 제공하는 존재들이었다. 하지만 기생들이 제공했던 친밀성에 기반한 정서적 · 지적 응대와 성적 봉사는 신분제 사회에서 관비로서의 직역을 수행하는 과정이었다는 측면에서 화폐의 교환에 바탕을 둔 근대적 노동과는 일정 정도 차이를 보인다. 한말에 이르러 관기 제도가 폐지되면서 기생들은 요리점과 같은 근대적 유흥 산업 시스템에 편입되어 접대와 기예를 제공하게 되는데, 이는 근대적 '노동'의 형태에 가까운 것이었다.[7]

하지만, 근대 기생들의 경우 권번이라는 기생조합에 소속되어 있으면서 전통 예술의 전수자로서 역할을 유지했기 때문에 그 성격이 복합적이다.

식민지 시기, 요리점의 기생을 통해 제공된 감정 노동과 성애적 코드를 내포한 노동의 형태는 1930년대 도시에서 번성했던 카페에서 좀 더 대중적인 방식으로 상품화된다.[8] 1930년대 도시 공간에서 미인 '웨이트리스'를 내세우며 대중의 호기심을 끌었던 카페는 근대적 산업 시스템 속에서 본격적으로 여성의 몸을 매개로 하여 친밀성을 상품화했던 공간이다. 일본을 경유하여 서구 문화가 밀려 들어왔지만, 특별한 사교 공간이나 강연, 음악회 등 문화 활동이 턱없이 부족했던 당대에 극장과 카페는 서구적 문화 감각을 즐길 수 있는 최고의 유흥 공간이었다. 하지만 무엇보다도 1930년대 경성의 카페는 여급의 몸과 섹슈얼리티를 상품화했으며, 그것을 소비하고 향유하고자 하는 남성들의 욕망을 산업화한 공간이었다는 면에서 문제가 있다.[9] 웅초熊超라는 필명의 작가가 쓴 「경성 압뒤골 풍경」

7 기생 잡지 『長恨』 2호(장한사, 1927)에 실린, 전난홍田蘭紅의 "기생도 노동자다-ㄹ가?"라는 글은 요리점에서 기생들이 수행하는 노동에 대한 기생 스스로의 인식을 드러내고 있어 흥미롭다. 여기서 전난홍은 '호미와 곡갱이를 들고 땅을 파는 남자 노동자'와 같이, 기생도 "로동자라도 정정당당한 로동자이다"라고 선언한다. "입을 열어 노래를 불으는 것과 손으로 양금이나 가야금을 듯는 것"이라는 '기예 공연'과 "머리와 조고만 심장을 썩이여 가면서 여러 손님의 안 맛는 비우를 맛치여 가면서 수심이 가득하여 혈색 업는 얼골에 다정한 우슴을 우서가면서" 하는 '마음태우는' 기생의 노동도 정당하게 노동으로 인정되어야 한다고 주장한다. 여기서 머리와 심장을 썩이고, 마음을 태우면서 손님을 대하는 기생의 노동은 '감정 노동'의 전형적인 예라 할 수 있다.

8 감정 노동emotional labor이라는 개념을 도입하여 감정이 상품화되는 현상을 분석한 혹쉴드Arlie Russell Hochschild는 경계 관리 역할boundary spanning role의 담당자들, 특히 서비스 노동service work에 종사하는 사람들은 육체 노동과 정신 노동 이외에도 그것들과 차별화될 수 있는 또 하나의 노동을 수행하고 있음에 주목하고 이를 '감정 노동'이라 명명했다. 'emotional work', 'emotional management'와 유사한 용어인 '감정 노동'은 자본주의에 특유한 감정 관리emotion management의 한 형태다. 감정관리는 '외적으로 드러나는 표정과 몸짓을 연기하기 위한 느낌의 관리'를 의미하는데, 어떠한 시대에도 인간은 사적 영역에서 자아를 지키고 타인과의 원만한 상호작용을 유지하는 등의 목적으로 자신의 감정을 관리해 왔지만, 개인의 감정 관리 활동이 사적 영역을 벗어나 공적 영역에서 임금을 받고 팔리게 되어 사용 가치로서뿐만 아니라 교환 가치의 성격을 동시에 지니게 되는 경우에 감정 관리 활동은 상품화된 노동력의 일부분이 된다(Hochschild, 1983: 6-9; 김상표 · 윤세준, 2002: 206).

에는 당대 카페가 공공연한 연애의 공간이면서 그러한 연애를 돈으로 살 수 있는 특수한 시장임을 역설한다.

> 카페는 진한 연애는 아닐지라도, 그와 여하한 연애를 파는 시장이다. 여급이 연애 형식 그 이상의 그 무엇을 파는 수가 더러 잇슬지는 모르나 연애만은 공공연하게 팔 수가 있다. 카페는 단지 연애의 수속비로 술을 팔 뿐이요 '팁'이라는 희사喜捨가 연애의 가격이다. 공황, 불경기하면서도, 세월 조흔 시장이다. 삽십사 원의 가엽슨 월급쟁이 포케트에서 돈이 튀어나온다. 그러나 여기에 몰려든 홍정꾼들은 밥보다도 먼저 그리고 밥보다도 더 비싼 연애를 사러 다니기에, 청년 신사 학생들은 골몰하고 있다. 이 위대한 시장, 요리집에다 기생집을 좀 더 첨단尖端화시킨 이 시장이 유행에 뒤지지 안으랴는 모셧의 선도로 쓸쓸한 북촌거리 여기저기에 몰여오고 있다(『혜성』, 1931. 11: 127).

이러한 묘사는 돈을 매개로 한 성적 욕망의 교환 행위와 근대 초기 조선에 확산된 남녀의 자유로운 연애에 대한 욕망이 모호하게 교차되고 있음을 보여 줄 뿐 아니라, 이를 산업적으로 활용하고 있는 식민지 시대 카페의 특수성을 잘 드러낸다. 특히, 카페 여급은 당대 사회가 선망했던 신여성의 외양을 하고 남성 고객들에게 자유 연애에의 욕구를 간접적으로 충족시켰던 존재였다. 또한, 당대 카페는 남녀 간의 애정으로 지속되지 않는 결혼 속의 에로스의 결핍을 대리적으로 해소하는 욕망의 공간이기

9 "분바른 계집이 출몰하는 밀매음의 소굴. 나는 다만 이 무료한 시간을 소비하기 위하야, 에로와 그로, 넌센스의 자극을 추구하기에 몰두할 뿐이다.…… 엇잿든 시간비 주고 불너 모시는 거룩한 기생아씨보다 일원 한 장만 내노흐면 몃시간식 손목도 잡히고, 뺨도 대여주고, 신식 창가, 사교 댄스까지 흥을 도두와 주인 미인이 칠팔 명 십여 명식 들끌는 카페가 세월을 맛나지 못할 리가 업다"(이서구, "실사 일년간 대경성 암흑가 종군기-카페, 마작, 연극, 밤에 피는 꽃," 『별건곤』, 1932. 1: 34).

도 했다. 1930년대 조선의 카페는 1920년대에 문명적 삶의 한 형식으로 부상한 '연애 결혼' 속의 새롭게 상상된 친밀성의 관계가 가정 밖의 상업적인 공간에서 발현되는 모습을 보여 준다.

한편, 카페 안에서 여급에 의해 제공되는 '에로 서비스'의 성격은 성애적 코드를 교묘하게 상품화하는 여성 노동의 위태로운 경계를 드러낸다.

> 어떠한 한계를 넘지 안는 범위에서 어느 특별한 조건이 업시, 가장 넓게 손님의 요구하는 에로의 써비스에 종사하는 것이오, 정조의 매매에까지 이르지 안코서 어느 손에게다 환심을 사려는 것이오, 손들도 대개는 일시적 환락을 탐하야 에로의 냄새만 맛고, 시가市價보다 비싼 상품을 사게 되는 것이다. 에로 써비스하는 정도가 강하면 강할수록, 껄들의 수입은 만아저야 할 것이라 스스로 에로의 강력적 발전을 요구하게 된다. 에로를 공연하게 얏고 넓게 발산함으로 상매하는 직업이다. 짤은 시간에 가장 만흔 손을 대하고, 그 허하는 분위기에서 가장 강력한 에로의 자극을 주려는 것이다(S. S 生, "환락의 대전당—카페," 『신동아』, 1932. 6: 61-62).

당시 카페에서 여급에게 요구되었던 노동은 "어떠한 한계를 넘지 안는 범위에서 어느 특별한 조건이 업시, 가장 넓게 손님의 요구하는 에로 써비스"였다. 또한 이러한 서비스는 비록 허위일지라도 표면적으로 연애적 관계의 틀 속에서 이루어지는 행위였다.[10] 당대 카페 여급은 여성의 몸과

10 식민지 조선의 카페 문화는 일본 다이쇼大正 말기와 쇼와昭和 초기 "에로 · 그로 · 넌센스" 시대의 산물이었던 카페 문화의 식민지적 이동이라 할 수 있는데, 이는 감각적 열락에만 생의 가치를 두는 니힐리즘적 사조 속에서 시대적 불안을 완전히 망각하고자 자극적 찰나를 구했던 욕망에 기인한다. 당시 일본에서 공창公娼은 빵이라면, 유사 연애적 기교를 동반한 사창私娼은 '버터 바른 빵'에 비유되었다(大宅壯一, 1954: 65–69; 村島歸之[南博 編], 1988: 320). 安藤更生은 당시 거의 대부분 고객이 여급에게 요구했던 유희화된 애정은 진실한 연애에 위반되는, '연애의 가면을 쓴 허위'에 가까웠다고 기술했다(安藤更生, 1931: 186).

제스처, 눈빛, 목소리 등 성적 자극을 유발하는 모든 요소를 기술적으로 활용해야 했으며, 상품의 형태로서 교환된 이들의 서비스는 노동의 한 형태로서 물질적 보상을 받았다. 여기서 고객의 최대한 에로틱한 쾌락을 충족시키되, 매춘으로 전락하지 말아야 한다는 조건은 1930년대 여급의 노동을 사회적 노동의 틀 안에 위치시키는 경계선이자, 성애적 친밀성이 합법적으로 거래될 수 있는 마지노선이었다고 할 수 있다. 이는 또한 경제적으로 교환될 수 있는 친밀성의 영역 내부에 섹슈얼리티가 개입함으로써 도덕적 논란을 야기하는 경계의 지점이기도 했다.[11]

그런데, 다양한 남성 고객과의 만남 속에서 여급들은 직업적 접대와 자연스러운 성애적 이끌림 사이의 모호한 체험에 직면하게 된다. 즉, 여급의 서비스는 노동이면서 일종의 유희이기도 한 이중적 성격을 띠게 된다. 그리고 카페 여급으로서 강요된 서비스를 하는 과정에서 그들은 고객과 실제 연애에 빠지기도 한다.[12] 1920~30년대 일종의 시대 정신으로 추구되었던 자유 연애가 공리적 가치가 강화되는 근대 일부일처 결혼 제도와 충돌하고 균열을 일으킨 한편으로, 결혼으로 이르지 못하는 자유 연애, 결혼 제도 안에서 충족되지 않는 에로스와 연애의 욕망은 카페와 같은 상

11 젤라이저는 미국의 사례를 통해 상업적 친밀성의 틀 안에서 남녀 간의 구애와 성노동이 교차하는 지점을 분석하고, 결혼 · 구애 · 성노동 등 표면적으로 이질적 행위 이면에 친밀함과 경제적 거래의 구조적 유사성, 성노동 내부의 다양한 구별과 층차들, 돈과 성을 교환하는 다양한 형태 속에서 '허용 가능한 행위'와 '가능하지 않은 행위' 사이의 경계를 설정하면서 법적 개입(법원, 변호사, 배심원)과 의미 협상 과정 등을 분석했다(젤라이저, 2009: 121-205). 특히, 구애는 결혼과 매춘이라는 상이한 두 축이 교차하는 지점에 자리하는데, 친밀성과 경제 행위를 바라보는 전통적 관점은 이러한 구조적 교차에 주목하기보다는 매춘을 화폐로 인해 (성적) 친밀성이 훼손되는 전형으로 의미화하는 데 집중해 왔다(젤라이저, 2009: 162-176).

12 당시 잡지에 게재된 카페 여급들의 일기를 살펴보면, 특정 손님에게 연애 감정을 느끼며 그 사람만을 기다리는 여급의 형상이 빈번히 확인된다. "손님이 적다. 담배만…… K라도 왓스면…… 십여일이 되도록 K를 보지 못햇다"(金順愛, "웨트레쓰의 日記," 『신여성』 1931. 3: 52-53). "혼자 온 손님. 이 카페에서 제일 정드러온 손님. 직업은 모 신문사 긔자. 반다운 김에 한번 툭 쏘다. 그는 왠일인지 나에게 제일 호감을 주는 이다. 더구나 량해해 주는 그 점이 더욱 내 마음을 이끄럿다"(김정자, "카페여급 일기," 『별건곤』, 1933. 3: 43).

업적 공간에서 거래되는 양상을 드러낸다. 카페 안에서 여급과 고객 사이에 화폐를 매개로 형성된 유사 연애 관계는 자발적 연애로 전이되는 경우가 허다했는데, 박태원 · 이효석 · 안회남 · 유진오 등 당시 소설가들은 '여급 문학'이라는 장르를 명명할 정도로 빈번하게 카페 안의 연애 풍경을 문학 작품 속에서 재현했다(서지영, 2005). 1930년대 카페는 에로티시즘의 구매와 연애의 욕망, 강제적 노동과 자발적 유희, 감정 노동과 성 노동의 모호한 경계 속에서 친밀성과 경제적 행위가 야기하는 갖가지 문제적 지점들을 드러내는 공간으로서 특수한 역사적 의미들을 산출한다.

3. 가사 노동의 상품화와 근대 가정의 틈새: '식모'

'식모'는 전근대 신분제 사회에서 가정 안의 가사일과 각종 허드렛일을 했던 여종下婢에서 기원하는 '하녀'의 다른 이름이다. 신분제가 해체된 근대 시기에 이르러서 '식모'는 '가사 사용인'이라는 공식적 명명으로 도시 여성 노동의 한 영역을 형성하게 된다.[13] 전근대적 관행과 습속이 여전히 지속되었던 20세기 초기에 그들은 노동자와 유사 가족 사이의 모호한 위치 속에서 가사, 육아, 수유 등 가족 관계에서 요구되는 친밀성의 영역을 경제적 활동으로 거래하는 기능을 하도록 요구받았다. 당대 '가사 사용

13 식민지 시기 총독부 『국세조사』 자료의 직업 분류에 총 10가지의 범주 가운데 '가사 사용인'이 독립적 항목으로 제시되고 있다. 10가지 직업은 농업/ 수산업/ 광업/ 공업/ 상업(상업적 직업, 금융 보험업 종사자, 접객업 종사자 3종)/ 교통업/ 공무자유업(관리, 공리, 고용원, 육해군 현역 군인, 법무 종사자, 교육 종사자, 종교가, 의료 종사자, 서기적 직업, 기자, 저술가, 예술가, 遊藝家, 기타 자유업의 9종)/ 가사 사용인/ 기타 유업자/ 무업 등이다. 1930년 말 당시 경성부 내의 주인 세대에 사는 가사 사용인은 1만 2,094명으로 전체 취업자의 8.6%, 단일 직업으로는 가장 많은 수를 점했으며, 그 중 일본인은 1, 144명에 불과한 반면 조선인은 1만 829명이며 그 중 조선 여성이 8, 872명으로 전체의 82%를 차지하고 있다(전우용, 2007: 108, 138).

인'은 '안잠자기', '(조선)어멈', '드난살이', '식모', '가정부家政婦' 등으로 불렸으며, 가사 일 전반을 돕는 '식모食母'라는 지칭 외에 바느질하는 '침모針母', 반찬을 주로 하는 '찬모饌母', 수유를 담당하는 유모乳母, '애 보는 아이' 등으로 세분화되고,[14] 가족 단위로 주인집의 행랑에 거주하며 집안일을 돕는 '행랑어멈'을 포함한다.[15] 천변 빨래터 주변의 경성 중하층민의 삶을 묘사하고 있는 박태원의 소설 『천변풍경』에 등장하는 동대문 안에서 '드난살이'를 하는 카페 여급 하나꼬의 어머니, 남편의 학대를 피해 서울로 올라와 한약국집에 '안잠재기'로 있는 귀돌어멈, 약국 안채 행랑으로 두 자식을 데리고 남편과 함께 들어온 만돌어멈, 기생집에서 드난살이를 하고 있는 필원네 등을 통해 특별한 기술도 학력도 없는 도시 기층민 여성들에게 가사 사용인이 매우 흔한 일자리였음을 보여 준다(박태원, 2009).[16]

14 "신가정의 裏面을 보면, 아모리 艱難하여도 밥지어 먹는 어멈 두어야 함니다. 웬만하면 針母를 두어야 하고 어린애가 생기면 乳母와 어린애 업히는 기집애도 하나 잇서야 하지만은 최소한도로 밥지어 먹는 어멈은 잇서야 함니다"(朴O熙, "無知의 苦痛과 설넝湯 신세, 新舊家庭生活의 長點과 短點," 『별건곤』, 1929. 12. 28: 29).

15 식민지 시대 도시의 '가사 사용인'은 대가족 제도와 노비 제도 속에서 가사 노동이 운용되었던 전근대 시기에서 근대 핵가족 제도로 전이하기 이전의 과도기적 상황과 비효율적인 가옥 구조 속에서 여전히 가사 보조자를 필요로 했던 중상류층 가정의 상황을 반영한다. 식민지 당대 도회의 식모난에 대해 글을 쓴 김동인은 "과거에는 주부가 당하여 나아가던 일을 지금은 식모 업시는 당키 힘들게 된 畸型의 세태"라고 보았다(김동인, "一日一文: 食母難," 『매일신보』, 1935. 8. 2).

16 "소위 노동시장에 여성의 진출은 년년히 상당한 活況을 뭍하야 가는 모양이다. 남자의 실업고에 비하야, 여자는 보통학교만 졸업하얏스면, 거긔에도 그만한 경쟁은 잇겟지만, 좀 고급으로 백화점, 한층 떨어지면, '뻐스 껄', 여공 등으로 남자보다는 비교적 취직에 용이한 모양이요, 설사 아조 뚝 떠러저서, 카페, 끽다점, 음식점 등으로 전전하더라도, 몸값 관계이겟지만, 여기에는 더구나 경쟁이 업다 할 것이다. 그런데, 이 여성 직업전선에 잇서서, 한 가지 기이한 것이 잇는 것은, 식모, 안잠재기라는 종류의 존재이다. 엇더한 직업이든지, 俗諺에 개백정도 올개미가 잇서야 해먹는다는 세음으로, 기술 혹은 기교엔장 미천 등이 잇서야 하는 것은 말할 것도 업다. 또 소위 '에로'를 목표로 하는 직업에는, 미모와 美衣가 큰 미천이 된다. 그러나 안잠재기 또는 식모에 잇서서는, 미모 미의가 무용한 것은 물론이요 가튼 筋肉 노동이건마는 하등의 기술, 기교, 내지 엔장 미천이 업시 전연히 赤手空擧으로 달겨들면 그만이다. 그러면서도 당자끼리의 무경쟁임은 고사하고, 需要家 즉 傭人者 편에서 백열적 경쟁을 하는 것이, 근자의 안잠재기 즉 '오마니' 시장의 특이한 호경기일 것이다. 그러면 이것을 단순히 수급 관계의 不調— 공급의 부조에 기인한 것일까"(염상섭, "一日一文: 食母," 『매일신보』, 1935. 7. 13).

이러한 식민지 시기 중상류층 조선 가정의 가사 사용인의 고용은 일차적으로 근대 초기에 핵가족 개념이 도입되었음에도 현실에서 지속적으로 유지되었던 대가족 제도와 전통적 가옥 구조 및 가정 경영의 습속 등에서 기인하는 것으로 보인다.[17] 지금까지 크게 주목되지 않았던 '가사 사용인'은 식민지 시기 계몽 담론 속에서 추구되었던 근대적(신식) 가정과 비교하여 현실 속의 가정의 실상을 드러내는 매개가 될 뿐 아니라, 근대 초기 시골에서 도시로 여성 인구의 유입과 더불어 형성된 도시 하층 노동, 근대 가사 노동을 둘러싼 여성 노동의 한 형식으로서 주목된다.[18] 행랑에 어멈과 아범이 있고 심부름하고 아이 보는 계집종이 따로 있는 서울의 중산층 집안에 '안잠자기'로 일하는 한 29세 여성의 기록을 보면, 시골의 아전 집안의 딸로 보통학교도 졸업한 중류 이상의 여성이지만 열일곱에 결혼하여 소박을 맞게 되어 서울로 올라와 '안잠자기'로 들어가게 된 내력을 제시하고 있다.

> 바누질을 하지요 밥 짓는 것을 보살피지요 어린애를 보아 주지요 물건 사는 심부림을 해 주지요 주인 마마 대서代書를 하지요 내년쯤은 용남이를 데리고 유치원에를 다녀야 하지요.…… 어는 때는 내 몸동이가 열이 잇서도 모자랄 때가 잇습니다. 밤으로 틈을 어더서 야학에라도 다니고 십흐나 도모지

17 김은희는 식민지 시기 서울의 중상류층 가정을 대상으로 아동기의 경험에 대한 구술 조사를 시도했는데, 근대적 서구 교육을 적극적으로 수용한 개화 가정에서도 양육을 전담하는 근대적 모성을 찾기 어려웠으며, 육아 방식도 규율을 강조하는 서구식 육아와는 거리가 멀었다고 지적한 바 있다. 즉, '식모', '침모', '찬모', '유모', '애보는 아이' 등을 고용한 식민지 시기 조선의 가정의 실상은 서구의 '전문화된 모성 역할'과 어머니가 양육을 담당하는 '양육 이데올로기', '전업주부화' 등과는 차이가 있다고 보았다(김은희, 2007: 7-28).

18 "이런 것을 利用하세요 主婦備忘錄 직업을 구하는 이와 사람을 구하는 이와 증간에서 알선 작년에는 三百 명을 소개 안잠자기가 제일 만헛다(四) 人事相談 職業紹介 京城職業紹介所," 『매일신보』 1938. 1. 5; "南村엔 食母 '인풀레' 本町署管內에만 二千四百名 北村엔 食母難의 頭痛," 『동아일보』, 1937. 11. 28).

그러할 시간이 업습니다. 잡지ㅅ권 신문ㅅ장 드려다 볼 틈도 어는 때는 업습니다. 이러고 도 한 달에 밧는 것은 겨우 십팔 원입니다. 그러나 옷벌 해 입는 외에는 별로 쓰는 곳이 업스닛가 그것도 모아짐니다. 이 년 동안 모은 것이 이백 한 오십 원이나 되니까 이대로 한 잇해만 더 지나면 한 사오백 원 되겟지요. 잘하면 나갈 때에 주인이 돈 백 원이나 집어 주겟지요. 그리저리하면 한 오륙백 원 되겟스니까 잘하면 한 삼 년 동안 공부를 할 수도 잇겟지요. 그것이 지금의 나에게는 크고도 큰 희망이요 질거움입니다.[19]

이 여성은 '안잠자기'로서 가사일 전반에서 육아, 집안 심부름과 허드렛일까지 도맡아했다고 기술하고 있는데, 몸이 열 개 있어도 모자랄 때가 있다는 표현은 이들이 행한 노동의 정도가 매우 고되었으며 노동의 성격도 다양했음을 시사한다. 또한 임금 수준은 한 달에 18원 정도 받은 것으로 드러나고 있는데, 1930년대 여공이 월 평균 9~17원, 백화점 점원이 15~30원, 전화교환수나 간호부 등의 직업 부인이 25~30원 정도를 받았던 것과 비교하면(이성환, "부인과 직업전선," 『신여성』, 1932. 3), 가사 사용인의 수입은 가장 낮은 임금을 받은 여공보다는 높고 도시 서비스직 종사 여성보다는 낮은 정도였음을 추정할 수 있다. 하지만, 가사 사용인의 경우 개별 가정에서 고용하는 직업군으로서 임금의 편차가 심했으며, 공장이나 회사 등 공적 조직으로부터 얻을 수 있는 최소한의 노동권이나 복지를 전혀 보장받지 못하는 취약한 상태에 있었다.

그런데 당시 가사 사용인들은 대부분 주인집에 거주하면서 친밀성을 형성하는 유사 가족의 형태를 띠었으나 실질적으로 그들은 화폐를 매개로 하여 가족 안으로 들어온 외부 노동자들이었다. 전근대 시대 신분제의

19 鞠O任, "젊은 안잠자기 手記," 『별건곤』, 1930. 1: 97.

족쇄에 묶여 양반집 노비의 조건으로 일했던 여종과 달리, 근대 시기의 '안잠자기'나 '식모'의 위치는 좀 더 복합적이었다. 주인집과의 계층적 위계로 인해 전근대 여종과 같은 대우를 받으면서도, 함께 거주하는 조건으로 인해 주인집 가족과 친밀한 관계를 형성하는 일면을 보인다. 하지만, 그들은 노동에 상응하는 대가를 받는 근대적 임금 노동자의 면모를 띠었다는 면에서 전근대 여종과 차별화된다. 김동인은 "자본주의가 그다지 발달되지 안흔 조선이건만 식모뿐은 마치 자본주의 하의 노동자와 가티 자기의 책무를 온갖 악의와 반감으로서 당해 나가니 과연 딱한 일이다. 부리는 사람이 아모리 친밀미를 늣기고저 하여도, 부리우는 사람이 이런 태도로 응하면 거기는 반듯이 불유쾌한 주종 관계가 생겨날 것이다"라고 하여 당대 시골에서 올라온 식모의 태도와 품성에 대한 불만을 토로한 바 있다(김동인, "一日一文: 食母難,"『매일신보』, 1935. 8. 2). 한편, 그들은 신분적 질서 속에서 복종과 봉사를 수행했던 전근대 시기 노비 계급과 달리, 근대 가정 내부의 사적 질서에 위협이 되는 외부인이기도 했다.

이태준의 「색시」라는 단편은 식모로 들어온 한 젊은 과부를 묘사하고 있는데, 이 여성은 임금을 받는 근대적 가사 노동자로서 직분보다는 어떻게든 결혼하여 다시 가정을 꾸리는 것을 인생의 유일한 목표로 삼는다. 주인으로부터 월급을 몇 원 받으면 화신상회로 달려가서 분이나 크림 같은 화장품을 사들이고, 접시나 찻잔, 전기다리미를 사 모은다. 또한, 어느 날에는 주인 아내로부터 파라솔을 빌리고, 아이보는 갓난이에게 아이를 업게 하여 앞세운 채 문안 거리를 다니며 마치 자신이 안주인인 양 흉내를 내기도 한다. 또한, 맞은편 하숙집에 전문학교 남학생들이 들어오자 그들에게 크나큰 관심을 보였다가, 그 남학생들을 찾아온 여학생들에게 강한 라이벌 의식과 질투심을 느낀다.[20] "모자를 비뚜름히 쓸 줄 알고 하모니카도 베이스를 넣어 불 줄 아는 그런 신랑"(이태준, 2005: 451)을 다시 만나기를 꿈꾸었던 식모는 결국 자신의 욕망의 좌절로 인해 집으로 돌아가고 만다. 이 작품에서 식모의 형상은 결혼 제도의 궤도를 이탈한 과부, 이혼녀 등이 자신의 과거를 숨기고 도시 또는 고향이 아닌 공간에서 대안적 삶을 모색하려 했던 당대 가사 사용인의 한 유형을 드러낸다.[21] 그뿐만 아니라, 도시 가정에 고용된 식모 역시 여학생과 마찬가지로 물질문화에 노출되고 연애와 결혼에의 갈망을 추구하는 욕망의 주체로 재현되는 지점 또한 주목된다.

1920년대 후반 대중 매체에는 '하녀', '식모'가 내지인 가정을 포함한 고용인의 집에서 갖가지 사회적 문제를 일으키는 내용의 기사들이 간간이 발견된다. 여기에는 일차적으로 고용인의 집에서 돈이나 금품을 훔친 절도죄로 하녀가 처벌을 받거나 자살하는 내용[22]이 빈번하게 등장하는데,

20 "그들은 아침이면 이를 닦으며 저녁이면 담배를 피우며 가끔 우리 마당을 건너다보았다. 그들은 마주 뵈니까 무심코 건너다보는 것이되, 이쪽의 색시는 첫 번부터 그들에게 과민하였다. 아침저녁으로 분 세수를 하고 틈틈이 무색 옷을 내어 입고 그들이 학교에서 돌아올 시간쯤 되면 으레 머리를 고쳐 빗고 그리고는 그들이 눈에 띄면 무슨 일이든지 하다말고 내던졌다. 하루는 일요일인데, 점심 때 좀 지나서 웬 말쑥한 두 여학생이 건넛집 마당에 나타났다. 그 두 남자 전문학교 학생과 하나씩 짝을 지어 희희낙락하게 놀았다. 이날 우리집 색시의 정신은 어디 가 있는지 알 수 없었다. 부엌에 들어가면 부엌에서 뎅그렁 하고 무엇이 깨어졌고, 장독대에 가면…… 철그렁 하고 무엇이 금가는 소리…… 흐하하하고 건너마당에서 그 여학생들의 웃음소리가 건너올 때마다 색시는 자기가 잘 웃던 것은 잊어버린 듯……"(이태준, 2005: 449–451).

21 "표면으로 보면 생활 곤난이 그 원인이라 하겟지마는 늙은 과부 약 일이할을 제하고는 전부가 가장이 잇고 시부모가 잇고 가정을 가지게 된 젊은 여자가 대다수를 점령한 만큼, 그 리면에는 인생사회의 복잡한 비극이 잠재하얏다 한다. 그 종류를 구별하야 보면, 첫째는 이혼당한 여자가 삼사할이 넘는다는데, 구식 가정에서 자라나서 구식 가정으로 시집을 갓다가 가장이 실타 하면 자기 마음으로는 개가도 가고 싶으나 시집과 친정의 체면 관계도 잇슴으로, 마침내 차라리 타향으로 다라나겟다는 결심을 가지고 온 사람이라 그들은 먹는 것도 먹는 것이지마는 자기의 종적을 다른 사람이 알가 하는 것이 근심의 초점이 되어 한번 어느 가정이든지 소개가 되면 비교적 오랫동안 잇다 하며, 순전히 도회를 동경하고 도회 사람의 호화로운 생활 상태를 보고는 한 걸음 두 걸음식 허영심에 날뛰어 필경에는 몸을 그대로 버리게 되는 사람도 만타 한다"("朝鮮어멈(三)," 『동아일보』, 1928. 3. 15).

22 "罪惡이 綻露된 食母의 自殺騷動-주인의 금비녀를 훔치고," 『매일신보』, 1935. 9. 20; "下女脫線," 『매일신보』, 1936. 12. 13: "性的異變의 下女 主家物品竊盜," 『매일신보』, 1937. 3. 18; "월경으로 인한 일시적 발작-動機는 同情하나 法은 그러찬타 主人 돈 훔친 下女," 『매일신보』, 1937. 3. 27; "嫌疑받은 食母 죽엄으로 對抗," 『동아일보』, 1938. 7. 9; "手荒症의 下女-일본인 집의 조선 하녀가 돈 30원과 양말 두 컬레를 훔쳐 도망," 『매일신보』, 1938. 6. 14; "脫線한 下女-25원을 훔쳐

이는 당시 도시의 부유한 집안에 들어간 식모들이 궁핍한 농촌과는 다른 도시 중산층 문화와 자본에 노출되면서 물질적 욕망에 눈뜨게 되는 일면을 제기한다.[23] 또한, 특별한 이유 없는 하녀의 무단 가출 기사,[24] 식모로서의 신세를 비관하거나 그 밖에 원인 미상으로 자살한 내용을 다룬 기사들[25]이 있으며, 고용인 또는 주인집 남성과 식모 간의 연애 및 정사情死 기사[26]와 더불어, 주인 남성으로부터 정조를 유린당하거나 치정과 관련하여 살해된 식모 기사[27]들도 적지 않게 발견된다. 고용주 남성과 식모 사이의 정조 유린과 치정에 얽힌 범죄 사건들은 가족이라는 사적 공간에서 고용주과 고용인 사이의 경제적 권력 구도 사이에 야기되는 섹슈얼리티 문제를 직접적으로 제기한다. 특히, 전근대적 습속이 여전히 잔존했던 식민지 시기 많은 중상류층 가정에서 나이어린 식모는 신체적 자율권을 갖지 못했던 전근대 시기 여종의 존재 양식과 겹쳐진다. 채만식의 「山童이」

도망," 『매일신보』, 1938. 12. 2; "主人白金指環 훔친 美人下女의 懺悔—훔처노코서 양심에 가책바더 女子二十 虛榮時代," 『매일신보』, 1935. 10. 8; "下女가 窃盜—주인의 돈을," 『매일신보』, 1936. 1. 29; "侈裝한 美貌女 實相은 大賊- 부호 가정 하녀로 드러가서 – 西門署에서 取調," 『매일신보』, 1935. 7. 6; "窃盜常習의 美貌의 "食母"-경관집에 드난가서 도적질하고 畢竟엔 警察署身勢," 『매일신보』, 1936. 7. 23.

23 "虛榮에 뜬 鄕村女子 豪奢하려 竊盜질, 허영에 뜬 향촌 녀자가 서울에와 남과 가치 호사하고 십허 도적질, 繁華한 都市와 드난살이의 犯罪," 『동아일보』, 1926. 10. 5.

24 "바람난 下女," 『동아일보』, 1937. 7. 24; "美貌의 下女出奔," 『동아일보』, 1939. 12. 15; "심부름나가 업서진 下女," 『매일신보』, 1935. 11. 1; "下女가 失踪 誘拐의 憂慮," 『매일신보』, 1936. 2. 5.

25 "자유 없음을 비관코 자살한 고용녀," 『조선중앙일보』, 1935. 4. 29; "妙齡女飮毒 ; 市內宮井洞 鄭箕洪 씨 집 下女," 『동아일보』, 1933. 6. 5; "下女飮毒, 元町 茂家氏 집에," 『동아일보』, 1934. 3. 21; "妙齡 '오모니' 疑問의 飮毒 저녁밥 먹고서 얼마 안 잇다 무엇 때문에 죽었나," 『매일신보』, 1936. 9. 6.

26 "上海로 逃避行 上陸하자 被捉; 和昌洋行員 北村協과 西村要三氏집 하녀 사랑의 도피," 『동아일보』, 1935. 4. 30; "失戀한 下女 飮毒코 淸算(鎭南浦)," 『동아일보』, 1935. 12. 28; "奬忠壇에서 男女情死 富豪子弟와 食母 戀慕," 『동아일보』, 1938. 9. 15; "解雇된 旅舘雇人 下女 다리고 逃走," 『매일신보』, 1937. 9. 30

27 "食母를 打殺, 암장하고 발각," 『동아일보』, 1928. 12. 29; "富豪 주인에 능욕된 미인 하녀가 음독, 상세 사실 緘口不言," 『조선중앙일보』, 1936. 2. 26; " '식모'의 정조 뺏고 화류병싸지 선물," 『매일신보』, 1936. 12. 25; "下女와 關係姙娠하자 絞殺하야 投井 —년 이상 지나 발각되여," 『매일신보』, 1938. 8. 6.

(1930)에서 집주인이자 호색한 지주인 김상준에게 겁탈당하는 '계집 하인' 옥섬이나(채만식, 1989a: 508-516), 「생명」(『白光』 3~4집, 1937)에서 주인 아씨의 몸종으로 따라온 오월이가 주인집 남자의 아이를 포태하는 모습은 전근대 시기 신분제의 산물로서의 '하비下婢'의 모습을 그대로 엿보이고 있다(채만식, 1989b: 215-226).

하지만, 근대 시기 개별 가정에 고용된 식모나 행랑어멈 등의 가사 사용인들은 고용인으로서 주인집의 횡포와 착취의 일방적인 희생물만으로는 재현되지는 않는다. 김유정의 「정조」라는 단편 소설은 집안의 허드렛일을 시키려고 행랑으로 두 남녀를 들게 하면서, 주인집의 평화로운 일상이 깨어지는 장면을 담고 있다. 위 작품에서 술을 먹고 돌아오는 주인집 남성을 의도적으로 유혹하는 행랑어멈의 행실은 문제를 유발한다.[28]

> 전일부터 맥없이 빙글빙글 웃으며 눈을 째긋이 꼬리를 치던 것은 그만두고라도, 방에서 그 알량한 낯판대기를 갖다 부비며, "전 서방님하구 살구 싶어요. 웬일인지 전 서방님만 뵈면 괜스리 좋아요.…… 그래그래 살아보자꾸나.…… 전 뭐 많이 바라지 않아요. 그저 집 한 채만 사 주시면 얼마든지 살림하겠어요. 그렇지 않어요? 서방님! 제가 뭐 기생첩인가요, 색시첩인가, 더 바라게?(김유정, 2003: 64-65).

난봉 기질이 있는 주인집 남자는 결국 그를 유혹하려는 행랑어멈의 계

28 "시골거라 부려먹기에 힘이 덜 드려니 하고 둔 것이 단 열흘도 못 되어 까만 낯바다기에 분때기를 칠한다 머리에 기름을 바른다 치마를 외로 돌려 입는다 하며 휘두르고 다니는 걸 보니 서울서 자라도 어지간히 닳아먹은 계집이었다. 그렇다 치더라도 일을 시켜 보면 뒷간까지도 죽어가는 시늉으로 하고 하던 것이 행실을 버려논 다음부터는 제가 마땅히 해야 할 걸레질까지도 순순히 하려질 않는다. 그리고 고기 한 매를 사러 보내도 일부러 주인의 안을 채이기(속을 태우기) 위하여 열나절이나 있다 오는 이년이 아니었던가"(김유정, 2003: 67).

략에 넘어가게 되고, 임신을 했다는 협박에 주인집은 돈 이백 원이라는 거금을 주고 그들을 내쫓는다. 행랑아범과 행랑어멈의 계획적인 농간에 속수무책으로 당하는 한 가족의 모습을 보여 주는 위 작품에서 근대 초기, 외부로부터 화폐를 매개로 친밀성의 영역 안으로 들어오는 가사 사용인은 가정 안의 틈새를 뚫고 균열을 야기하는 침입자의 형상을 하고 있다.

『매일신보』 1938년 3월 11일에서 18일까지 8회에 걸쳐 연재된 진우촌秦雨村 작, 단편소설 「食母」는 젊은 미혼 여성이 젊은 부부가 사는 가정 안에 식모로 들어오면서 야기되는 가정 안의 위기를 좀 더 극적으로 형상화하고 있다. 이 작품에서 공장 여공으로 있다가 식모로 들어온 여주인공은 처음부터 주인 아씨와 '아귀다툼'을 할 정도로 나쁜 관계를 형성할 뿐 아니라, 주인집 남자에게 연정을 품으면서 스스로를 주인 아씨와 라이벌 관계로 위치시킨다.

> 이 집 나림은 흔이 잇는 불양한 사내도 아니고, 행패로운 이도 아니니, 그 양반이 점잔은 체모에 집안에서 부리는 젊은 것에게 아모 생각도 업스면서 공연히 시럽슨 행동을 햇슬리도 업고 내가 내 자랑이 아니라 동네사람들에게, '왜 저만큼 생겨가지고 남의 집을 산담' 이런 말을 듣기도 합니다만, 실상도 아모리 뜯어봐야 한군데 보잘것업는 쥔 아씨라는 그이보다는 내 얼굴과 내 맵시가 쥔 나리 눈에도 훨씬 나뵈슬 것이니 열 게집 마대지 안는 젊은 사내가 한 집에 잇고, 젊고 똑똑한 게집에게 맘을 안 뒷슬리도 업슬 것이니 지내간 여름에 '잠간 기다리게' 하든 그 말이라든지 어젯밤에, 내 손목을 힘입게 쥔 것이라든지, 모도가 공연한 농직어리라고는 도모지 생각이 도라가지를 안습니다(秦雨村, 「食母」, 『매일신보』, 1938. 3. 11).

위 작품에서 식모는 일부일처제가 뿌리내리기 시작한 근대 초기 핵가족 속의 젊은 부부의 사이에 뛰어든 위협적 존재로 자리한다.[29] '이 집 나리가 장가들기 전에 이 집에 들어왔더라면', '그 아씨란 게 없었다면' 하는 마음과 "지금 내가 이 집에 들어와서 주인 나리에게 맘을 두게 되었고, 나리라는 이도 나를 싫어하지 않는 눈치"인데, "아씨란 이가 사이에 있어, 맘 뜻대로 안 되는 걸 생각하니, 미운 맘이란 말할 수가 없"는 상태에까지 이른다. 식모는 결국 어느 비 내리는 밤, 주인집 나리를 마중 나갔다가 함께 손을 잡고 정답게 돌아오는 장면이 주인 아씨에게 발각되어 큰 소동이 일어나고, 그 일을 계기로 그 집에서 쫓겨나게 된다.

위 작품들에 등장하는 가사 사용인들(식모, 행랑어멈)은 합리적 · 법적 계약에 기반한 도시 임금 노동자로서의 체계를 갖추지 못했던 근대 초기, 도시 가사 노동자의 불안정하고 취약한 조건 속에서 친밀성의 경제적 교환이 야기하는 기대치 않은 효과들을 양산하게 된다. 이들이 처한 환경은 '가사 사용인'이라는 불안정한 노동자를 부당한 착취와 불합리한 대우의 희생물이 되게 하기도 했지만, 한편으로 임금 노동을 명목으로 사적 공간에 침투하여 가족 안의 친밀한 관계성을 위태롭게 하는 근대 가족 속의 타자의 형상을 하고 있다.

4. 자본과 모성의 경계 : 유모

『여성』(1940. 1)에 실린 "식모를 토론하는 좌담회"라는 글에서 당시

29 "나림이 술이 취해 드러와서, 암만해도 첩을 어더야겟어. 자식 날 첩을 어더야 해. 여보 마누라 응 내 말 드러. 저저 식모처럼만 듬숙하구 수수하구 멋거리 잇서야지. 저 식모처럼 생긴 첩이면, 괜찬지 응…… 보기에 면구스럽도록 아씨의 독기어린 눈……"(秦雨村, "短篇小說 食母-3," 『매일신보』, 1938. 3. 13).

지식인층 여성들이 '식모'라는 존재의 쓰임과 일상에서 식모와의 관계에 대한 체험을 포함하여 다양한 논의들을 진행한다.[30] 여기서, 여성 교육가 송금선은 부부가 직업을 가지면 집안일을 전부 식모에게 맡길 수밖에 없지 않느냐는 질문에 대해 다음과 같이 대답한다.

> 저는 식모 손에 애를 맡겨 길러본 일이 없습니다. 식모에게는 그저 빨래와 소제나 맛겼지, 학교에를 못 나가두 식모에게 애들을 못 맛겨요. 저는 아이가 많아두 유모 하나 안 두구 길렀습니다.…… 아이는 될 수 있는 대로 어머니 손으로 길러야지. 누구가 남의 자식을 정성껏 키워 주겟서요. 제 자식두 미울 때가 잇구 귀찮을 때가 잇잖아요(『여성』, 1940. 1: 41).

위 글은 근대 시기 핵가족화를 지향하는 가족 구조의 변동 속에서 수유와 양육을 전적으로 어머니가 담당하는 모성 이데올로기가 정착하면서, 유모의 역할은 전대에 비해 축소되고 점차 사라져 가는 전통으로 범주화되고 있는 지점을 제시한다. 하지만, 유모를 통한 수유는 조선 시대 양반 가정에서 일반화된 풍습이었으며, 식민지 시기 중반에 이르기까지 중상류층 가정에서 유모를 들이는 관습이 지속되었던 것으로 보인다.[31] 식민지 시기 조선에서 '유모'는 전근대적 가족과 근대적 핵가족의 존재 양식이

30 여기서 조선 가정에서 식모를 둘 수밖에 없는 주된 이유 중의 하나로 생활의 합리화 · 과학화가 되지 않은 조선 가옥의 비효율적인 구조가 제기된다. "조선의 주택제라는 게 본래 식모 두고는 살 수 없게 된 것입니다. 부엌으로 나려가자면, 마루를 통해서 마당을 또 지나서 이렇게 빙빙 돌아야 됩니다"("식모를 토론하는 좌담회," 『여성』, 1940. 1: 37). 전시 체제기에 식민정책자의 입장에서 이러한 식모의 과다한 고용이 야기하는 경제적 비효율성에 대해 부정적인 비판이 제기되기도 한다("생각을 달리해 볼 안짬재기 문제," 『여성』, 1940, 12: 58-59).

31 김은희의 구술 연구에 의하면, 1905년 태생으로 부유한 양반가로 시집가 1920년대와 30년대에 출산하고 아이들을 키웠던 이규숙 할머니는 자신의 구술 자서전에서 아주 잘사는 집에서는 어머니 젖이 부족하지 않아도 유모를 두었다고 기억하고 있는데, 유모의 고용은 젖의 양뿐 아니라 질의 문제와도 관련된다. 그러나 분유가 나오기 시작하면서 점차 유모의 젖 대신 분유를 먹이기 시작한다(김은희, 2007: 15).

겹쳐지면서 서로 분리되어 가는 과도기적 지점에 자리하고 있었다.

엄흥섭의 「여명黎明」이라는 단편 소설에서는 젊은 부인이 유도乳道가 좋지 않아 수유에 어려움이 많음에도 불구하고, 끝까지 유모를 구하지 않는 이유를 다음과 같이 기술한다.

> 처음 유모를 구해 보기도 했으나 적당한 유모가 없었을뿐더러, 대개 남의 집으로 유모 노릇을 오는 사람들이란 젖먹이 제 자식을 생으로 떼어놓고 오는 사람이 많기 때문에 젖이 질 땐 제 자식 생각이 붙같이 나서 오히려 속을 끄리기 때문에 그 유질乳質이 좋지 않을뿐더러, 비록 한 달에 십몇 원이라는 보수를 줄지언정 유모를 둔다는 것은 남의 자식 살을 깎어다 내 자식 살에다 붙치는 것 같은 인도상으로 참아 못할 잔인한 짓이라고 해서 남편은 유모를 두는 데에는 반대를 했었다. 차라리 유모를 두는 돈으로 유도乳道가 좋아질 약을 먹거나 날마다 자양 있는 음식을 해먹는 게 실속이 있고 편할 것도 같아 현애는 유모를 두고 싶지를 않았다(『創作世二人集』, 1939: 108-109).

위 작품에서 "대개 남의 집으로 유모 노릇을 오는 사람들이 젖먹이 제 자식을 생으로 떼어놓고 오는 사람이 많기 때문에" 제 자식 생각에 속을 끓여 유질이 좋지 않고, 고용자의 입장에서도 십몇 원이라는 보수를 줄지언정 "유모를 둔다는 것은 남의 자식 살을 깎아다 내 자식 살에다 붙이는 것 같은 인도상으로 차마 못할 잔인한 짓"이라는 기술은 자식에게 줄 젖을 다른 아이에게 주어야 하는 유모의 현실과 그 속에서 야기되는 모성의 갈등, 그리고 수유라는 친밀성의 행위가 경제적 활동으로 치환하는 것에 대한 반발감 등을 제기한다. 이 작품은 전통적인 유모의 역할을 부정하는 도시 신가정의 주부의 목소리를 통해 근대 초기 핵가족의 개념이 확산되면서 근대적 모성이 새롭게 구성되는 과정을 반영한다.

그런데, 채만식의 「貧- 第一章 第二課」(『신동아』, 1936. 9)라는 작품은 근대 초기 전통적 유모와도 성격이 다르며, 근대적 모성이나 임금 노동자의 모습도 담지하지 않은 이질적인 형태의 유모의 형상을 제기한다. 이 작품에서 한 권번 기생의 유모살이로 고용된 여주인공은 남편의 무능력으로 인해 가난한 살림살이를 책임지는 가장 역할을 하게 된다. 그런데, 위 작품의 유모는 엄흥섭의 「여명黎明」에서의 유모, 즉 돈을 벌기 위해 어쩔 수 없이 남의 집 아이를 수유하면서, 자신의 아이 생각에 괴로워하는 유모와는 다른 종류의 여성이다. 특히, 이 작품에서 유모는 직업적으로 수유를 하지만 모성의 개념 자체가 부재하고 모성의 역할을 거부한다는 면에 차이를 보인다.

> 석 달, 유모살이로 들어와서 사는 동안 자주 목간을 다니면서, 겉으로 옷이나 잘 입고 훤치르해 보이는 여자들이며 기생들이며의 말라빠진 몸뚱이나 앙상한 얼굴을 많이 보아나느라니까, 그는 저의 탐스런 몸뚱이에 차차 자긍이 생겨…… 누구만 못할 게 없다고 아렴풋한 즐거운 기대를 가지게 되었다(채만식, 1989b: 127).

> 체경 앞에는 요전에 산, 골라잡아서 십전짜리 생철 목간대야가 놓여 있다. 그 속에는 눈먼 고양이가 조기대가리 아끼듯 아끼는 크림, 분, 연지 이런 것이 올망졸망 담겨 있다. 단장을 하는 데 시간이 걸린다. 숱이 짙어 부피 큰 쪽을 한번 더 치켜서 합성금 비녀로 꽂아놓고 크림으로 얼굴을 편다. 그 위에다 가루분을 약삭빨리 도닥도닥, 눈두겁과 볼에 연지칠, 동강난 루즈로 입술을 붉게…… 이러한 화장법과 화장품들은 주인 아씨의 수법과 아울러 쓰다버린 것을 물려받은 것이다. 화장품은 개중에는 주인 아씨가 채 미처 다 쓰지도 않은 것을 그저 슬그머니 차지한 것도 있다. 단장을 한 얼굴. 어따가

내놓아도…… 옷도 이 살결같이 보들보들한 비단옷이었으면…… 그는 주인 아씨가 안팎으로 휘감는 비단옷을 시새워하면서 한숨을 내쉰다(채만식, 1989b: 128).

위 작품에서 성적 존재로서 자신의 육체를 의식하고, 외적인 치장에 온통 마음을 빼앗기는 유모는 자본주의적 물질의 쾌락에 온전히 포섭된 욕망의 주체로 재현된다. 그녀는 유모로서 키우는 남의 아이에 대한 애정도 없을 뿐 아니라,[32] 태어난 지 석 달 만에 어머니를 빼앗긴 채 영양 부족으로 거의 죽어가는 자신의 자식에 대해 연민이나 깊은 모성을 느끼지도 않는다.

유모는 먼지가 묻고 구기고 할까봐서 우선 치마와 단속곳을 벗어 한편으로 개켜놓고야 어린 것을 그러안는다. 어쩌믄 이것이 이꼴이 됏수. 가시에다가 양초를 살폿 입혔다고나 할는지, 오목 가슴이 발딱거리만 않으면 죽었는가 싶게 산 기운이 없어 보이는 어린것의 입에다가 흐뭇진 젖퉁이의 젖꼭지를 물려 주면서 애꿎게 남편을 칭원하는 것이다. 그렇다고 어미다운 애정이 금시로 솟아나서 그러는 것은 아니다(채만식, 1989b: 139).

위 작품에서 유모는 자신의 아이가 병들어 사경을 헤매고 있는 상황인데도, 월급날 꿈에도 그리던 잡화점 진열창의 파라솔을 구입해서 쓰고 종로의 백화점을 돌아다닌다. 이는 도시 빈민층 여성으로서 계급적 조건을 망각한 유모의 무분별한 소비 행위와 훼손된 모성을 드러낸다. 또한 위

32 "엉금엉금 기어오는 아이에게 젖을 물려 준다. 유모는 볼끼작이라도 한번 훈쳐 갈기고 싶어 내내 구박이다. 아이는 오래 울던 끝이라, 가끔 학학 느끼면서 아직 눈물 어린 눈으로 말끄러니 젖어미를 올려다만 본다"(채만식, 1989b: 132).

작품에서 아내의 무책임한 행동을 묵인하는 남편은 무기력하기만 하다.

> 최서방은 제게서 안해를 또 죽어가는 자식에게서는 기름진 젖꼭지를 뺏어 간 이 조그마한 폭군에게 대해서 아무런 적개심도 가질 줄 모르고, 그냥 돈 이십 전만 손에 쥔 채 돌아서 흐느적흐느적 대 문간으로 나간다(채만식, 1989b: 136).

아내를 소비의 화신으로 전락시키고 자식의 생존마저 위협하게 만든 돈의 위력에 굴복당한 채 어떠한 대응도 하지 못하는 남편의 모습을 통해 작가는 식민지 조선을 강타한 자본주의의 모순을 신랄하게 비판한다. 그런데, 여기서 좀 더 주목할 바는 유모라는 인물을 통해 전통적/근대적 모성이 과도한 소비와 허영으로 발현되는 근대 물신주의에 의해 해체되거나 파괴되고 있는 지점이다.

위 작품에서 재현되는 어머니의 형상 또는 모성은 모두 관습적 맥락에서 정상성을 벗어나 있다. 빈민층 여성, 유모에게 아이의 양육 전반을 맡기는 기생은 근대적 모성의 주변부에 소외된 여성이며, 물질에의 탐닉으로 인해 자신의 아이까지 방치하는 유모는 희생과 헌신으로 자녀 양육을 수행함으로써 확보되는 전통적 모성의 가치를 위반하고 있는 존재다. 식민지 자본주의의 구조적 모순을 드러내기 위해 일탈된 모성을 선택한 작가의 서사 전략 이면에는 근대적 모성 내부의 위계를 형성하는 일부일처제와 생물학적 · 사회적 모성이 추구하는 친밀성의 가치를 굴절시키는 근대 자본주의의 압도적인 힘이 작동하고 있음을 간파할 수 있다.

5. 맺음말 : 식민지 자본주의, 친밀성과 여성의 몸

식민지 경제 개발의 불균형으로 인한 모순과 결핍 속에서도 1920~30년대 경성에서는 자본주의적 삶의 양식이 뿌리내리기 시작했으며, 연애와 결혼, 가족과 모성, 섹슈얼리티 등의 친밀성의 영역은 서구적 패러다임의 도입 속에서 새롭게 구성된다. 하지만, 전근대적 사유 방식과 생활 습속이 근간을 이루고 있었고, 삶의 양식을 근대적으로 변혁시킬 수 있는 물질적 토대가 부재했던 식민지 조선에서 친밀성의 영역은 전통적 삶의 양식과 충돌하며 과도기적 변형을 겪는다. 감정, 성, 연애, 결혼 등을 새롭게 구성했던 근대 친밀성의 영역은 모든 것을 경제적 합리성과 교환의 가치로 환원시키는 자본주의 시스템과 중첩되고 충돌하면서 갖가지 모순을 양산하게 된다.

근대 초기, 경제적 교환 관계가 사회의 전 영역으로 침투하는 자본주의 문화는 여성의 몸을 매개로 해서 친밀성을 거래하는 시장을 본격적으로 형성하게 된다. 즉, 시장 경제의 확대 속에서 경제적 행위와 무관한 사적인 영역의 것으로 간주되었던 감정, 사랑, 애정, 돌봄의 행위가 산업의 영역으로 편입되어 유통되기 시작했던 것이다. 1920년대 식민지 조선에서 사회 계몽의 언어로 전파되었던 연애 결혼은 현실의 물질적 · 관습적 조건들과 충돌하면서 갖가지 형태의 실패를 경험하고, 1930년대에 이르러 연애 결혼은 연애가 소거된 공리적 일부일처제 속으로 흡수된다. 이때 연애 결혼을 통해 구현되지 못한 친밀성의 소통은 카페라는 유흥 공간에 고용된 여급을 통해 상품의 형식으로 유통되는 양상을 보인다.

한편, 전통적 대가족 제도와 새롭게 구성되는 근대 가족의 경계선상에서 등장했던 '가사 사용인(식모)'이나 '유모'는 돌봄이나 가정 안의 가사노동, 수유와 양육 등을 경제적 행위로서 수행한 여성들이다. 이들은 가족 제도 내부에서 친밀성이 거래되는 새로운 노동의 형식을 양산하는 과정에서 전통적 · 근대적 가족 · 모성 개념을 변형시키고 굴절시키는 면모를 보인다. 1920~30년대 소설 속에서 근대 연애 결혼과 가족 제도 안팎에서 친밀성을 상품화했던 여성들에 대한 재현은 도시 노동자로서 자본주의적 근대가 야기하는 가족 안팎의 새로운 관계 형식들을 제기할 뿐 아니라, 근대 초기 재구성되었던 친밀성의 영역을 드러내는 역사적 지표로서 새롭게 주목될 필요가 있다.

참고 문헌

1차 자료

『매일신보』, 『동아일보』, 『조선중앙일보』

『長恨』, 『신여성』, 『여성』, 『별건곤』, 『혜성』, 『신동아』

김유정(2003), 『김유정전집 2』, 서울: 가람기획.

박태원(2009), 『천변풍경—한국문학대표작선집 30』, 서울: 문학사상사.

안승현 편(1995), 『한국노동소설 전집 3: 일제강점기(1933~1938)』, 서울: 보고사.

염상섭(1987a), 『염상섭전집 1』, 서울: 민음사.

_____(1987b), 『염상섭전집 9』, 서울: 민음사.

이태준(2005), 『이태준단편전집 Ⅰ』, 서울: 가람기획.

『創作卅二人集』(1939), 서울: 문장사.

채만식(1989a), 『채만식전집 6』, 서울: 창작과비평사.

_____(1989b), 『채만식전집 7』, 서울: 창작과비평사.

2차 자료

강이수(2005), “일제하 근대 여성 서비스직의 유형과 실태,” 한국여성연구소, 『페미니즘연구』, 5 : 93-96.

김경일(2004), 『여성의 근대, 근대의 여성』, 서울 : 푸른역사.

김부자(2009), 『학교 밖의 조선 여성들 : 젠더사로 고쳐 쓴 식민지교육』, 조경희 외 지음, 서울 : 일조각.

김상표 · 윤세준(2002), “감정노동 : 인간 감정의 상업화에 대한 평가와 대안의 모색,” 연세대학교 경영연구소, 『연세경영연구』, 39(2) : 205-234.

김은희(2007), “대가족 속의 아이들 : 일제시대 중상류층의 아동기,” 한국가족학회, 『가족과 문화』, 19(3) : 1-30.

서지영(2005), “카페, 근대 유흥공간과 문학,” 한국여성문학학회, 『여성문학연구』, 14 : 65-88.

_____(2008), “계약과 실험, 충돌과 모순 : 1920~30년대 연애의 장,” 한국여성문학학회, 『여성문학연구』, 19 : 139-175.

유숙란(2004), “일제시대 농촌의 빈곤과 농촌 여성의 출가,” 숙명여자대학교 아시아여성연구소, 『아세아여성연구』, 43(1) : 65-103.

이재경(2011), “사랑과 경제의 관계를 통해 본 이주결혼,” 허라금 외 지음, 『글로벌 아시아의 이주와 젠더』, 서울 : 한울아카데미.

전우용(2007), “일제하 경성 주민의 직업세계(1910~1930),” 『한국 근대사회와 문화 3』, 서울 : 서울대학교출판부.

젤라이저, 비비아나(2007), 『친밀성의 거래』, 숙명여자대학교 아시아여성연구소 옮김, 서울 : 에코리브르.

大宅壯一(1954), “エロ・グロ・ナンセンス 時代,” 『文藝春秋』, 7月 : 65-69.

安藤更生(1931), 『銀座細見』, 東京 : 春陽堂.

村島歸之(1988), "歡樂の王宮, カフェー(昭和 四年)," 『近代庶民生活誌 10 : 享樂 · 性』, 南博 編, 東京 : 三一書房.

Hochschild, Arlie Russell(1983), *The Managed Heart: Commercialization of Human Feeling*, Berkeley & Los Angeles: University of California Press.

Stoler, Ann Laura(2002), *Carnal Knowledge and Imperial Power*, Berkeley & Los Angeles: University of California Press.

근대 공간의 젠더 정치학과 나혜석의 풍경화*

신지영

이 글은 나혜석의 풍경화를 여성주의 인식론을 통해 새롭게 해석한 것이다. 1913년 양화洋畵 공부를 위해 일본 동경東京으로 건너갔던 나혜석은 한국 현대 미술사에서 양화를 도입한 선구자였다. 나혜석의 일본 '여자미술학교'[1] 유학은 1910년부터 그림 공부를 위해 연차적으로 일본으로 떠났던 고희동, 김관호, 감찬영에 이어 조선에서는 네 번째 행보였다. 1921년 경성일보사에서 열린 나혜석의 개인전도 한국 현대 미술사의 분기점이 되었다. 나혜석의 전시는 서울에서 처음으로 열리는 근대적 개인전이었기 때문이다. 그러나 한국 현대 미술사의 첫 장을 개척한 공로에도 불구하고 나혜석의 미술에 대한 평가는 유보적이다. 1979년 미술사학자 이구열의 나혜석 전기 『에미는 선각자였느니라』가 출판되었지만 미술사

* 이 글은 『여성과 역사』 제11집(2009년)에 게재된 논문 "여행과 공간의 성의 정치학을 통해서 본 나혜석의 풍경화"를 수정 · 보완한 것이다.

1 1901년, 사립여자미술학교로 개교, 1919년 동경여자미술학교.

의 업적을 분석하기보다 자유 연애, 이혼으로 이어지는 일대기에 초점을 맞춘 것이었다. 선구적 여성 전문인으로서의 업적에 대한 평가 없이 불운한 생애에 대한 관심은 오히려 사회의 담론을 보수화하는 효과를 가져왔다. 전통 규범을 벗어난 여성의 사회적 활동이 얼마나 불행한 결과를 가져올 수 있는가를 경고하는 메시지로 작용할 수 있기 때문이다.

1990년 여성주의 부상 이래 나혜석에 대한 연구가 활발해졌다. 20세기 전반기 조선 사회에서의 전통적인 성담론에 반해 여성 교육의 필요성, 모성의 문제점, 조선 사회의 억압적인 섹슈얼리티 등을 소설, 에세이, 평론, 시 등 다양한 형태의 문학으로 발표한 나혜석은 글에서는 확실한 여성주의자로 자리매김되었다. 그러나 미술에서 여성주의에 대한 평가는 유보적이다. 이것은 나혜석의 그림이 주로 풍경화 위주로 이루어져 있고, 더욱이 서구(그림 1, 2, 3)나 만주(그림 4) 등의 이국적인 풍경을 대상으로 하는 경우가 많기 때문이다. 소설과 시, 에세이 등 활발한 저술 활동에서 모성, 여성 노동, 성역할, 내외법 등 당대의 다양한 여성 문제를 거론한 나혜석은 20세기 한국의 독보적 여성주의자임이 틀림없다. 그러나 파리나 스페인 등의 이국적인 풍경을 담은 그의 미술 작품에서 여성주의적인 함의를 발견하기 쉽지 않다.

〈그림 1〉 나혜석, 〈파리 풍경〉, 목판에 유채, 23.5x33cm, 1927-8.

〈그림 2〉 나혜석, 〈스페인 해수욕장〉, 캔버스에 유채, 23.5x33cm, 1928.

〈그림 3〉 나혜석, 〈스페인 국경〉, 캔버스에 유채, 23.5x33cm, 1927-28.

〈그림 4〉 나혜석, 〈만주 봉천 풍경〉, 1924.

1999년부터 꾸준히 매년 학술 대회를 열면서 나혜석 재평가 사업을 주도했던 '정월 나혜석 기념사업회' 학술 대회를 중심으로 발표된 논문을 보면 나혜석의 그림은 '인상주의'라는 기존의 양식적인 미술사 안에서 해석되는 것이 대부분이다. 나혜석의 풍경화가 서구 유학을 통해 일본의 '관학파 인상주의'에서 벗어난 '프랑스 풍의 야수파 인상주의'라는 분석(김홍희, 1999: 19-39) 혹은 나혜석의 그림을 외광주의外光主義라는 전통적인 인상파보다는 '후기 인상주의'로 이해해서 분석(문정희, 2005: 47-70)한 것 등이다. 주제를 풍경으로 잡은 것이나 속도가 느껴지는 붓질이 인상주의라는 분류에 적합하기 때문이다. 구미 유람 덕분으로 서구 풍경이 나타나는 나혜석의 회화는 인상주의라는 일반적인 형식 분류 이외에 민족주의적 관점에서 '서구적'이고 '부르주아적'이라는 꼬리표를 달기도 한다. 나혜석의 풍경화를 페미니즘적으로 분석하고자 하는 글도 이 기념사업회를 중심으로 발표되었다. 나혜석의 '천후궁天后宮'의 타원형 모양이 여성의 자궁 형상을 닮아 있는 것으로 파악, 이를 페미니즘 도상으로 지적하는 경우다(박계리, 2004: 65-91). 그러나 19세기 자유주의 페미니즘을 시작으로 한 세기 쌓아올린 여성주의의 인식론은 넓고 깊다. 이렇게 볼 때 공사 담론, 성역할, 섹슈얼리티, 공간 등 그간 축적된 여성주의 논의를 기반으로 나혜석의 그림을 재해석한 연구는 보이지 않는다. 나혜석 회화에 대한 여성주의 해석이 미진한 상태에서 전통 섹슈얼리티 담론이 계속되었다. 나혜석의 가계를 추적함으로써 나혜석의 예술 세계의 원형을 '세컨드 콤플렉스second complex'로 파악하는 전통 섹슈얼리티 논의에 기반하는 담론이 생산되었다(윤범모, 2000: 45-77).

여성주의 미술사 진영에서도 나혜석 회화에 대해 긍정적이지 않은데 일본과 서구의 인상주의 형식을 취하고 있는 나혜석의 회화는 유미주의에 경도되어 페미니즘적인 의미 표출을 찾아보기 어렵다는 것이다. 여성주의 미술사학자들은 삶에서 문학에서 앞서가는 여성주의자였던 나혜석이 회화에서만은 왜 여성주의적인 입장이 모호했을까 안타까움을 표현했다(김홍희, 1999: 19-21).[2] 이 글에서는 공간, 섹슈얼리티, 성역할, 여행 등 여성주의의 축적된 인식론을 들여옴으로써 나혜석의 풍경화를 다시 읽어내고자 한다. 풍경화는 스케치 여행 등 직접 가서 보는 여행을 전제로 한다. 여성을 공간적으로 제약하는 전통 섹슈얼리티를 벗어나는 것인데 이 때문에 풍경화는 그 자체로 여성주의적인 의미가 있다고 할 수 있기 때문이다.

1. 공사 담론과 인상주의 풍경화

이 글은 나혜석의 풍경화를 중심으로 한다. 이는 나혜석 자신이 풍경화 작가로서 자신을 소개하기 때문이다. 나혜석은 1921년 첫 개인전을 앞두고 신문 잡지와의 인터뷰에서 풍경화는 자신이 가장 좋아하는 장르라고

2 김홍희는 이 논문에서 '페미니스트 나혜석이 왜 페미니스트 화가가 될 수 없었는가'라는 물음으로 안타까움을 표시한다.

이야기한다. 1921년 서울 경성일보사에서 열린 첫 전시에서는 풍경화 70여 점을 선보였을 만큼 인물화보다 풍경화에 각별한 관심을 보였다(이상경 편, 2000: 609-612). 실지로 남아 있는 작품 대부분이 풍경화다. 나혜석의 삶은 여행으로 점철되는데 만주 봉천뿐 아니라 파리, 스페인 등 서구까지 갈 수 있었던 나혜석은 자신의 여행을 풍경화로 기록했다. 나혜석을 소개하는 당시 잡지 『삼천리』 또한 나혜석을 "인물화보다 풍경에 대단히 취미가 많은 풍경화 작가"로 소개하고 있다(이상경 편, 2000: 612).

풍경화는 가서 보는 여행을 전제로 한다. 이 때문에 서구의 여성주의 미술사에서는 풍경화 자체가 남성성을 전제로 하는 장르로 지적한다(Pollock, 1988: 54-65). 전술했듯이, 나혜석의 풍경화는 현재 우리 학계에서 '인상주의'라는 양식적 틀 안에서 평가된다. 그러나 패러다임을 빌려 온 인상주의는 여성주의 미술사가 부상하고부터 그 젠더 이데올로기가 문제시되어 왔다. 나혜석의 풍경화를 새롭게 보기 위해 이 글에서는 서구의 여성주의 미술사의 맥락과 서구 인상주의 풍경화에 대한 여성주의 분석을 소개하고자 한다.

페미니즘 미술사, 여성주의 미술사가 등장한 것은 1971년이다. 당시 베트남전을 중심으로 한 반전反戰 데모와 함께 해체주의 논의가 활발하게 일어나는 분위기에서 미술사학자 린다 노클린Linda Nochlin은 "왜 위대한 여성 미술가가 없을까?Why Have There Been No Great Women Artists?"(1988)라는 논문을 발표했다.[3] 여성주의 미술사의 기원을 긋는 이 논문이 문제삼은 것은 서양 미술사의 고전적인 교과서라고 할 수 있는 잰슨H. W. Janson 등의 『서양 미술사*History of Art*』(1962)에 여성 미술가가 하나도 없다는 것이다. 실지로 2만여 년 전의 라스코 동굴 벽화까지 거슬러 올라가는 이 방대한 미술사는 남자 작가들 일색이다. 이때부터 미술사는 역사 패러다임을 문제삼기 시작했다. 2만 년 역사에서 여자가 하나도 없다면 역사 패러다임 자체가 문제일 수가 있기 때문이다. 미술을 형식 위주로만 접근하는 양식주의 미술사 패러다임에 의문이 제기되었고, 노클린은 이 논문에서 여성 미술가를 보기 위해 미술 생산의 역사적 · 사회적 상황에 주목했다.

역사적으로 평가를 받으려면 '위대한' 미술 장르를 그려야 했다. 보통 서양 미술사에서는 미술 작품을 평가하는 위계가 있는데 '역사화歷史畵'라는 스케일이 큰 장르에 높은 평가가 주어졌던 것이다. 그러나 역사화는 인체를 잘 이해하는 누드화를 기반으로 했다. 남성의 벗은 몸을 보고 인체를 연구하는 역사화는 미술 학교인 아카데미의 입학을 전제로 하는데, 여성들은 이 아카데미에 입학하는 것이 허락되지 않았고 허락된 이후에도 누드 연구는 허락되지 않았다. 자연히 여성들은 미술에서도 전통적으로 '위대하게' 평가되는 역사화에서는 제외되었고 역사에도 기록되지 못했다는 것이다. 역사화 등 여성이 접근할 수 없는 누드화를 기반으로 하는 스케일이 큰 장르만을 '위대하게' 평가하는 역사 패러다임 자체가 역사에서 여성을 사라지게 했다는 것이다.

논의를 이어받아 인상주의 풍경화에 대한 여성주의적 분석도 1980년대 등장했다. 그리셀다 폴록Griselda Pollock과 같은 여성주의 미술사학자가 대표적인데 나혜석의 그림의 분석틀로 사용되고 있는 인상주의는 대표적인 풍경화다. 미술사의 대명사로 알려지고 있는 마네, 모네 같은 작가들이 인상주의 회화, 현대적 풍경화의 대표적인 작가인데 여성주의 미술사는 역사화처럼 이 인상주의 풍경화가 이미 남성성을 전제로 하고 있다고 지적한다(Pollock, 1988, 54-65).

나혜석 그림의 분석 틀로 사용되는 인상주의는 풍경화의 전통을 이어

3 1971년 미술 잡지 『아트 뉴스*Art News*』에 처음으로 발표되었다(Nochlin, 1988: 145–176 참조).

〈그림 5〉 클로드 모네, 〈생 라자르역〉, 1877.

〈그림 6〉 클로드 모네, 〈센 강의 풍경〉, 1869.

〈그림 7〉 조르주 쇠라, 〈그랑자트 섬의 일요일〉, 1884-1886.
〈그림 8〉 에두아르 마네, 〈카페 콩세르〉, 1878.

받아 야외에서 그려진다. 클로드 모네Claude Monet의 그림에서는 기차역이나(그림 5) 강(그림 6) 같은 야외 풍경이, 조르주 쇠라Georges-Pierre Seurat에서는 공원 같은 바깥 풍경(그림 7), 그리고 에두아르 마네Edouard Manet의 그림에서는 카페 같은 거리 풍경(그림 8)이 주로 나타난다. 야외 풍경을 소재로 풍경화의 전통을 잇고 있는 인상주의는 장르 자체만으로도 남성성을 전제로 하고 있는데, 풍경을 그리기 위해서는 무엇보다 외부로 돌아다닐 수 있는 공간적 자유로움 확보해야 하기 때문이다. 신체적 자유를 확보하고 있는 것이 남성임은 말할 것도 없다. 실지로 인상주의자 작가들은 거의 남성이다. 이는 당시에 부상하던 현대적 예술가의 개념과도 맞물려 있는데 19세기 인상주의 풍경화가 부상하던 프랑스 파리에서는 '플라네르flâneur'라는 개념이 부상했다.

플라네르란 '거리의 산책자'라는 개념이다. 19세기를 대표하는 시인 샤를 보들레르Charles Pierre Baudelaire를 중심으로 부상된 이 새로운 개념은 예술가의 정신을 현대적으로 정의했다. '거리의 산책자'라는 뜻의 플라네르는 거리에서 시간을 소요하는 사람이다. 즉 거리를 걸어다니면서 변화하는 도시를 관찰하는 독립적인 정신의 소유자가 곧 현대적 예술가라는 것이다. 인상주의 풍경화가들은 현대적 예술가, 플라네르의 전형으로 여겨졌다. 그들이 소재로 삼는 회화가 바로 이 야외 풍경이고 인상주의 그림을 그리기 위해서는 거리의 산책자가 되지 않으면 안 되었기 때문이다. 여성주의 미술사학자 폴록에 의하면 플라네르라는 현대의 예술가 정신을 구현하고 있는 인상주의 예술은 공사 담론이라는 젠더 이데올로기를 내재화하고 있다는 것이다. 19세기 인상주의 회화가 부상할 당시 거리를 자유롭게 활보할 수 있는 신체적 · 공간적 자유를 누릴 수 있는 것은 바로 남성만의 특권이었기 때문이다.[4]

서구 여성주의 미술사는 '공사 담론'이라는 여성주의 인식론을 미술사에 접목시킨 학제간 연구의 성과다. 인상주의 풍경화가 요구하는 '거리의 산책자'로서 예술가라는 개념에 젠더 이데올로기가 내재해 있다고 지적할 수 있었던 것은 '공사 이분법public/private'이라는 여성주의 인식론으로

4 서구 여성주의 미술사에서는 베르트 모리소Berthe Morisot 같은 여성 인상주의 연구가 한창이다. 인상주의자들과 같이 활동했지만 모리소는 이류급 예술가로 연구가 활발하지 않았다. 모리소가 인상주의자들과 같은 관심을 끌지 못한 것은 대부분의 작품이 차를 마시는 것이라든지 아이를 돌보는 것, 화장을 하는 것 등 실내 풍경을 대상으로 하고 있기 때문이다. 이 때문에 여성적으로 여겨졌다. 꽃 그림과 같은 정물화가 여성 작가가 많은 여성적 장르가 된 것도 집안에서 그릴 수 있다는 성에 의한 공간의 규율을 전제로 하기 때문이다(Pollock, 1988: 54–65, 75–84 참조).

미술을 새롭게 해석할 수 있었기 때문이다. '사적인 것은 공적인 것이다 The personal is political'라는 슬로건은 1960년, 70년대 거세게 일어났던 여성주의 모토다. 이 모토는 전통적으로 여성과 남성을 사적 · 공적 영역으로 나누는 공사 영역이 여성 억압의 기반임을 지적한다. 성에 의해 위계가 결정되는 가부장적 사회는 역사적으로나 세계적으로 거의 보편적인 현상이다. 인류학자 미셸 로잘도Michelle Rosaldo가 지적하듯 남성의 지배는 인류 보편적인 현상인데 그를 비롯한 많은 여성학자가 여성 종속의 중요한 요인으로 공사 이분법을 지적했다. 가부장제는 공사 이분법의 담론으로 여성에 대한 지배를 확보한다는 것이다.[5]

공사 이분법은 여성과 남성을 사적 · 공적 영역이라는 공간적 언어로 분리하고 이에 의해 성역할sex role과 성정체성, 곧 여성성, 남성성을 발전시킨다는 것이다. 즉 사적 영역의 사람으로 인식되는 여성은 가족을 보살피고 자녀들을 양육하는 성역할이 주어진다. 여성성femininity이라는 젠더 정체성도 이 공사 담론에 의해 구성되는데, 여성은 가족과 연관된 어머니라는 정체성이 가장 중요한 성 정체성으로 자리잡게 된다. 여성의 섹슈얼리티도 이 공사 담론과 더불어 발전하게 되는데 가부장 사회는 여성의 성적인 능력을 아버지의 혈통 잇기라는 생산적인 면에서만 사용하기를 원하기 때문에 여성과 남성에게는 이중 규범의 섹슈얼리티가 존재하게 된다는 것이다. 결국 공사 이분법이 여성 정체성, 성역할, 섹슈얼리티의 근본이 된다. 이 때문에 여성주의는 이제까지 공적인 담론과 학문적 대상이 되지 않았던 가족, '사랑' 등의 사적 영역에 대한 연구에 집중했다(Freedman, 2002: 123-144).[6]

5 로잘도가 대표적인 학자인데 여성의 종속은 보편적인 것으로 종속의 기원과 그렇게 오랫동안 여성들의 불평등을 참아내게 하는 성적 불평등의 재생산 유지 기제에 대한 해답을 공사 영역의 분리에서 찾았다(김은실, 1996: 379-387 참조).

실제로 공사 담론은 여성을 공적 담론 밖으로 밀어내는 역할을 했다. 우리의 삶에서 순수하게 개인적인 것, 사회적 인 것, 정치적인 것은 존재하지 않는다. 그러나 공사 이분법이 인간 삶을 구획함으로써 여성의 삶은 사적인 것으로 인식되고 공적 담론의 대상이 되지 않게 된다는 것이다. 남성의 문제는 사회적 쟁점이 되지만 여성의 문제는 가족의 문제나 개인적 결함으로 이해된다. 여성이 겪는 가정 폭력, 학대도 가족의 사적인 문제로 사회적 쟁점이 되기는커녕, 치외 법권의 영역에 머물게 된다(이재경 외, 2007: 21-23). 사적인 것은 공론화하지 않으려는 이 공사 담론으로 성적인 폭력이나 가족 내에서 일어나는 학대 등 여성에 대한 억압이 가족의 일로 숨겨지는 결과를 가져온다는 것이다. 이 때문에 '사적인 것은 공적인 것이다'라는 슬로건이 1960, 70년대 여성주의 운동의 모토가 되었다.

여성주의 운동의 시발점이라고 할 수 있는 19세기 자유주의 여성주의에서도 공사 담론은 핵심에 있었다. 19세기 자유주의 여성주의는 집이라는 사적 영역에만 여성을 가두어 두고 어머니와 아내라는 가족 내에서만의 정체성을 강요하는 공사 이분법을 넘어 공적 영역에서 여성의 권익을 얻기 위해 분투했다. 참정권, 재산권 교육의 기회, 사회적 활동 등 공적 영역에서 여성의 권익을 쟁취하기 위해 힘썼다.[7]

여성주의의 인식론에 따르면 공사 이분법은 성역할에서뿐 아니라 실지로 공간적으로 여성을 제약한다. 사적인 영역과 일치되는 여성은 공간적 이동도 자유롭지 않은데 여행이나 집 밖의 출입은 더욱 자유롭지 못했다. 그러나 여행과 공간적인 이동은 여성학자 카렌 카플란Caren Kaplan이 지

6 공사 담론을 문제시하기 때문에 감정, 보살핌의 노동을 무보수 노동unpaid labor으로 하는 어머니 노동에 대한 분석이 여성주의의 중요한 장으로 자리잡게 된다.

7 자유주의 페미니즘은 개인의 자유 의지에 따른 권리의 행사가 가장 공평한 사회를 만든다는 18, 9세기 자유주의 정치 사상에 기반한다. 이 때문에 개인의 권리와 기회의 평등이 무엇보다 중요시되었다. 그러나 개인의 권리와 평등은 공적 영역에서만의 일 곧 남성만의 일이었다. 공사 담론이 여성에게는 사회적 권리도 기회도 법적으로 가로막고 있었던 셈이다(이재경 외, 2007: 32-34 참조).

적하듯이, 남성성의 핵심이다. 자본주의 발달은 시장과 무역의 확대를 요구했다. 더불어 지리적 탐험, 새로운 시장 개척이 이어졌는데 근대 공간적 이동이란 바로 신대륙의 발견과 제국주의로 연결됨으로써 남성적 힘의 핵심에 있었다. 모더니티도 이 공간적 자유로움과 연관하여 생각해 볼 수 있는데 모험, 여행, 속도, 공간 이동은 모더니티의 기반이다. 철도, 증기선, 비행기 등 기술의 발달은 삶의 속도를 높이고 공간 이동을 자유롭게 했다. 새로운 세계의 발견과 대륙을 횡단하는 모험은 현대 사회를 재편해 가는 기반이다. 실질적으로 근대적 탐험을 통해 자본주의가 확장되었는데, 모더니티의 상징인 이 모험과 탐험의 주인공은 언제나 남성이다. 공사 담론에 의해 바깥 공간을 자유롭게 돌아다닐 수 있는 공간적 자유, 신체적 자유는 남성성을 전제로 하고 있기 때문이다. 그래서 미지의 대륙과 새로운 세상의 발견은 성적인 용어로 나타난다. 대륙의 발견에 여성을 정복하는 '처녀지處女地'라는 성적인 표현이 일반적이다(Kaplan & Grewal, 2006: 383-387). 안과 밖, 공적 사적 영역이라는 공간과 신체에 대한 성 정치에 의해 여성은 새로운 세계로의 여행, 탐험으로 이루어지는 현대 사회의 저편으로 비켜 있었다.

2. 나혜석 풍경화와 공간의 젠더 이데올로기

나혜석의 풍경화가 여성주의적으로 해석될 수 있는 것은 바로 이 지점이다. 공간적 자유로움은 바로 공사 이분법에 의해 남성성을 전제로 하고, 풍경화는 곧 공간적 이동, 여행을 전제로 하고 있기 때문이다. 공사 이분법은 여성과 남성 그림의 특색을 가져오게 했는데 가정 안에 머물러야 하고 공간적으로 제약받는 여성들은 자수, 퀼트, 꽃그림, 정물화 등을 그리

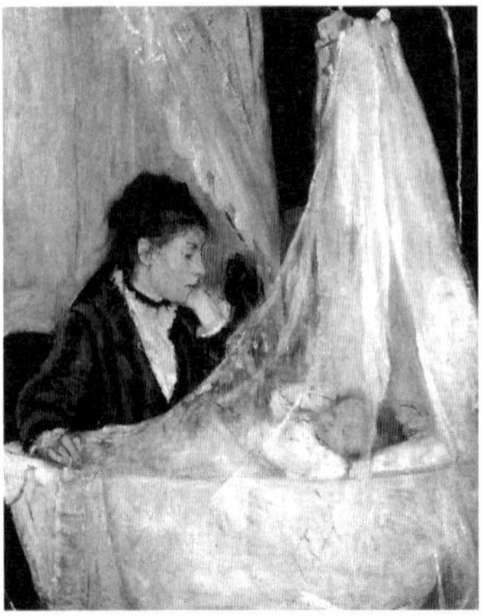

〈그림 9〉 베르트 모리소, 〈아기 침대〉, 1872.

게 되었다.[8] 따라서 풍경화 장르에서 여성을 찾아보기 힘들다.

인상주의 작가들도 남자들 일색인데 베르트 모리소Berthe Morisot만은 예외였다. 마네와의 친인척 관계로 엮여 있던 모리소는 여성이면서도 인상주의 그룹에서 같이 활동할 수 있었다. 그러나 모리소 회화는 야외 풍경을 소재로 하던 인상주의 그림과는 사뭇 달랐다. 그녀의 그림은 집안 풍경을 중심으로 하는 것이었는데, 아이를 돌보는 풍경(그림 9), 화장대 앞에서 치장하는 모습(그림 10), 부엌의 모습(그림 11) 등이 나타났다. 부르주아 계층의 여성으로 공적인 활동, 여행 등이 허락되지 않고 집에서 대부분의 시간을 보내야 했던 모리소로서는 당연한 일이었다. 인상주의 풍경화에 젠더 이데

〈그림 10〉 모리소, 〈화장대 앞의 여인〉, 1875.
〈그림 11〉 모리소, 〈부엌에서〉, 1875.

올로기가 내재되어 있다고 하는 것은 이 때문인데 공사 담론의 제약을 받는 여성 화가로서 모리소는 '거리의 산책자' 플라네르가 될 수가 없었다. 19세기 서구에서도 자유로운 거리 행보는 여성들에게는 바람직한 일이 아니었기 때문이다. 거리의 자유는 고작 성매매 여성들이나 직업을 가진 낮은 계층의 여성들이 누릴 수 있는 것이었다. 가정 내의 풍경을 담은 스케일이 작은 모리소의 그림이 '여성적'이라고 평가되었음은 물론이다. 인상주의자들과 같이 활동했지만 스케일이 큰 야외 풍경을 담지 못하고 고작 '여성주의적' 소재를 다루었던 모리소는 이류급 예술가로 역사의 뒤안으로 밀렸다(Pollock, 1988: 54-65, 75-78). 현재 여성주의 미술사에서 이 때문에 모리소에 대한 연구가 한창이다.

나혜석은 인상주의로 평가된다. 모리소와 같은 여성 인상주의 화가다. 로잘도가 지적하듯이, 공사 담론은 보편적인 현상이다. 사회마다 조금씩 내용은 다르지만 성性에 의해 공사로 이분화되는 것은 조선에서도 마찬가지인데 전통적 유교 법도인 내외법이 이에 해당된다. 조선의 내외법에서나 서구의 공사 담론에서나 여성은 가족이나 집과 동일시되어 왔다. 내외법은 집안일과 바깥일을 이분화하여 여성과 남성의 성역할을 정의했을 뿐 아니라 '작은 일', '큰 일'로 여성과 남성의 일의 가치를 달리 두었다. '작은 일'을 하는 집사람으로의 여성은 집에서 생활해야 했는데 실지로 조선 시대 여성은 내외법에 의해 '작은 일'을 하도록 성역할을 규정되었을 뿐 아니라 공간적으로도 감금당했다.

1885년 미국인 선교사로 내한해 연세대학교 설립 등 한국 근대화에 지대한 공을 남겼던 호러스 언더우드Horace G. Underwood는 조선의 풍속

8 이 때문에 여성주의 미술사에서는 자수 퀼트같이 집안에서 손쉽게 할 수 있는 예술들을 다시 보고 있다. 일상의 실용성과 얽혀 있기 때문에 '미술'로 분류되지 않는 장르에 여성의 예술 작업이 무한하다는 것이다. 자수를 여성주의적으로 분석한 파커(Parker, 1984)의 책이 대표적이다.

을 기록한 자신의 책에서 조선의 건축 관습에 대한 흥미로운 기록을 남기고 있다. 조선인은 집을 지을 때 집 깊숙이 여자를 가둘 공간부터 짓는다는 것이다(언더우드, 1989: 37-38). 신분이 높을수록 이 공간적인 감금은 심해졌는데 양반집의 여성들은 급한 일이 있어도 바깥 출입이 자유롭지 못했다. 굳이 집 밖으로 나가야 할 때는 장옷으로 전신을 가리고 그것도 해가 진 뒤에야 가능했다. 바깥 출입이 자유로운 여성들은 하층민이거나 기생들이었다.

이 때문에 조선 근대기 여학생의 등장은 근대의 진풍경이 되었다(류희경, 1972: 177). 신분이 낮지 않은 처녀들이 밝은 대낮에 거리를 활보하는 것 자체가 조선의 공간적 금기를 깨는 것이기 때문이다. 여성의 섹슈얼리티가 내외라는 공간적 지침으로 엄격히 규제되던 20세기 초 조선의 사회적 · 문화적 컨텍스트에서 여행과 야외 작업을 바탕으로 하는 나혜석 풍경화의 여성주의 함의를 간과할 수 없다. 풍경화는 산천을 관찰하기 위해 야외 작업을 요구하는 것이었다. 조선은 분명 내외라는 공간적 언어로 여성의 섹슈얼리티와 성정체성, 성역할을 규제하고 있었고, 신체적 움직임이 자유롭지 않았던 20세기 초 풍경화는 조선 여성에게 바깥 세계로 나아가고 관찰하는 기회를 제공했기 때문이다. 20세기 초의 내외법이라는 역사적 · 사회적 컨텍스트에서 보면 인상주의 풍경화 작가로서 나혜석의 여성주의적 의미를 간과할 수 없다.

나혜석의 일생에서 가장 특기할 만한 부분이 여행이다. 1896년에 태어나 20세기 전기를 살았던 조선 여성으로서 여행은 특별한 경험일 수밖에 없다. 조선의 여성성은 내외법이라는 공간적 언어를 기반으로 한다. 남성을 바깥사람, 여성을 안사람으로 규정하는 내외법은 성의 차이를 기반으로 하는 성정체성뿐 아니라 성역할을 지정한다. 집과 동일시되어 온 여성은 집 바깥의 공간에 대한 제약이 있다. 공적인 역할에서 배제될 뿐 아니라 바깥 공간은 남성의 공간으로 거리나 바깥 세상을 자유롭게 돌아다닐 수 있는 신체적 자유로움이 여성에게는 허락되지 않았다. 남녀의 일을 구분하기 위해 은유적으로 쓰이던 내외의 언어는 실제로 여성의 신체를 공간적으로 규제하는 윤리 지침이 되었다. '안과 밖'이라는 공간적 언어로 성의 정치를 실천했던 전통 사회에서 여성의 여행은 그 자체로 여성주의적 의미가 크다. 그것도 국경을 건너는 여행은 다른 문화를 경험하는 것으로 여성주의적 함의를 무시할 수 없다.

풍경화는 화가 자신의 눈을 통한 직접적인 관찰을 손으로 기록하는 도화를 기본으로 한다.[9] 풍경을 그리기 위해서는 직접 가서 눈으로 관찰하는 야외 작업인 스케치 여행을 필요로 하는 것이다. 나혜석의 인상주의 풍경화가 직접적인 공간의 자유로움을 전제로 했다는 것은 다음의 에피소드에서도 드러난다. 나혜석은 자신의 글에서, 야외에서 사생 작업을 하다 그림 그리는 작업이 신기했던 중국 쿨리cooly(하층 노동자)들에게 둘러싸였던 경험을 기록한 적이 있다(이상경 편, 2000: 285-286). 당시만 해도 야외 사생 작업도, 여성이 바깥에서 그림 그리는 것도 흔치 않은 광경이었기 때문이다.

나혜석은 당시로서 보기 드물게 여행을 많이 한 작가다. 서울에서 태어난 나혜석은 1913년 일본 미술학교로 유학했다. 변호사인 남편 김우영과 결혼하자 1921년 만주에 살았고 또 1927년부터 1년 9개월 러시아, 프랑

9 전통적으로 조선에서도 풍경화에 대응하는 회화 장르가 존재했다. 산수화가 이에 해당되는데 그러나 서화 일체의 전통 속에 있는 산수화는 글씨와 같은 방법으로 제작되었다. 글씨를 쓰듯 내려오는 이미지를 반복하는 전통 산수화는 바깥 풍경을 그린다고 해도 직접적인 관찰이 요구되지 않았다. 그림에서 직접적인 관찰을 요구하는 근대적 사생 개념이 들어온 것은 양화 개념이 유입되면서다. 그림은 글씨와 분리되어 눈으로 직접 보고 손으로 기록하는 화가 개인의 직접적인 관찰을 요구했다. 미술사학자 홍선표에 따르면 글자와 그림이 본격적으로 분리되기 시작한 것은 개화기로 1895년 소학교령에 습자와 도화가 나뉘게 되었다. 이는 글자와 그림을 하나로 보는 서화 시대의 종말을 의미하는 것이다. 도화란 정확히 눈이 관찰한 것을 숙련된 손으로 옮겨놓는 과정을 요구했다.

스, 영국, 미국 등 구미 각국을 도는 '구미 유람'의 기회를 가졌다. '내외법'이라는 공사 이분법으로 여성의 섹슈얼리티를 통제하던 20세 초 조선에서 나혜석은 전통 사회의 젠더 이데올로기를 거슬러 누구보다도 많은 여행을 하고 다양한 문화를 경험할 수 있는 기회를 가졌다. 실상 나혜석 일생에서 '문제'가 되었던 전통 섹슈얼리티와 다른 자유로운 섹슈얼리티는 다른 사회를 경험할 수 있었던 여행의 결과다. 나혜석의 '서구적 부르주아적' 인상주의 풍경화는 바로 조선의 공간의 금기를 가로지르는 이 여행에서 나타났다.

3. 나혜석의 여성주의: 풍경화가로서, 여성 여행가로서 나혜석

실상 나혜석은 국경을 건너 다른 문화를 경험하는 여행의 여성주의적 의미를 충분히 인식하고 있었다. 1927년부터 1929년까지 1년 9개월 지속되었던 나혜석의 구미 유람은 작가에게는 인생과 예술 그리고 조선 사회에서 여성의 삶에 근본적인 질문을 던지는 기간이었다. 시베리아를 횡단하여 터키, 그리스, 폴란드, 체코슬로바키아 등의 동유럽을 거쳐 영국, 독일, 이탈리아, 프랑스 그리고 스페인, 스웨덴 등의 남북 유럽뿐 아니라 미국까지 서구 구미 일대를 횡단하는 나혜석의 여행은 신문의 기삿거리가 될 만큼 세간의 관심이었다. 이 여행에 대해 나혜석은 자신의 심경에 대해 다음과 같은 글을 발표했다.

> 내게 늘 불안을 주는 네 가지 문제가 있었다. 즉 사람은 어떻게 살아야 잘 사나? 남녀 간 어떻게 살아야 평화스럽게 살까? 여자의 지위는 어떠한 것인

가? 그림의 요점은 무엇인가? 이것은 실로 알기 어려운 문제다. 더욱이 나의 견식, 나의 경험으로서는 알 길이 없다. 그러면서도 돌연히 동경되고 알고 싶었다. 그리하여 이탈리아나 프랑스 화계를 동경하고 구미 여자의 활동을 보고 싶었고 구미인의 생활을 맛보고 싶었다. 나는 실로 미련이 많았다. 그만치 동경하던 곳이라 가게 된 것이 무한히 기쁘련마는 내 환경은 결코 간단한 것이 아니었다. 내게는 젖먹이 어린애까지 네 아이가 있었고 오늘이 어떨지 내일이 어떨지 모르는 칠십 노모가 계셨다. 그러나 나는 심기일전의 파동을 금할 수 없었다. 내 일가족을 위하여 내 자신을 위하여 내 자식을 위하여 드디어 떠나기를 결정하였다(이상경, 2000 : 513).

구미 '유람'이라는 말과 달리 나혜석의 서구 여행은 인생과 예술, 그리고 조선에서 여성의 삶과 지위에 대한 여성주의적 성찰의 시간이었다. 실제로 나혜석은 구미 유람을 담은 구미 유람기를 발표했는데 조선 사회의 남녀살이와 여성의 지위에 의문을 갖고 있었던 만큼 서구의 섹슈얼리티에 대한 관심이 많았다. 나혜석은 파리에서 8개월 체류하는 동안 한 프랑스 가정에 머물었는데 그 집 부부의 생활은 구미 섹슈얼리티, 여성의 지위를 직접 관찰할 수 있는 기회가 되었다. 나혜석은 함께 머물던 프랑스 부부의 삶을 다음과 같이 쓴다.

이 집 주인은 오십여 세나 되었으나 아직도 건강하고 부인은 사십오륙 세 되었으나 다산하니만치 늙았습니다. 그러나 그들은 어찌나 좋은지 객창 생활을 하는 자로는 볼 수 없을 만합니다. …… 남편은 늘 부인의 상을 엿보아 기쁘게만 해 주고 걸핏하면 입 맞추기, 단둘이 레스토랑에 가기, 연극장에 가기, 지방 연설을 하러 가는데 동반하여 가기, 초대받아 가기, 일시라고 떨어져 지내는 일이 없습니다. 아이들은 오히려 따로 둡니다. 석반 후에는

> …… 부부 단둘이 서재실에서 …… 종일 한 것과 다음날 지낼 것을 상의합니다. 그리고 자기 방으로 둘이 자러 들어갑니다. …… 우리는 여기서 한가지 생각할 것이 있습니다. …… 이면을 보면 별별 비밀이 다 있겠지만 하여간 일부일처주의 더구나 부부란 서로 사랑하고 아낀다는 의미가 확실히 나타납니다(이상경, 2000: 297-298).

현재의 독자들에게는 당연한 부부 생활이다. 그러나 20세기 초 나혜석이 구미 여행을 할 때는 글로 남겨 기록할 만큼 다른 유형의 섹슈얼리티였다. 우선 부부가 친밀하다는 것부터 관찰의 대상이었다. 결혼을 하는 것은 조선에서도 마찬가지이지만 그 결혼 생활의 문화적 내용은 다르다. 유교적 내외법을 기반으로 하는 조선에서는 부부 사이에서마저 부부유별과 남존여비의 거리를 유지해야 했다. 서구에서와 같은 육체적으로나 정신적으로 친밀한 동반자의 관계와는 거리가 멀었다. 오히려 혼인의 목적은 시부모 공양에 있는 것으로 전통 결혼에서는 며느리와 시부모와의 관계가 더 중요시되었다(조혜정, 1988: 76).

나혜석의 구미 유람기는 프랑스 부부에 한정되지 않는다. 서구의 섹슈얼리티에 대한 관심은 서구 사회에서의 성생활에 대한 관찰로 이어진다. 깃털로 머리를 장식하고 반라半裸의 몸으로 요란하게 엉덩이를 흔들며 무대에서 춤을 추는 물랭루즈의 풍경은 20세기 조선 여성에게는 충격적인 광경이었다(그림 12). 조선에서 성이라면 무조건 억압하려고 하는 반면 '문명' 사회인 서구에서 성은 오히려 개방적이고 자유로운 것이었다. 서구의 개방적 성적 태도에 대한 인류학적인 관찰은 그 후 여름이면 반라의 모습으로 해변으로 몰려드는 스페인 여름 해변에 대한 관심으로(그림 2, 3), 또 해가 바뀌는 송년의 밤, 거리에 몰려든 인파가 자정의 종소리에 아무나 껴안고 키스하는 장면으로 이어졌다. 지금은 신기할 것 없는 풍경이 20세기 조선 여성에게는 특별한 장면이었다. 조선과는 분명 다른 서구의 섹슈얼리티가 구미 유람에 대한 글과 풍경화로 나타났다(그림 1, 2, 3, 4, 12). 지금은 당연한 연애, 데이트 같은 서구의 섹슈얼리티가 기록의 대상이 되는 것은 조선의 섹슈얼리티의 실상을 말하는 것이기도 하다. 서구 사회에 대한 묘사로 일관한 나혜석의 글과 그림은 오히려 조선 사회에 대해 더 많은 말을 하고 있다. 조선의 섹슈얼리티가 억압적이면 억압적일수록 서구의 유연한 성역할, 개방적 성적 태도가 관심의 대상일 수밖에 없기 때문이다.

〈그림 12〉 나혜석, 〈무희〉, 캔버스에 유채, 41x33cm.

구미 여행으로 서구에 대한 글과 그림을 쏟아내던 나혜석은 같은 조선의 여성들에 대한 연민과 여성주의 연대 의식이 담긴 글을 발표했다. '생활 개량'을 위한 논의에서는 남존여비를 골격으로 하는 조선의 문화는 여성에게 생활의 개선은커녕 삶에 대한 의욕도 지닐 수 없게 한다는 것이다. 생활 개량이라는 주변을 개선하려는 의지는 곧 더 나아지려는 자신에 대한 사랑과 자존감이 있을 때 가능하기 때문이다. 그러나 남자와 달리 자신을 천시하도록 가르치는 조선의 문화는 여성이 자신을 긍정하는 힘을 잃게 한다는 것이다. 나혜석은 연민에 가득 차 다음과 같은 글을 썼다.

> 우리 조선 여자는 너무 오랫동안 자기에 대한 제일 중요한 것을 잃고 살았습니다. 즉 여자도 다른 사람과 같이 생명이 있다 하는 것을 아니 억제하고

왔습니다. 가만히 앉아서 제 숨소리를 들어보시오. 나도 한 삶이라고 하는 자부심이 이상스럽게 전신에 흐릅니다. 이렇게 여자의 눈이 뜨임과 동시에 지금까지의 자기가 불행하였고 불쌍했던 것을 알게 될 것입니다. 누구를 막론하고 불행인 역경에서 행복인 순경으로 옮기려는 본능에 따라 여자 자신도 어떻게 하면 행복하게 향락스럽게 살아갈까 고심할 것입니다(이상경, 2000: 315-316).

나혜석의 서구 풍경화는 이 글들과 함께 나타났다. 글로 기술했던 파리, 물랭루즈, 스페인 해변이 그림에도 나타난다. 그림으로 그려진 또 하나의 문화적 관찰과 기록이다. 국경을 넘는 여행은 공간적 경계뿐 아니라 문화적 경계를 넘게 한다. 여행의 여성주의적 함의를 찾을 수 있는 부분이다. 자신의 사회에 대한 성찰은 문화적 비교에서 가능한데 여행은 바로 이 비교적 성찰을 가능하게 한다. 내외라는 전통 사회의 공간에서 성의 정치를 넘어 문화를 가로지르는 공간적 이동이 감행될 때 자신의 사회의 섹슈얼리티에 대한 성찰도 가능해진다. 여성 여행가로서 나혜석과 서구 풍경화의 여성주의적 함의를 간과할 수 없는 부분이다.

4. 맺음말

이 글은 나혜석의 그림을 그간 축적된 여성주의의 논의를 들여와 새롭게 해석한 것이다. 나혜석은 연애와 이혼으로 이어지는 자유로운 섹슈얼리티 때문에 예술가적인 업적보다 규범을 벗어난 일생이 더 많은 관심의 대상이 되었다. 1990년대 여성주의 부상 이후 나혜석 연구가 활발해졌지만 회화에서 여성주의적 평가는 답보 상태다. 구미 유람이라는 남다른 여행 경험에 맞게 파리, 스페인 등의 풍경화가 나타나는 그의 그림은 여성주의적이기는커녕, '서구 지향적'이고 '부르주아적'인 '인상주의'로 자리매김된다. 이 글은 풍경화 작가로서 나혜석의 여성주의 의미를 공사 담론이라는 여성주의 인식론과 1970년대 이후 부상하기 시작한 서구 여성주의 미술사를 살펴봄으로써 재해석하고자 했다. 인상주의 풍경화의 젠더 이데올로기는 서구 여성주의 미술사에서는 이미 문제시되고 있기 때문이다. 논의를 연장하여 나혜석의 풍경화를 20세기 초 조선의 공사 이분법, 곧 내외법이라는 전통 젠더 이데올로기와 공간적 금기를 통해 살펴보았다. 관찰과 기록을 전제로 한 양화가, 풍경화가로서 나혜석은 전통적인 공간적 금기를 넘어서 활동을 했다. 국경을 가로지르는 여행은 고사하고 거리를 나다니는 문 밖 출입도 힘들었던 당시의 사회적 · 문화적 맥락에서 보면 풍경화가로서 거리와 산천을 누비고 국경을 넘는 여성 여행가로서 나혜석의 여성주의적 의미를 간과할 수 없다.

나혜석 해석에 문제시되던 자유로운 섹슈얼리티 또한 공사 담론이라는 공간에 대한 통제를 통해 여성의 성을 규제한다는 여성주의 인식론에서 보면 쉽게 이해가 된다. 나혜석의 규범을 벗어난 섹슈얼리티는 여행의 경험이 없었다면 가능하지 않았다. 실상 전통 사회는 전통적인 섹슈얼리티를 통해 유지되었다. 아버지의 혈통에 따라 반상班常이라는 신분 제도를 형성하는 전통 사회는 여성의 성을 억압하는 전통 섹슈얼리티를 기반으로 하고 있기 때문이다. 여성에 대한 공간적 금기도 섹슈얼리티의 측면에서 이해할 수 있다. 내외라는 법에 의해 여성의 바깥 활동을 금지하고 공간적으로 감금하려는 것은 여성의 정조를 중심으로 하는 전통 섹슈얼리티가 신분 사회의 핵심에 있었기 때문이다.

나혜석은 풍경화가 곧 양화가다. 양화가로서 자신의 사명을 양화의 소개로 인식했다(이상경, 2000 : 611). 이때 풍경화, 양화는 단순한 새로운 그림 형식이나 장르가 아니었다. 풍경화는 당시 거세게 쏟아져 들어오던 새로운 문물의 상징이었다. 나혜석은 양화가, 풍경화 작가가 되면서 내외라는 공사 담론을 넘어서 바깥 활동을 추구하는 풍경화가가 되고 전통 사회에서 가능하지 않았던 섹슈얼리티를 추구했다. 자유 연애 로맨스의 주인공이었으며 양화뿐 아니라 새로운 섹슈얼리티, 성질서를 포함한 신문물의 전도사가 되었다. 전통 사회가 전통 섹슈얼리티를 기반으로 삼고 있음을 상기할 때 이 새로운 성성을 개척하는 일은 그만큼 위험한 일이기도 하다. 이 때문에 양화가, 신여성으로서 나혜석에 대한 평가는 식민과 근대가 얽혀 있는 한국 현대사의 난제일 수밖에 없다. 여성주의는 자신이 살고 있는 사회의 남성 중심의 성질서를 문제삼을 수밖에 없다. 그러나 조선은 식민의 지위에 있었고 조선의 엄격한 젠더 이데올로기, 성질서는 바깥으로부터 새로운 '문명'의 힘을 빌려 비판되었다. 나혜석의 경우, 이 새로운 윤리 담론은 양화로 대변되는 식민과 함께 쏟아져 들어온 신문물이었다. '서구적' '부르주아'적이라는 나혜석에 대한 부정적 평가는 식민이라는 거세된 공간에서 자국의 전통 섹슈얼리티에 대항했던 신여성이 감당해야만 하는 역사적 무게일 것이다.

그러나 인정해야 할 것은 여성주의자로서 나혜석의 조선의 섹슈얼리티에 대한 사유는 국경과 문화를 가로지르는 여행을 통해, 풍경화가로서 공간적인 자유로움과 다른 문화에 대한 체험을 통해 형성되었다는 것이다. 풍경화는 여행을 필요로 하고 국경을 넘는 여행은 문화적 비교 성찰을 가능하게 한다. 조선의 성을 뛰어넘는 나혜석의 자유로운 섹슈얼리티는 여행의 경험이 없었다면 가능하지 않았을 것이다. 낯선 곳, 낯선 삶으로의 여행은 자신과 사회에 대한 성찰적 기회를 동반한다. 전통적 섹슈얼리티에 대한 의문을 가져왔던 나혜석의 여행은 분명 여성주의적 깨달음의 여행이었고 이 여행은 풍경화 작가로서 공간적인 자유로움을 전제로 하는 것이었다. 나혜석 풍경화는 자신의 사회의 섹슈얼리티, 곧 여성주의적 성찰을 가능하게 한 낯선 곳으로의 여행에서 나타났다.

참고 문헌

권보드래(2003), 『연애의 시대, 1920년대 초반의 문화와 유행』, 서울 : 현실문화연구.

김수진(2000), "'신여성' 열려 있는 과거, 멎어 있는 현재로서의 역사쓰기," 한국여성연구소, 『여성과 사회』, 11 : 6-28.

김은실(1996), "공사 영역에 대한 여성주의적 문제 제기 : 비교문화적 논쟁," 이화여자대학교 한국여성연구원, 『여성학논집』, 13 : 379-406.

____(2004), "'여자도 사람이다'와 사람이 되는 길로서의 예술," 정월 나혜석 기념사업회 「제7회 나혜석 바로 알기 심포지엄」 자료집.

김진송(1995), "미술 문명론과 조선 미술 열등론의 전개," 『가나아트』, 3 · 4월호.

____(1999), 『서울에 딴스홀을 허하라』, 서울 : 현실문화연구.

김혜숙(1994), "음양 형이상학의 비유적 사용과 여성," 이배용 외, 『유교문화의 전통과 변형 속의 여성』, 서울 : 이화여자대학교 한국여성연구원.

____(1999), "음양 존재론과 여성주의 인식론적 함축," 한국여성학회, 『한국여성학』, 15(2) : 8-15.

김혜숙 · 이배용(1993), "조선시대의 권력과 성," 한국여성학회, 『한국여성학』, 9 : 30-51.

김홍희(1999), "나혜석 미술작품에 나타난 양식의 변화 : 일본식 관학파 인상주의에서 프랑스 야수파 풍의 인상주의로," 정월 나혜석 기념사업회 「제2회 나혜석 바로 알기 심포지엄」 자료집.

김희대(1997), "'근대를 보는 눈' 전을 기획하면서," 『근대를 보는 눈, 한국 근대미술: 유화』, 서울: 국립현대미술관.

문정희(2005), "여자 미술학교와 나혜석의 미술, 1910년대 유학기 예술사상과 창작 태도를 중심으로," 정월 나혜석 기념사업회 「제8회, 나혜석 바로 알기 심포지엄」 자료집.

박계리(2004), "나혜석 회화와 페미니즘, 풍경화를 중심으로," 정월 나혜석 기념사업회 「제7회 정월 나혜석 바로 알기 심포지엄」 자료집.

신지영(2006), "한국 현대미술의 모더니즘 담론과 추상미술의 성별정치학," 『한국여성학』, 22(4): 263-293.

____(2008), 『꽃과 풍경: 문화연구로 본 한국 현대여성미술사』, 서울: 미술사랑.

언더우드, H. G.(1989), 『한국개신교수용사*The Call of Korea*』, 서울: 일조각.

오광수(1979), 『한국 현대미술사』, 서울: 열화당.

유홍준(1999), "나혜석을 다시 생각한다," 정월 나혜석 기념사업회 「제1회 나혜석 바로 알기 국제 심포지엄」 자료집.

윤범모(1999), "나혜석 미술의 재검토," 정월 나혜석 기념사업회 「제1회 나혜석 바로 알기 국제 심포지엄」 자료집.

이구열(1974), 『에미는 선각자였느니라』, 서울: 동아출판사.

____(2000), "나혜석 영욕의 삶과 빛," 정월 나혜석 기념사업회 「제3회 나혜석 바로 알기 국제 심포지엄」 자료집.

이배용(1995), "유교적 전통과 변형 속의 가족 윤리와 여성의 지위," 이화여자대학교 한국여성연구원, 『여성학논집』, 12: 11-38.

이상경(2000), 『나혜석 전집』, 서울: 태학사.

이재경 외(2007), 『여성학』, 서울: 미래M&B.

이효재(1972), 『한국여성사』, 서울: 이화여대출판부.

장필화(1997), "결혼제도와 성," 한국여성학회, 『한국여성학』, 13(2): 41-76.

____(1996), "아시아의 가부장제와 공사 영역의 연구의 의미," 이화여자대학교 한국여성연구원, 『여성학논집』, 13: 321-332.

조경원(1996), "유교 여훈서의 교육 원리에 관한 철학적 분석," 이화여자대학교 한국여성연구원, 『여성학논집』, 13: 271-294.

조순경(1995), "유교사상과 성별분업 원리," 이배용 외, 『유교문화의 전통과 변형 속의 여성』, 서울: 이화여자대학교 한국여성연구원.

조은 · 윤택림(1995), "일제하 '신여성'과 가부장제: 근대화와 여성상에 대한 식민 담론의 재조명," 『광복 50주년 기념 논문집 8: 여성』, 서울: 한국학술진흥재단.

조혜정(1988), 『한국의 여성과 남성 2』, 서울: 문학과지성사.

최혜실(1999a), "'무정'에 나타난 근대성, 사랑, 성," 여성문학학회, 『여성문학연구』, 1: 155-184

____(1999b), "모더니티, 로맨스, 성," 『페미니즘과 한국문학』 6월호.

허라금(1996), "서구 정치사상에서의 공사 개념과 가부장적 성차별성," 이화여자대학교 한국여성연구원, 『여성학논집』, 13: 333-357.

홍선표(2002), "서화 시대의 연속과 단절," 『월간미술』, 7월호.

Clark, T. J.(1984), *Painting of Modern Life : Parisin the Art of Manet and His Followers*, Princeton: Princeton University Press.

Freedman, Estelle B.(2002), *No Turning Back: The History of Feminism and the Future of Women*, New York: Ballantine Books.

Guilbaut, Serge(1983), *How New York Stole the Idea of Modern Art, Abstract Expressionism, Freedom and the Cold War*, Chicago &

London: University of Chicago Press.

Harris, Jonathan & Paul Wood(1983), *Modernism in Dispute: Art since the Forties*, New Haven: Yale University Press.

Kaplan, Caren & Inderpal Grewal(2006), *An Introduction to Women's Studies*, New York: McGraw Hill.

Nochlin, Linda(1988), *Women, Art and Power, and Other Essays*, New York: Harper and Row Publishers.

Parker, Rozsika(1984), *The Subversive Stitich: Emboridery and the Making of the Feminine*, London: Women's Press.

Pollock, Griselda(1988), *Vision and Difference, Feminist Desire and the Writing of Art Histories*, London & New York: Routledge.

_____(1999), *Differencing the Canon: Feuninist Desire & the Writing of Artist Histories*, New York, Routledge.

Read, Herbert(1959), *A Concise History of Modern Painting*, London: Thames and Hudson.

잡지 및 신문 기사 자료

나혜석, "소비에트 러시아 행,"『삼천리』, 1932년 12월자.

"나혜석 여사의 회화,"『매일신보』, 1921년 3월 17일자.

"양화가 나혜석 여사 : 개인전람회를 개최,"『동아일보』, 1921년 3월 18일자.

"생활 개량에 대한 여자의 부르짖음,"『동아일보』, 1926년 1월 24일~30일자.

"프랑스 가정은 얼마나 다를까,"『동아일보』, 1930년 3월 28일~4월 2일자.

| 찾아보기 |

탈/근대 아시아와 여성

공간을 만들다

펴낸날 1판 1쇄 2011년 8월 5일
지은이 윤혜린 · 이동옥 · 김미란 · 김영옥 · 이나영 · 서지영 · 신지영
펴낸이 최민숙 | 펴낸곳 이화여자대학교출판부
주소 서울특별시 서대문구 이화여대길 52(우 120-750)
등록 1954년 7월 6일 제9-61호
전화 02) 3277-2965(편집) 02) 362-6076(마케팅)
팩스 02) 312-4312 | 전자우편 press@ewha.ac.kr
인터넷서점 www.ewhapress.com
디자인 정혜진
찍은곳 한영문화사

ISBN 978-89-7300-926-8 94330
ISBN 978-89-7300-841-4(세트)

값 15,000원